本书系 2023 年度国家社科基金高校思想政治理论课研究专项
《总体国家安全观视域下大学生国家安全素养提升研究》
（项目号 23VSZ106）研究成果，获桂林理工大学马克思主义
学院一流学科建设及博士科研启动经费资助

新时代大学生家国情怀培育研究

焦艳 著

上海三联书店

前 言

　　家国情怀是中华民族的精神标识，是中华优秀传统文化的主要内容之一。2023年6月，习近平总书记在文化传承发展座谈会上的讲话中强调，深厚的家国情怀与深沉的历史意识，为中华民族打下了维护大一统的人心根基，成为中华民族历经千难万险而不断复兴的精神支撑。

　　自西周宗法制影响下产生了家国同构观念以来，家国情怀的影响延续至今。在中国人的精神族谱中，家是国的缩影，国是家的延续，个人、家庭、社会、国家乃至天下，都是密不可分的整体。家国天下，一脉相承，家国情怀成为中华民族生生不息、薪火相传的文化基因。在中国悠悠五千多年的历史长河中，家国情怀在提高个人修养、传承优良家风、建设美满幸福家庭、增强民族凝聚力、推动历史发展进步等方面发挥了不可估量的作用。在新时代，家国情怀依旧发挥着极其重要的作用，是每个中华儿女应具备的优良品质，是个体对家庭、国家的一种希望、热爱、认同和寄托，彰显了个体的爱家爱国责任和担当。

　　党的十八大以来，以习近平同志为核心的党中央高度重视家国情怀培育工作。2014年3月教育部关于印发《完善中华优秀传统文化教育指导纲要》的通知中指出："加强对青少年学生的中华优秀传统文化教育，要以弘扬爱国主义精神为核心，以家国情怀教育、社会关爱教育和人格修养教育为重点，着力完善青少年学生的道德品质，培育理想人格，提升政治素养。"[1] 2016 年 12 月，习近平总书记在会见第一届全国文明家庭代表时指出："国家富强，民族复兴，人民幸福，最终要体现在千千万万个家庭都幸福美满上，体现在亿万人民生活不断改善上。我们还要认识到，国家好，民族好，家庭才能好。"[2] 这些都强调了家国情怀的重要作用。习近平总书记在党的十九大报告中清晰提出了对青年的殷切期望："青年一代有理想、有本领、有担当，国家就有前途，民族就有希望。"[3] 习近平总书记寄予青年人"有理想、有本领、有担当"的厚望，体现了新时代家国情怀培育的重要目标。在 2019 年春节团拜会上，习近平总书记号召在全社会大力弘扬家国情怀，培育和践行社会主义核心价值观。这凸显了在新时代党中央对家国情怀培育问题的高度重视，也体现了新时代大学生作为中国特色社会主义事业未来的建设者和接班人，其家国情怀的培育具有崭新的时代价值。

在中国共产党百年历史画卷中，无数革命先烈在艰苦的战争年代，以身许国、无私奉献、浴血奋战，用热血和生命保家卫国，谱写出一曲曲气壮山河的英雄凯歌。在和平年代，无数忘我付出、感天动地的英雄模范，用智慧、汗水甚至生命为国家富强、民族振兴、人民幸福顽强拼搏、无私奉献，铸成今日中国之富强。历史川流不息，精神代代相传。他们的奋勇前行和无悔付出，离不开家国情怀的一脉相承。

在新时代，在百年未有之大变局的形势下，中国面临着前所未有的发展机遇和挑战。中国经济高速腾飞，一跃成为世界第二大经济体。2021 年 7 月 1 日，在庆祝中国共产党成立 100 周年大会上，习近平总书记向全世界庄严宣告，中国已全面建成小康社会，顺利实现第一个百年奋斗目标。目前，我国处于实现第二个百年奋斗目标和实现伟大复兴中国梦的关键时期，但是面临的国内外发展形势异常严峻。世界处于大发

1　完善中华优秀传统文化教育指导纲要 [N]. 中国教育报，2014 - 04 - 02（03）.
2　习近平在会见第一届全国文明家庭代表时的讲话 [N]. 人民日报，2016 - 12 - 16（02）.
3　习近平谈治国理政（第 3 卷）[M]. 北京：外文出版社，2020：54.

展大变革大调整时期，国际经济和政治格局发生巨大变迁，欧洲陷入老龄化深渊，美国将中国视为主要竞争者，伙同其他西方国家围堵、打压中国，并以"退群""砌墙""贸易战"等方式，力图挽回霸权之颓势。世界政治多极化、经济全球化深入推进和发展，再加上国内经济社会转型的深刻变革，多元社会文化和思潮冲击着国人，人们的价值观念多元化。随着中国城镇化进程的快速推进，对劳动力需求的增强加大了社会成员的流动性，传统家庭模式、生活环境和生活方式随之发生改变，部分人远离家乡故土，涌入大城市，人们的家庭观念意识逐步淡化。加之市场经济体系的影响，社会上出现了一些道德滑坡、对国家和社会的责任感不足等问题。高校大学生正处于价值观塑造和定型的关键时期，极易受到外部不良因素的影响。新时代大部分高校大学生具有较强的家国情怀，对家庭和国家拥有强烈的归属感、认同感和责任感。但部分大学生没能经受住外部环境的冲击影响，思想观念发生嬗变。一些反华势力和境外敌对分子向他们灌输错误、极端的思想，甚至煽动他们做出危害国家安全的行为。例如，个别香港大学生"颠倒黑白、混淆是非"，打出乱港标语，挥舞美国国旗，宣扬"港独"，搅乱香港局势；有些地区大学生采取打砸抢等不理智的方式爱国；有些大学生借助网络图像调侃历史英雄；有些大学生宣扬西方的普世价值、新自由主义思想等；有些大学生公然在社交平台上发表辱华言论等。这些行为无不令人汗颜，体现出当前部分大学生的家国意识淡薄，欠缺家国责任感和担当意识。

在新时代背景下，以大学生家国情怀培育作为研究对象，激发大学生涵养家国情怀的动力，引导大学生形成正确的家国认知，激发大学生产生浓厚的家国情感，培育大学生坚定积极的家国意志，帮助大学生树立牢固的家国信念，促进大学生生成自觉的家国行为，是加强爱国主义教育的要求，也是抵制不良社会思潮侵蚀的有效方式。大学生家国情怀的培育有助于新时代大学生完善个人品格，提升个人综合素质和能力，更好将家国情怀内化于心，外化于行，勇敢肩负起实现中华民族伟大复兴的光荣使命。积极探索培育大学生家国情怀的路径，是实现伟大复兴中国梦的时代需要，是高校落实立德树人根本任务、促进大学生全面自由发展的现实需要，也是新时代中国特色社会主义事业蓬勃发展的迫切需要。

本书基于新时代新发展阶段家国情怀培育的时代诉求和大学生家国情怀的现实境遇，遵循"是什么—怎么样—为什么—怎么做"的逻辑思路展开研究，以家国情怀的内涵阐释为理论基础，以大学生家国情怀现状实证调查数据考察为现实关注点，将新时代大学生家国情怀培育策略研究作为落脚点。

家国情怀源自中国古代的家国同构思想。中国古代社会的政治关系中，是以伦理性的礼乐制度构成基本的社会框架，"伦理本位"的家国模式，是中国传统宗法制度的延伸，贯穿于中国传统社会的始终。家和国的关系在不同时期，经历了转变和发展。家国情怀作为一种独特的思想观念和共同体意识，是一个由心理认知到参与实践的动态过程，由家国认知、家国情感、家国意志、家国信念、家国行为五大要素构成。新时代语境下，"百年未有之大变局"为大学生家国情怀培育提出了新的机遇和挑战，社会主要矛盾的转化为大学生家国情怀培育创造了新条件，"两个一百年"的历史交汇期为大学生家国情怀培育锚定了新坐标，"时代新人"为大学生家国情怀培育规定了新方向。在新时代，要注重培养大学生对家庭的感恩与责任之情、对故乡的眷恋与桑梓之情、对国家的热爱与奋斗之情、对人类命运共同体的使命与担当之情。

新时代大学生家国情怀培育研究需要多元化的理论支撑。马克思主义的意识形态相对独立性原理、社会主义意识形态灌输理论、整体和部分的辩证关系原理和人的自由全面发展理论为新时代大学生家国情怀培育提供了理论指导。马克思、恩格斯、列宁有关家国情怀思想的论述，毛泽东、邓小平、江泽民、胡锦涛、习近平等伟大的中国共产党人的家国情怀思想是新时代大学生家国情怀培育的思想基础。新时代大学生的家国情怀培育亦是对中华优秀传统文化中的家国同构理念、忠贞爱国思想、责任伦理精神的文化继承。

　　本书在文献回溯、专家咨询、个别访谈、问卷调查基础上，采用信效度检验、探索性因子分析、验证性因子分析方法，对相关变量指标加以验证、修正、完善。研究结果表明家国认知、家国情感、家国意志、家国信念、家国行为五个要素之间相互作用，使人产生具有强大精神凝聚力的家国情怀，实证分析验证了第一章提出的家国情怀五大基本构成要素的合理性，建构了大学生家国情怀构成要素模型；对新时代大学生家国情怀培育现状所进行的调研，分析了新时代大学生家国情怀总体状况，并对新时代大学生家国情怀浓郁和淡薄的典型案例进行分析，为提出培育措施提供了现实依据。

　　当前国际国内环境的变化对人们的思想、心理与行为等方面产生了重要影响，给新时代大学生家国情怀培育带来了严峻挑战。纷繁复杂社会环境的影响、高校培育存在的瓶颈制约、家庭教育局部偏差的阻碍、网络媒体传播弊端的冲击、大学生自我涵育能力稍弱的牵制是新时代大学生家国情怀培育存在问题的成因。

　　在制定新时代大学生家国情怀培育策略过程中，本书从理论基础、调查研究中的实际情况以及专家学者关于大学生家国情怀培育的观点出发，结合家国情怀的构成要素，提出了新时代大学生家国情怀培育的目标，形成新时代大学生家国情怀培育的机制，即提升认知的教育引导机制、知行合一的实践养成机制、强化约束的制度保障机制、风清气正的环境优化机制、全员参与的协同联动机制、契合实际的评价反馈机制。本书从全面推进，增强社会在大学生家国情怀培育中的保障性作用；多措并举，强化高校在大学生家国情怀培育中的主阵地作用；抓好起点，夯实家庭在大学生家国情怀培育中的基础性作用；拓展阵地，施展新媒体在大学生家国情怀培育中的支撑性作用；激发动力，提高大学生家国情怀的自我涵育能力等五个方面，提出了家国情怀培育优化路径。

目 录

第一章　新时代大学生家国情怀培育概述

科学的理论体系离不开科学的概念体系，概念是构成命题的基本要素。要深入研究家国情怀，首先要梳理清楚家国情怀中家和国的关系；进而分析家国情怀的内涵，这是系统研究家国情怀的前提和基础；在概念界定的基础上，则要进一步对家国情怀与爱国主义进行辨析，对新时代大学生家国情怀面临的时代境遇进行深入分析，阐释新时代大学生家国情怀培育的核心内容。

第一节　家国情怀概述

家国情怀是一个复合词，由"家国"和"情怀"组合而成，根据其组合词的构成，本书从家、国和情怀出发，阐释了不同历史时期，家和国之间的关系，梳理家国情怀的概念和内涵。从文化内涵、范围指向、情感主体三个方面对家国情怀与爱国主义进行辨析。家国情怀作为一种独特的思想观念和共同体意识，它的形成需要人在实践活动中经历一系列复杂的心理变化。本书认为家国情怀是一个复杂的系统体系，是一个由心理认知到参与实践的动态过程。大学生家国情怀培育过程是一个从家国认知到养成家国行为习惯的五个环节有机统一，不断内化、外化的家国实践活动过程。

一、家和国及其关系

据记载，"家国"一词最早出现在《逸周书·皇门》："是人斯乃谗贼媢嫉，以不利于厥家国。"[1] 可以翻译为：这些人谗言伤人，相互嫉妒，以不利于国家。"家国"包含了"家"和"国"两个基本对象，在研究家国情怀之前，要先了解"家"和"国"各自的蕴意。

从词源学的角度看，"家"源于早期甲骨文。"家"是形声字，"宀"（mián）部分与房屋有关，"豕"，指野猪，这里的"家"指的是居住的地方。远古时期，社会生产力低下，宗教祭祀盛行，人们"以猪、狗祭祀祖先的正室"[2] 称之为"家"，折射出原始社会华夏儿女敬祖、尊祖的朴实情感，也反映了当时社会的文明发展对"私"的认同与保护，集体养猪转为家庭私有，这是文明大踏步发展的体现。《说文解字》解释为："家，居也，从宀，豭省声"，[3] 其本意为居所、屋内。后据《史记·乐毅列传》记载："乐羊死，葬于灵寿，其后子孙因家焉。"这里将"家"的含义进一步引申为安家落户、定居。中国古代，在宗法观念作用下，"家"通常是以一个庞大的家族为单位。现今，人们通常用的关于"家"的解释是家庭。《颜氏家训·兄弟》："夫有人民而后有夫妇，有夫妇而后有父子，有父子而后有兄弟，一家之亲，此三而已矣。"[4] 也就是有父母、有子女才能称之为"家"，三口之家。而父母所居之所，称之为"庭"，便有了"家庭"，"家庭"是私有制的必然结果。"家"在中国文化发展中，内涵丰富，是一个包含多种感情色彩和成分的概念，既可以指个体所在的家庭、家族，也可以指个体长期居住并带有情感的家乡。

1　（晋）皇甫谧撰；（清）宋翔凤，（清）钱宝塘辑；刘晓东校点. 逸周书 [M]. 沈阳：辽宁教育出版社，1997：41.

2　徐少锦、陈延斌. 中国家训史 [M]. 西安：陕西人民出版社，2003：37.

3　（汉）许慎撰，（清）段玉裁注. 说文解字 [M] 注. 郑州：中州古籍出版社，2006：337—338.

4　颜之推. 颜氏家训译注. 精编本 [M]. 北京：商务印书馆，2016：12.

"家"是一个亲情的场所，以房舍为基础，以血亲为纽带，但家庭成员之间的感情交集最为重要的是自然、真诚的关系。在中国，"家"是生活、学习、工作和寄托精神的场所。基于以上论述，本书认为"家"是个体与群体生活的最小单位，承载着家庭成员情感和生命归宿，家庭成员共同生存、延续种族抚育后代。

"国"字始见于商代。《说文解字》解释："国，邦也"。这里的"国"，指的是一片区域。在"国"产生前，生产力水平低下，为了抢占有限的生存资源，各个氏族部落首领之间不断发动战争。黄帝时代，进入了野蛮时代的高级阶段。这一阶段，古代的部落战争渐渐演化为阶级社会的战争，成为少数特权者手中政治暴力的工具。恩格斯说："现在进行战争，纯粹是为了掠夺，战争成为经常的职业了。"[1] "国"的出现，在一定程度上维护了氏族部落和家庭的安宁，规范了人类对自然资源占有及其使用的划分，标志着人类正式进入文明社会。"国"是一个会意字，最初的写法是"或"，也是"域"的古字，本义是"邦国""封邑"。"或"字中的"囗"象征疆土范围，"一"代表土地，"戈"指保卫城池土地的武力。到西周中期，"或"字已被借用为无定代词，于是在"或"的基础上又加了意符"囗"，成为"國"字。[2] 宋元时期有了简化的"国"字，"囗"表示国的边界，"玉"是国玺，代表着君王的统治权。从字形结构的演化看，"国"反映君王用武力守卫土地进而对领土进行政治统治，"国"是一个权力体。周武王灭商后，采取了分封制。"天子"统治的地域为天下，诸侯统治的领地称为国，卿大夫统治的采邑称为家，不管是宗室还是功臣，都让他们有自己的地盘，共同拥护周王的权威。于是，构建了一种社会连续体。在这种社会连续体中，天子是整个结构的中心，国、家居于桥梁纽带地位，还有很多子民共同构成。此

1　中共中央马克思恩格斯列宁斯大林著作编译局. 家庭、私有制和国家的起源 [M]. 北京：人民出版社，1972：162.

2　叶舒宪. 从汉字"國"的原型看华夏国家起源——兼评"夏代中国文明展：玉器·玉文化"[J]. 百色学院学报，2014（03）：6.

时，"国家"被作为天下、邦国、家室的总称。秦汉以后一国而统天下，实行中央集权制，儒家文化又强调"家国同构"，皇帝统治的范围通称为"国家"，"国家"指一国的整体。《诗经·小雅·节南山》中云："秉国之均，四方是维"，[1] 此处的国，可理解为国内、地域。《军事大辞海》这样解释："国"有四层含义，分别是代表国家，代表属于本国的，代表古时指都城，代表姓氏。[2] 从宏观角度讲，"国家"是指拥有共同语言、种族、文化、领土、政府或者历史的社会群体。从微观角度看，"国家"是一定范围内的人群所形成的共同体形式。国土、人民和政府三个要素共同组成"国家"。政府是拥有治理社会权力的国家机构，是国家的象征。国土包含领土、领海、领空，是一个国家与民族历史、文化、宗教记忆的一部分，是联系人民、使他们自我认同及互相认同的纽带。人民指所有服从于一个主权权力的人民，是一个国家政治权力合法性的唯一来源。本书认为"国家"是指拥有共同语言文化背景，在血统上一脉相承，同属相同种族，有统一领土和集权的政府组织，有共同历史渊源的社会群体。

历史唯物主义指出，社会存在决定社会意识，经济基础决定上层建筑。纵观中国发展史，不同的历史发展时期，因社会政治、经济等发展状况不同，家和国的关系稍有不同。

（一）古代时期家和国关系

"所谓的家国天下，乃是以自我为核心的社会连续体。"[3] 中国古代的家和国关系是一体的，不像古罗马传统的家国二分关系。古罗马传统社会，整个社会关系的调节依靠契约和法，家和国的边界非常清晰。中国古代社会的政治关系，是以伦理性的礼乐制度构成基本的社会框架，

1　诗经·小雅·节南山 [M]. 北京：中华书局，2016：244.
2　熊武一，周家法. 军事大辞海：下 [M]. 北京：长城出版社，2000：393.
3　许纪霖. 家国天下——现代中国的个人、国家与世界认同 [M]. 上海：上海人民出版社，2017：2.

"伦理本位"的家国模式，是中国传统宗法制度的延伸，贯穿于中国传统社会的始终。

古老的中国在原始社会阶段，"国家"概念尚未形成。以血缘关系为纽带形成的氏族部落是原始社会的基本经济和社会单位。但是从原始社会生活遗址、壁画和岩画中不难看出，在茹毛饮血的洪荒时代，氏族成员为了部落的共同利益和荣辱，齐心协力抵御自然灾害、凶猛野兽，通过祭祀、巫术等活动方式祈求部族平安，这些是早期家国情怀的雏形，反映的是人们强烈的集体责任感和归属感，"即家即国""家国未分"奠定了爱国爱家的情感基础。到了商周时代，随着生产力水平的提升，产生了主权、土地、财产等要素，在部族基础上出现了邦、国。随着井田制的土崩瓦解，形成了比较稳固的维护贵族世袭统治的氏族血缘宗法制度。这种父系家长制，按血缘关系分配国家权力，决定对土地、财产和政治地位的分配与继承，血缘与政治密切交融，造就了"家国一体"的历史事实，组成了社会政治结构的重要支架。《左传》记载："天子建国，诸侯立家，卿置侧室，大夫有贰宗，士有隶子弟，庶人工商，各有分亲，皆有等衰。"[1] 嫡长子享有继承权和主事权，具有继承天子之位的权利，天子封诸侯为立国，诸侯分封土地和人民给卿大夫为立家，形成了以周天子为"共主"的巨大关系网，建构了金字塔形的封建等级制度。诸侯的"国"、卿大夫的"家"都是同属于同一血缘的氏族，宗族组织和国家组织合二为一，家国天下之间，通过层层分封和效忠形成血缘-文化-政治共同体，如同一个大家族，各"家"通过宗庙祭祀等方式维护宗族团结和社会安定。宗法制度推动了家族制度的政治化。人们以血缘为纽带的家族关系范围内，形成特色鲜明的中国社会的伦理关系。在此基础上，人们依照家族组织形式组织社会、依照家族治理模式治理国家，形成家国同构的国家治理模式，家国天下之间，在层层的分封和效忠基础上形成了血缘-文化-政治共同体。家庭、家族、国家紧密

1　陈成国点校. 四书五经 [M]. 长沙：岳麓书社，1991：703.

联系在一起，"由家而国"的真实社会进程，促使社会成员爱家、爱国亦爱天下。

春秋战国时期，王室衰微、王霸迭兴，西周的礼乐制度遭到毁灭性破坏，家国同构在大一统的秦汉体制中继续发扬光大。秦朝建立了君主专制制度，皇权至高无上，强调家国同构。国家的公权力同帝王家族的私权力交织在一起，因此，近代的资产阶级思想家梁启超才会说："二十四史非史也，二十四姓之家谱而已。"[1] 例如，商鞅变法中推行的"连坐法"，强调了户籍家庭对维持社会稳定和巩固封建王权的重要性，凸显了家庭的重要地位。到汉武帝之后，法家的郡县制和儒家的礼乐制合流，董仲舒提出的"三纲"思想成为意识形态核心，宗法家族的父子、夫妇伦理与国家的君臣之道高度同构，王朝的政治关系是家族伦理关系的放大，伦理与政治高度一体化。这时的家国同构思想将忠孝观念引入到政治社会中，将君臣关系等同于父子关系，孝是忠的实施手段，忠是孝的最终目的。国是最大的家，家宁方能国安。家族为了兴旺发达，需要稳定的国家保护它；国家的长治久安，需要消化吸收家族制的原则，将其渗透到自己的组织形式中，国与家是同构的，国的统治秩序是家的伦理秩序的推广。

北宋时期，王安石变法中的重要经济政策——"青苗法"，是以家庭为基础建立的经济保障体制，由政府出手，以常平仓里的粮食为本钱，在青黄不接时，以百分之二十的年利率贷给农民、城市手工业者，帮助单个小农家庭度过经济困难，缓和民间高利贷盘剥的现象，促进国家税收的稳定及社会安定，改善北宋"积贫"的现象，这是中国古代家庭与国家互动联系的具体表现。随后几千年的封建社会中，家国同构思想一直留存，成为国家治理的重要思想支撑，影响至今。

同时，中国传统社会自给自足的农耕文明，使以"家"为核心的小农经济运行模式成为中国传统社会最基本的经济形态。这种经济的突出

1　梁启超. 新史学："中国之旧史篇" [N]. 新民丛报，1902.

特征是"共财"与"通财"。强调家族或者家庭作为一个社会细胞，内部财产共同所有，加强了家族成员的集体归属感，强化了家族成员血缘至上的本位理念，形成了"民胞物与"的天下情怀。

古代时期的家与国紧密相连，"家国"由小及大，自家而国，凝家成国，国为扩大了的家。《礼记·大学》云："修身、齐家、治国、平天下"，是典型儒家"内圣外王"思想的体现。提高自身道德修养，恪守道德准则，才能管理好家庭和家族，进而才能治理好国家，使天下公正和谐、太平昌盛。家和国的关系，使人们更加注重在个人层面，倡导个体修己慎独、克己奉公，以"内圣外王"为价值目标；在社会层面，倡导忠恕之德、先义后利，以天下大同为价值目标；在国家层面，倡导精忠爱国、"民为邦本"，以国富民强为价值目标。《岳阳楼记》中先忧后乐的责任担当，《白马篇》中"捐躯赴国难，视死忽如归"的保家卫国，《病起书怀》中"位卑未敢忘忧国"的使命驱动；陆游"夜阑卧听风吹雨，铁马冰河入梦来"，寄托了收复山河的心愿和梦想；于谦"粉骨碎身浑不怕，要留清白在人间"垂青后世，彪炳万代，古人以家庭为根基，以天下为己任，表达着对家和国的情感。

（二）近代时期家和国关系的转变

加拿大学者查尔斯·泰勒在《现代性中的社会想象》中提到了近代所发生的"大脱嵌"革命，也就是个人从国家、社会乃至宇宙关系网中脱离出来，成为本真的、独立的个人。"大脱嵌"革命在中国，开始于清末民初。1840 年鸦片战争，西方列强用坚船利炮叩开了中国的大门，中国陷入了半殖民地半封建社会，当时的中国产生了前所未有的民族危机，民不聊生、山河破碎、丧权辱国、备受欺侮，"中国虽四万万之众，实等于一盘散沙"。此时，闭关锁国的天朝上国梦惊醒，随着西学的引进，人们的思想发生转变，封建社会中只效忠朝廷不知道有国家的忠君思想被打破，腐朽的晚清政府只靠清贵族苦苦支撑。

在内忧外患之中，中华民族的有志之士从理论探讨与救亡实践中更新了家国关系，改变现状，推翻晚清王朝，维护国家利益，实现国家的富强成为当务之急，这一时期，民族危机、民族救亡、民族复兴成为家国情怀演变的逻辑线索。辛亥革命推翻了腐朽清王朝的残暴统治，结束了民生疾苦的封建君主专制制度，建立中华民国，是近代反传统思潮的一种体现，是对古代"忠孝一体""忠君"思想的批判，是中华民族在内忧外患中的一次自救，也是中国近代国家的开端。进入民主时代，中国社会发展进入新的阶段。封建君主专制统治下的家国同构面临解体，个人、家庭和国家之间的关系发生变化，人民有很多自己选择的权利，国家是政治统治的机构，为人民服务。

随着革故鼎新的浪潮的掀起，中国近代的启蒙知识分子在倡导新文化，传播自由、民主、平等的同时，重新认识传统文化中的家国关系，批判儒家的三纲思想。知识分子认为古代中国不知国家、只知民族，缺乏民族国家意识。家被定义为封闭、自私的落后意识，因此提出建立欧洲式的国家，批判家族主义，提倡打倒宗族家法，实施"去家化"，将国家从宗法制度中剥离出来，建立共和。主张"变法维新"的康有为、梁启超等思想家，在借鉴西方国家思想的基础上，提出了近代"国家"观念，以土地、人民、法制、主权作为"国家"的基本要素，号召通过启民智、新民德、兴民权，把个人、家庭的命运与国家、国民的命运结合在一起，真正形成一个命运共同体。新文化运动后，家和国脱钩。正如谭嗣同所说的"冲决网罗"，冲决了儒家三纲所编织的家国共同体，家国连续体破裂，政治的公领域与社会的私领域分化。"国"在救亡图存的大旗下被无限放大，人在家、国观念的更新中逐渐与传统越来越隔膜，整个社会都希望打破传统家国同构的社会结构，建立一个强大的国家政权，建构"国大于家"的新型政治关系，以此走出严重的民族危机。

在反复的探索中，中国人民最终选择了马克思主义。在中国共产党的领导下，中国人民实现了民族独立的伟大胜利，家和国的关系进一步演变发展。

（三）　新中国成立以来家和国关系的发展

1949 年，以毛泽东为代表的中国共产党人带领全国人民经过 28 年艰难探索和浴血奋战，成立了新中国，中国人民真正实现了民族独立，人民解放。"中国的历史，从此开辟了一个新的时代。"国与家的关系发生了根本变革，国家是人民的国家，人民是国家的主人，形成了根本利益一致的家国关系，个人、民族和国家成为命运共同体。

新生的中国百年积贫积弱，满目疮痍。在毛泽东的领导下，中国共产党为巩固新生政权，谋求国家长治久安，采取了系列措施。和平解放西藏，开展了抗美援朝、镇压反革命和"三反""五反"运动、土地改革运动，既学习苏联，又反思苏联模式弊端，艰难中探索，行进中总结。同时，无数中国青年怀揣强国梦想，"国而忘家，公而无私"，舍小家为大家，奋不顾身投身于新中国建设的热潮。例如，以钱学森为代表的留美科学家，放弃国外优渥的条件，跨越艰难险阻，毅然回国贡献力量，创造了"两弹一星"的辉煌成就，体现了为人民服务、为祖国发展贡献的家国情怀。改革开放以来，无数富有探索精神的一代人，在中国共产党的领导下，呼吸着"春天的气息"，汇入改革开放的洪流，家国情怀依旧熠熠生辉。

党的十九大宣告中国特色社会主义进入新时代，意味着久经磨难的中华民族终于迎来了从站起来、富起来到强起来的伟大飞跃，中华民族伟大复兴的巨轮乘风破浪前行。习近平总书记高度重视和推崇家国情怀，在多次讲话中提及家国情怀，并结合新时代的具体要求，对中华优秀传统文化中的家国情怀思想进行了创造性转化和发展。新时代，家国情怀的核心内容就是爱家与爱国相统一，这与社会主义核心价值观紧密相连。"没有国家繁荣发展，就没有家庭幸福美满。同样，没有千千万万家庭幸福美满，就没有国家繁荣发展。"[1] 习近平总书记精准辨析了家

---

[1]　习近平在二〇一九年春节团拜会上的讲话 [N]．人民日报，2019-02-04 (01)．

国关系，家是国的基础，国是家的延伸，离开个体的家，国的整体将不复存在。只有家庭和顺美满，国家才能行稳致远；国家是每个家庭追求美好生活的坚实屏障，爱家与爱国具有一体性。在新时代，人们要从家与国的良性互动考虑，将"家"的伦理情感推及到"国"，将个人梦、家庭梦和中国梦有效融合，从家庭小我，上升到国家大我，在关键时刻，能为了维护国家利益牺牲"小家"，成就"大家"。

家是国的缩小，家庭构成国家的细胞。马克思曾在《德意志意识形态》中提出，家是人最初出现的社会关系。家庭将人的自然性和社会性联结起来。作为自然关系，家庭体现着建立在两性基础上的自然关系，存在着血亲自然等级；作为社会关系，家庭体现了社会成员之间的公民关系。由身及家，由家及国，国的"大家庭"是由无数个家的"小家庭"组成，家国连为一体，形成了家国一体的秩序理性。家事、国事、天下事，事事关联。家庭与国家交融共存，家庭、家教、家风、家训有重要的育化功能，"家庭幸福则社会祥和，家教规范则德法兼修，家风淳朴则社风纯正，家训守道则国治有序。"[1] 个体要对家庭充满热爱之情，只有爱家的人才能延伸至爱国。"一屋不扫，何以扫天下"。一个连家人都不爱护，没有家庭责任感的人，又怎会在国家危难之际，去爱自己的国家。家庭有序，国家才能兴旺发达。

国是家的放大，是由无数个家庭构成的命运共同体。"根据马克思主义关于国家起源的学说，国家的本质实为一种民众共同的公共权力，这种公共权力受法律及军事等暴力机关的保护，且高于一切阶级权力。"[2] 国家是阶级性和社会性的统一。国家不仅要维护统治阶级的正当利益，而且要通过这种手段调节和协调各阶层的社会矛盾，维护构成国家细胞的家庭的利益。在中国特色社会主义国家，国家是人民的国家，尽管家国利益存在一定的差别，但根本利益是一致的。特别是危难时刻

---

1 骆郁廷，任光辉. 时代新人与家国情怀 [J]. 马克思主义与现实，2020 (02)：174—180.
2 孙杰远. 个体、文化、教育与国家认同——少数民族学生国家认同和文化融合研究 [M].
   北京：商务印书馆，2019：64.

或者外敌入侵时，国家对家庭及其成员的保护作用尤为重要。面对新冠肺炎疫情给人民带来的艰苦卓绝的历史大考，以习近平总书记为核心的党中央统揽全局、果断决策，第一时间集中人力、财力和物力，因时因势制定重大战略策略，维护人民身体健康和安全，夺取了全国抗疫斗争重大胜利。因此，只有国家富强、民族复兴，家庭才能和谐幸福，家庭才有保障。人民共享改革发展成果表明，国家的快速发展能使家庭和个人真正受益，国家的国泰民安通过千万个家庭的幸福美满来体现。

国家好，民族好，家庭才能好。所以，我们要坚持爱家和爱国相统一，爱家是爱国的基础，爱国是爱家的情感升华。忧民必忧其国，兴家必先强国。在家尽孝，为国尽忠。自古以来，国人以兴家强国为荣，以卖国求荣为耻。家国利益虽在本质上一致，但有时也会发生冲突。当遇到忠孝两难全的艰难抉择时，我们要清楚认识到国家利益高于一切，要坚定不移勇于舍小家为大家。"核心价值观，承载着一个民族、一个国家的精神追求，体现着一个社会评判是非曲直的价值标准。"[1] 社会主义核心价值观反映了家国是共生、共存、共荣的命运共同体。在新时代，我们要弘扬和践行社会主义核心价值观，正确认识和处理好家国关系，在努力奋斗、为国贡献的"大我"过程中实现"小我"的价值。处理好家国关系，一方面要注意家庭、家教和家风。家风与社情、国运总是紧密相连。"只有千千万万的良好家风，才能支撑起社会的良好风气。"[2] 要通过家风建设尤其是优秀共产党员的红色家风建设，营造良好的社会风气，引领个人价值观，通过求真务实的精神，参与到社会主义现代化建设中，赢得社会的认可。另一方面，要把爱国主义教育作为永恒的主题。整体把握中华民族的发展历程，才能切实理解和接受中华民族的深厚历史文化，从而懂国家之事、明国家之理、报国家之恩。要明确新时代爱国主义的本质，实现爱国、爱党和爱社会主

1　中央宣传部编. 习近平总书记系列重要讲话读本 [M]. 北京：学习出版社，人民出版社，2016：107.

2　习近平谈治国理政（第 2 卷）[M]. 北京：外文出版社，2017：355—356.

义的统一。同时，把握好爱国主义和国际主义的有效平衡，具有国际视野和国际胸怀，在维护国家核心利益时，求同存异，处理好与世界各国的关系。

由此可见，家国是不可分割的共同体，正所谓"天下之本在国，国之本在家"，家是小的国，国是大的家，家是国的基础，国是家的坚强后盾。在新时代，要将家国一体社会共识置于中国特色社会主义事业动态发展中，从家国辩证统一的角度去理解家和国的关系。

二、家国情怀的内涵

家国情怀由家、国和情怀共同构成。在明确了家和国的关系后，要在理解情怀的基础上阐释家国情怀。

什么是情怀？情怀是汉语合成词，中性词。在解析情怀概念时，可以分两种方式来理解。第一，把情怀作为一种类概念。情怀一词，在辞海中的解释为心情、心境、兴致、情趣，以人的情感为基础与所发生的情绪相对应。情怀最早出自晋袁宏《后汉纪·灵帝纪下》："老臣得罪，当与新妇俱归私门，惟受恩累世，今当离宫殿，情怀恋恋。"此处的"情怀恋恋"是依恋或者舍不得分离的意思。后有很多文人墨客对情怀加以阐述，大概梳理，有以下几种理解：（1）把情怀理解为一种心情。唐代著名诗人杜甫《北征》诗："老夫情怀恶，呕泄卧数日。"[1] 意思是老夫心情恶劣，又吐又泻躺了好几天，这里指人的心情不好。郁达夫在《过去》中阐述道："两旁店家的灯火，照耀得很明亮，反照出了些离人的孤独的情怀。"（2）把情怀理解为一种情趣和兴致。明叶盛在《水东日记·张云门书印谱后》中论道："太平盛时，文人滑稽如此，情怀可见，今不可得矣。"（3）把情怀理解为一种胸怀。峻青在《海啸》第二章说："为革命事业而献身，就是你毕生的高尚情怀。"第二，把情怀作

1　舒新城主编. 辞海［M］. 上海：上海辞书出版社，1997：870.

为种概念，在日常使用时加上定语予以界定。这里要清楚明白，我们通常所说的情怀，并非都是高尚的、正确的情怀，情怀也可以是平庸的、庸俗的，甚至是恶劣的。否则对情怀概念的理解就是片面的、单一的。相对于具体的情怀，情怀这个概念本身是类概念，而具体的情怀则是种概念。因此在使用过程中必须厘清具体情怀，才能准确无误地运用于现实及理论的概述当中。

从思想政治教育视野来看，所谓"情怀"，是指超出个人利益之外的情感关切、社会担当和精神追求。[1] 在研究情怀的时候，首先要探讨的是有无情怀的问题。不同境界的人，在情怀方面有不同体现。有的人有情怀，更加注重精神方面的向往和追求；有的人没有情怀，注重自身的个人利益和物质利益。这两种人，一种体现的是更高的境界，一种体现的是低级境界。有情怀的人，情怀也分程度不同，有深度、广度和高度之分。既有深度，又有广度和深度的情怀是一种大情怀。因此，有情怀的人，可以进一步努力，不断深化和提升自身情怀。本书所谓的情怀指的是一个人的胸怀与秉性，一种心境和情感，一种认同感和归属感，表现在对他人、对事物的一种态度和素养。"在体验世界中，一切客体都是生命化的，都是充满着生命的意蕴和情调"，[2] 这里的"意蕴和情调"体现的便是一种对事物感知的情怀。

家国情怀不是从来就有的，而是在人们的家国实践活动中，由于情怀主客体的需要而产生的。它是随着家庭和国家的形成，经过世世代代中华儿女的情感积累，在人们情感发展稳定的历史阶段，逐渐对家庭、国家和民族形成和发展起来的一种真挚而深厚的爱。家国情怀从字面意思上可以理解为一个人对自己家庭和国家的一种强烈情感和心境。根据古书记载，《礼记·大学》中阐述的"治其国、齐其家、修其身"，是最早关于家国情怀的界定，表达的是人对家和祖国的深切情感。

1　刘建军. 厚植爱国主义情怀的理论阐释 [J]. 思想政治教育，2019（09）：12.
2　童庆炳. 现代心理学 [M]. 北京：中国社会科学出版社，1993：54.

家国情怀源自于中国古代的家国同构思想。在中国传统社会中，宗族组织和国家组织合二为一，以宗法制为基础的家国关系中，强调伦理道德、忠孝一体，一个家庭和国家之间以血缘关系为纽带，存在着难以割舍的联系。中国传统的家国一体观念深入人心。尤其是在当今百年未有之大变局的情况下，家国一体关系更为凸显。国家繁荣昌盛，家庭才能幸福安定；小家努力和谐，国家才能稳定发展。费孝通曾说："中国的格局并不是一根一根的柴火，而是如同将一块石头扔到水中而形成的一道道波纹，每个个体都是圈子的中心，而外在环境又影响着每个圈子。"[1] 这说明了家与国相互依存，相互促进，荣辱与共，具有一致的利益指向，是捆绑在一起的利益共同体。

2017 年版《普通高中历史课程标准》中，认为"家国情怀是学习和探究历史应该具有的人文追求，体现对国家富强、人民幸福的情感，以及对国家的高度认同感、归属感以及责任感和使命感。"[2] 目前学术界很多研究者也对家国情怀进行了界定和研究，研究者对于家国情怀的界定大致集中在以下几个方面：一是将家国情怀归结为一种情感表达。有学者从心理情感层面界定家国情怀，认为家国情怀是一个人对自己国家高度认同感和归属感、责任感和使命感的体现，是一种深层次的文化心理密码。有学者认为家国情怀是主体对家的依恋，国的热爱，家国共同体的认知、感念、理悟和实践的深切情怀。还有学者认为家国情怀是个人对国家、人民和国家共同体的认知和热爱，既包含个人的仁爱之心，也包含家的纽带作用和对国家的热爱。二是把家国情怀归结于高尚的人性和责任。有学者认为家国情怀是个人对自己家庭、家族和邦国共同体的认同、维护、热爱，并自觉承担的一种责任。有学者提出家国情怀，是一个人对家庭、社会、国家表现出来的深情大爱、所展现的使命担当。家国情怀是一种对家和国的热爱，是一种忧国忧民的责任感，它已经潜

1   费孝通. 乡土中国生育制度 [M]. 北京：北京大学出版社，1998：26.
2   教育部. 普通高中历史课程标准（2017 年版）[M]. 北京：人民教育出版社，2018：5.

移默化为知识分子的精神支柱。[1] 还有学者认为家国情怀是一种高尚的人性和情操，包含慈爱之心，悲悯之情，对家庭的爱、责任，对亲人、朋友的关怀，关注国家和社会的发展。三是将家国情怀归结为一种思想和观念。有学者认为家国情怀是个体对价值共同体的一种高度认同，并促使共同体不断向前发展的一种思想和理念，主要包括家国同构、共同体意识、仁爱之情，他们分别是家国情怀形成的关键、持久发酵的动力，良性前进的出发点。有的学者从道德思想层面，提出家国情怀是一种社会关系的精神化反映，是对个体、家庭、国家、世界之间关系的一种道德评价，综合了人们的道德认知、意志、情感、信念和行为。四是将家国情怀总结成一种实践践行。有学者认为家国情怀不仅仅是道德评价和道德规范，更是一种价值选择和道德实践，是个体道德内化与道德行为自觉统一，达到知行合一的过程。家国情怀是国人内心深处扎根了几千年的精神元素，激励人们将个人奋斗目标与国家宏伟理想有机融合，是国家和人民共同所需的一种奉献。

综上所述，本书认为家国情怀是个体对家国的认知、情感、意志、信念、行为的融合体，是个体对家庭、故乡、国家的认同感与归属感，以及对世界的人类情怀；是一种爱国爱家的情感体验，并自觉承担家国民族的责任，进而实现中华民族伟大复兴中国梦和人类命运共同体的意识信念和态度追求。家国情怀有深度、广度和高度之分。通过家国情怀培育，个体的家国情怀既有深度，又有广度和深度，是一种大情怀。家国情怀是中华民族最宝贵的精神源泉，体现了个人内化于心的情感，个体承担的社会责任，个体报效祖国的宽广胸怀，是对家庭美德的呵护和践行，是对国家富强、人民幸福的理想追求和自觉担当，是完成中华民族伟大复兴的有力精神支撑。

1　张福俭. 爱国奋斗　建功立业　深入开展"弘扬爱国奋斗精神、建功立业新时代"活动[M]. 北京：华文出版社，2018：75.

三、家国情怀与爱国主义辨析

家国情怀作为一种价值选择和道德实践，在新时代有重要的时代价值。在家国情怀的培育中，要在理解家国情怀内涵的基础上，将容易和家国情怀混为一谈的爱国主义的内涵加以厘清。

爱国主义是一种比较完整的思想理论体系，反映的是一种完整的价值观，是人们从爱国言行中体现出来的一种品质。家国情怀和爱国主义有共同的心理基础，都包含了对祖国的深厚情感，揭示了个人对祖国的依存关系，是国家中的人们自豪感、归属感的体现，需要落实到具体的责任担当实践中。但家国情怀和爱国主义之间不能画等号。两者之间也有以下区别：

其一，家国情怀和爱国主义的文化内涵有差异。家国情怀更多注重从情怀角度来谈爱国，是一个人对家庭、国家和人民的深厚情感，是情感主体对其所生长环境的物缘情结，这种情结是有感而发、自觉认同的，是情感主体内心深处的精神内涵、宽广胸襟和更高追求的一种体现，其中也有爱国主义的因素和成分。爱国主义是更加偏重于从国家层面提出的一种政治意识和道德规范，带有浓郁的政治特色，是在生活中人们思想、行为的一种道德准则和政治原则，对情感主体有政治和道德上的双重约束，是爱国情感和爱国行动的统一。其二，家国情怀和爱国主义的范围指向有区别。家国情怀是一种复杂情感的综合体，包含范围更为广泛，不仅内含了对祖国和民族的深厚感情，也包含了朴素而深厚的思乡恋土情结，以及对自己家庭的依恋之情。家庭的出现使人们产生了"恋家情怀"，"家"是人生存和发展的最基本的生产单元，"恋家情怀"体现了家与主体心理之间的密切联系，是"家国情怀"的基础组成部分。家国情怀包含了对家庭、故乡和国家等各种共同体的情感。家庭是血缘共同体，家庭成员之间通过血缘关系联系在一起。家庭成员之间的亲情感和归属感使家庭成员在享受家庭权利的同时要承担对家庭的责任和义务。故乡是以地缘结构而形成的生活共同体。这种社会共同体的成员在长期的共同相处中，形成了稳定的"熟人社会"，具有共同的语言风格、乡规民约和风俗习惯。国家是以公民对于国家在文化和政治上的认同而形成的民族共同体，公民对于自己国家具有强烈的归属感、安全感，对自己所在国家的主权、领土、文化、制度等方面有一致的认同感、维护感。爱国主义的本位是国家这个重要的政治单位，强调的是对国家文化和思想的认同，对国家利益的维护。爱国主义包含道德要求、政治原则和法律规范。在爱国主义中，要处理好感性的爱祖国和理性的爱国家之间的关系。其三，家国情怀和爱国主义的情感主体有差别。家国情怀作为一种社会意识，本质上是一种社会关系的精神化反映，有特定的民族和国家指向，是在中国特有的文化环境下和中华儿女的社会实践活动中产生的。它具有独特的中国历史文化土壤，体现了中华民族5000多年的文明历史，情感主体是久经磨难而不衰的中华民族。爱国主义是每个国家、民族的个体都皆有之的普遍感情，是一种大众情感。其四，家国情怀和爱国主义内涵关系稍有不同。家国情怀源自于家国同构的历史渊源，家国是一个不可分割的辩证统一体。在社会有机体理论中，千千万万个家是最小的"粒子"单位，组成了社会、民族和国家；国家像人的身体，由无数个像细胞一样的家庭组成。国和家相互依存和依赖，无家难以成国，离开了家，国就无法存在；无国也就无家，国和家之间同呼吸同命运，休戚相关。家国情怀更加强调家和国之间的双向互动：一方面，个体要爱家、爱国，爱国如爱家，要处理好家和国的关系，在家尽孝、为国尽忠，当忠孝两难全时，要懂得取舍，选择舍小家为大家。另一方面，国家要注重家庭和个人发展，爱民如子。爱国主义更加注重个体与集体之间关系的和谐统一。在爱国主义中，如果过分强调国家利益的排他性，容易产生激进的爱国主义或极端的民族主义，从而产生一些鲁莽的、不顾后果的行为，甚至被别有用心的个人或集团所利用。

四、家国情怀的构成要素

家国情怀作为一种独特的思想观念和共同体意识，它的形成需要人在实践活动中经历一系列复杂的心理变化过程，具备一定的构成要素。基于对家国情怀概念的分析，通过大量文献资料的搜索整理，在咨询和征求马克思主义理论专家和学者建议，在对高校思想政治理论课教师、思想政治教育管理者、大学生群体等人员进行访谈的基础上，我们通过抽丝剥茧的方式找到核心因素；通过对构成要素进行界定，在探寻培育路径中做到纲举而目张。

从对家国情怀的概念分析出发，本书认为家国情怀是一个复杂的系统体系，是一个由心理认知到参与实践的动态过程，而情感和情操贯穿于整个过程之中。家国情怀由家国认知、家国情感、家国意志、家国信念、家国行为等五大要素构成，即从家国认知、情感、意志、信念和行为等五个方面考察大学生家国情怀的状态。这五大要素是人类活动的基本表现形式，既相互独立运行于人们的观念和实践之中，又统一于每个不同的个体，它们共同反映人的完整性和差异性。其中家国认知、情感、意志三要素围绕着处于核心位置的家国信念运行，而家国认知、情感、意志、信念都是内在因素，外在表现是家国行为。这一理论设想在第三章通过实证进行验证。

（一）家国认知

马克思主义理论认为，认知是人的本能，是客观世界在人脑中的主观映像。康德提出，人之所以能认识外在客观世界，是因为人是具有自觉认知的能动主体。"'由吾人为对象所激动之形相以接受表象'之能力"，名为感性，对象由感性授与吾人，仅有此感性使吾人产生直观。[1]

---

[1]　[德] 康德著. 蓝公武译. 纯粹理性批判 [M]. 北京：商务印书馆，1960：49.

认知是指人获得知识或应用知识的过程，或信息加工的过程，这是人的最基本的心理过程。[1] 一般来讲，认知过程就是信息输入、信息加工过程，也就是认识主体通过能动的实践活动获得对客体的感性信息，并通过头脑神经系统的加工处理，转换和内化为自身的心理活动，进而支配人的行为的过程。认知是人认识过程的一种产物。辩证唯物主义认识论认为，人的认识是在实践基础上产生又复归到实践中指导和改造客观世界不断循环往复的辩证过程。感性认识是认识的起点，是对事物的直接反映，只是对事物表象和外部特征、联系的认识，有感觉、知觉和表象三种基本形式。理性认识是认识的高级阶段，对事物本质和规律的认识，有概念、判断和推理三种基本形式。因此，人的认知活动包含了感觉、知觉、表象、概念、判断、推理等。现代认知心理学认为认知过程是认识主体在原有知识储备的基础上，对认识客体获得的信息进行加工处理、提取使用，从而获得新知识的过程。

家国认知是指个体对家庭、故乡、国家相关信息的学习、获取、加工、运用的心理活动过程，并在该过程中形成的认知和观念。家国认知是个体产生家国情怀的最基本的心理过程，是家国情怀的起点、开端。人们要加强对家史、家谱、家风、家训、家约、家礼的学习，了解本姓、本族的发展兴衰和历史变迁，从中掌握一定时期的政治、经济、社会变革、价值取向等。对家史的注重是爱祖国、爱人民的起点，可以满足炎黄子孙"寻根谒祖"的需求。还要加强对家乡传统文化、民风习俗、特色产品、名人典故、历史古迹、名人遗迹的掌握和学习，传承家乡传统文化，知晓家乡历史变迁。同时，更要加强对祖国文化、历史变迁、政治、经济、族群等内容的认知，关注时政，了解国家发展最新情况，增强国家意识，提升国家认同感和归属感。家国认知的提高积累过程就是认识个体对相关知识的学习和在社会生活中参与实践的过程。

家国认知是家国情怀的"原动力"。认知是目的产生的前提，是家

1　彭聃龄. 普通心理学（第 4 版）[M]. 北京：北京师范大学出版社，2016：2.

国情怀产生的原动力。在日常生活中，社会个体对家国进行了感知、记忆、判断等认知活动，从而产生了需要，在需要的基础上，产生明确的目标，为了达到某个目标又形成了家国情怀。"行是知之始，知是行之成"。家国情怀是从人们的实践活动中产生的，一旦产生，又会对家国行为有更好的指导作用。对家国的认识存在于人们的深层意识结构之中。社会个体要形成家国情怀，首先要对家国情怀的概念、内涵、价值等有一定的认知和理解，明确家国情怀对个人、家庭、社会和国家发展的意义和作用，从而把家国情怀变成自己内心的需要和自觉的行动。如果对家国形成了错误认知，就会缺乏辨别力和判断力，就会导致自己产生错误的行为，危害自身、家庭和国家利益。

（二）家国情感

情感一词属于心理学词汇。《心理学大辞典》认为情感是人对客观事物是否满足自身需要而产生的一种态度体验。《思想政治工作知识辞典》中对情感的表述是"情感仅为人所有，并带有显著的社会历史制约性，是个体社会化的重要组成部分与标志，具有较大的稳定性和深刻性。"[1]《中国大百科全书》中将情感定义为"具有特殊的主观体验、显著的身体生理变化和外部表情行为。"[2] 由此可知，情感属于主观意识范畴，是人类特有的一种心理现象，是人对客观现实的一种特殊主观反映形式和主观态度，其哲学本质是认识主体在实践的基础上对客观事物价值关系的一种主观反映。情感是人们在实践活动中产生和发展的，与人们的社会需要紧密相联系，例如家国情感、爱国主义情感和集体主义情感都是人们在社会历史实践活动中所形成的高级情感。情感体现了人们的主观体验和外部表现的集合统一，推动着人们的实践活动不断向前发展。列宁说过，"没有人的情感，就从来没有，也不可能有人对真理的

1　张蔚萍. 思想政治工作知识辞典［M］. 石家庄：河北人民出版社，1990：471.
2　中国百科全书［K］. 北京：中国大百科全书出版社，1985：248.

追求。"[1] 可见，情感在人们的日常生活中具有重要作用，可以调控人的思想和行为，影响着人们的价值选择和判断。

家国情感是人们在社会实践生活中，对家庭、故乡、国家的内心感受和情感体验，主要是基于家国认知过程所产生的对家国归属认同、家国责任使命、家国危机荣耀的感念。家国情感体现了人们对自己家庭、故乡、国家的深厚感情和热爱态度，是产生家国行为的动力，具有长久性、稳定性、传承性、时代性等特点，对家国行为具有一定的导向作用。家国情感表现为对符合家国利益的事情和人物产生肯定、热爱、参与、负责的体验，同时对损害家国利益的事情和人物产生否定、憎恶、抵制、义愤的情感。综上所述，家国情感是家国情怀的感性基础，是人们在长期的实践活动中形成的对自己家庭、故乡和祖国的态度和持久深厚的爱，具有一定的稳定性，助力于提高家国认知、坚定家国信念和强化家国行为。

家国情感是家国情怀的"催化剂"。社会个体在与客观外部世界接触中，在对客观事物产生认知的基础上，会产生喜欢、讨厌、热爱、冷漠等不同的态度，即对客观事物从自身的主观意愿出发，产生一定的情感。情感源自于认知，是人们精神生活的重要组成部分。如果人们对自己接触的事物没有产生情感，就很难产生相关的行为。家国情感是社会个体对现实生活中的家国关系和家国行为产生的一种情绪态度。这种情感是社会个体一种高级形态的情感，包括积极和消极两种情感。积极的家国情感会使大学生热爱自己的家庭、故乡、社会和国家，对倡导和践行家国情怀的思想和行为产生尊重、认可、肯定等积极情感态度。消极的家国情怀会使社会个体淡化对家国的热爱，对符合家国情怀要求的思想和行为产生否定、厌恶的情感态度。家国情感产生于家国认知，但是比家国认知更具有稳定性，需要人们的理性升华，是产生家国情怀的催化剂和强化剂。

1　列宁全集（第 20 卷）[M]. 北京：人民出版社，2017：255.

（三）家国意志

现代心理学认为，意志是人类所特有的心理现象，是人的意识能动性的一种突出表现形式。意，指的是心理活动的一种状态。志，体现了对目的方向的坚信、坚持。意志是个体"自觉地确定目的，并根据目的来调节、支配自身的行为，克服困难，去实现接受目标的心理过程"。[1] 意志是决策心理活动中重要的心理因素，是人的思维过程见之于行动的心理过程，包含决定阶段和执行阶段。决定阶段指选择一个有重大意义的动机作为行动的目的，并根据目的选择方法。执行阶段是组织行动，克服困难，将计划付诸实施，影响于客观现实，最后达到目的的过程。因此，意志具有以下特征和要素：一是具有明确目的性。在未开展行动，还没有看到行动结果之前，就已经对行动结果有了预判和预想，是带有计划性和目的性的。无意识的本能活动或者盲目的冲动都不含有或很少有意志的成分。二是与克服困难直接相联系。我们在日常工作生活中的决策、计划、实施等行为，总会遇到或大或小的困难，都需要意志过程的参与。因此，简单易完成的行动无需意志，只有要克服艰难险阻才能实现预期目标的行为，才需要发挥意志的作用。三是直接支配人的行为。意志可以调节和支配人的行为，引起或抑制个体的情感、动机和欲望，即自我调节、自我控制、自我鼓励、自我监督，在人主动地变革现实的行动中表现出来，对行为有发动、坚持和制止、改变等方面的控制调节作用。这种调节作用既可以表现为发动与预定目的相符的行动，又可以表现为抑制与预定目的矛盾的愿望和行动。

家国意志是个体对家庭、故乡、国家未来发展的态度倾向，是个体在一定的家国认知和家国情感的作用下，努力排除内部障碍、抵御外来诱惑从而实现预定活动目标的心理过程，是在家国实践过程中所表现出来的克服困难的坚强毅力和坚持不懈的精神意志。"意志的自由只是借

1　王敏. 思想政治教育接受论 [M]. 武汉：湖北人民出版社，2002：64.

助于对事物的认识来做出决定的那种能力。"[1] 人们在开展爱家、爱故乡、爱祖国的实践活动中，并非都是一帆风顺的，个体会受到众多主客观因素，例如风俗习惯、社会舆论、外来思想冲击等影响，这时个体需要通过家国意志来控制情感，进而控制自己的实践行为。包尔生曾言"它是全部道德性的基本条件，是全部人类价值的基本前提，甚至是人类本性的基本特征。动物为盲目的冲动驱使，而人的特有的美德在于他的意志决定他的生活。离开了自我控制，就没有自由和个性。"[2] 自我控制力是意志最显著的特点。在实践活动中，遇到曲折和不如意时，人们需要依靠强大的自制力来调控自己的情绪，避免自己情绪上的大变化和情感上的大波动，可以促使个体克服低落情绪，理智把握自己的情感。因此，家国意志坚定的人，在遇到困难和挫折时，往往会有意识有目的地正确分析和对待目前所处的困境，通过学习或寻求帮助努力解决和克服困难，表现出对家庭和国家利益的维护和坚守。家国意志不坚定的人，往往会陷入消极低落的情绪中，选择逃避退缩的方式，甚至终止自己的行为。

家国意志是家国情怀的"调节器"。意志在人的成长过程中发挥作用，不断调整人的行为，因此具有导向、调控、推动、促进的功能。在积极家国情感的激发下，社会个体会克服内部和外部障碍，为完成家国情怀行为产生一种坚不可摧、积极进取、坚忍不拔的精神力量。家国意志源自正确的家国认知和强烈的家国情感，认识提高了，情感升华了，才会有百折不挠的坚强意志。家国意志是一往无前采取行动的一种顽强和毅力，使社会个体在家国行为实践过程中，尽管遭遇各方面的挑战和冲击，仍能竭尽所能持之以恒地克服困难和障碍，果断战胜犹豫，坚持战胜动摇，始终如一坚持初心。家国意志的锤炼和激发，会使社会个体有坚强不屈的坚持精神，对社会个体家国行为有调节作用。

1　马克思恩格斯选集（第 3 卷）[M]. 北京：人民出版社，2012：492.
2　[德] 弗里德里希·包尔生. 何怀宏，廖申白译. 伦理学体系 [M]. 北京：中国社会科学出版社，1988：412.

（四）家国信念

信念是人类所特有的精神现象。信念是人们在实践的基础上，形成一定的认知后对某种事物或多种事物和价值观念坚信不疑并身体力行的精神状态和心理态度。它是人们在一定的生活实践中，认识主体对认识结果进行体验和评价，了解了如何想、如何做才能更加有效果、更加有益的基础上所形成的一种情感体验，一种思考和行动的模式。信念是认知、情感和意志的融合以及统一。在实践中，只有当人们认识了事物或者思想观念后，才会产生相信的对象。但并不是认识就等同于信念，信念在认识的基础上还伴随着人们炽热的情感。英国哲学家罗素认为，信念是"由一个观念或意象加上一种感到对的情感所构成的"。[1] 这里的"感到对的情感"，指的就是认识主体对某一对象的相信和情感，只有主体真的相信了，才能形成信念。意志是认识主体下定决心，排除艰难险阻去实现预定目标的一种心理状态，是信念的保证。

当人们确信了某种事物或者理论主张、思想观念，对它产生共鸣并且形成了亲身去践行的强烈要求，就表明人们形成了信念。所以，人的信念是在实践基础上产生的，反之，又会反作用于生活实践。正确信念可以指导人们更好地改造客观世界，发挥意识的主观能动性。马克思说："思想根本不能实现什么东西，为了实现思想，就要有使用实践力量的人。"[2] 信念具有以下特征：一是具有持久的稳定性。信念重在一个"信"字，信念的形成并非一蹴而就，是一个逐步积累的过程，一旦信念形成，就不会轻易发生改变，它包含了肯定、认同、确认的成分。但信念不是绝对一成不变，会随着客观形势的改变而发生变化。一种情况是在实践的过程中，更加坚定信念；另一种情况是信念发生了动摇甚至放弃原有信念。二是具有情感性。人们在形成信念时，浇筑了自己的情

1　[英] 罗素. 张金言译. 人类的知识 [M]. 北京：商务印书馆，1983：183.
2　马克思恩格斯全集（第 2 卷）[M]. 北京：人民出版社，2007：152.

感，会对信的对象有极大的热情和强烈的信任感。而且这种情感在信念指导实践的过程中，会被反复强化，甚至走向炽热。三是具有执着性。人们产生了信念后，会在信念对象的支配下，对信念所追求的事业全身心投入，并在行动上持之以恒。

家国信念是人们在一定的家国认知基础上对家庭、故乡、国家坚定维护、坚信不疑的价值取向并身体力行的态度，是家国认知、家国情感和家国意志的有机统一体。家国信念是一个复合性整体，并不仅仅是个体内心的相信，而且要表现在自己的行为和实践中。人们只有对自己的家庭、故乡和国家的相关知识有了认识和了解后，才会在此基础上得知家庭、故乡和国家是不可分割的有机体，从而在实践中，不断产生和深化对家庭、故乡和国家的深厚感情和热爱态度，才会对促进家庭、故乡和国家发展的事物和思想观念是热爱和推广的，并且能够努力排除各种阻挡自己爱家庭、爱故乡、爱祖国的因素，排除艰难险阻，捍卫家国利益，从而产生为促进家国发展而矢志不渝去努力行动的坚定态度。家国信念是人们政治立场和世界观的鲜明体现，是力量源泉和精神支柱，激励着人们为了家庭、故乡和祖国的美好前途而不断努力追求和奋斗。

家国信念是家国情怀的"总开关"。信念是一种前进的力量。家国信念是社会个体对家国情怀深刻而有根据的真诚信服，并由此产生的践行家国情怀的强烈责任感。家国情怀内化的实现，仅仅停留在认知层面远远不够，只有笃信家国情怀，才能有真正的家国情怀内化。家国信念的产生是家国情怀形成的关键，是家国认知、家国情感、家国意志的有机统一，是产生家国行为实践的强大动力和精神支撑。家国信念一经形成，就会作用于家国实践。社会个体根据自己的家国信念选择符合家国情怀要求的行为，就会有精神上的满足和安慰。

（五）家国行为

马克思指出："就单个人来说，他的行动的一切动力，都一定要通过他的头脑，一定要转变为他的意志的动机，才能使他行动起来。"[1] 行为是一个人受某种思想支配而表现出来的外在活动，是一个人精神品质的外在标志和综合反映。"非知之艰，行之惟艰。"对人们的知、情、意、信的培养，最终必须落实到行动中，形成实践行为。行是知、情、意、信的归宿。认知到行为是一个过程。人们在深刻的理论认知基础上，会在感悟中产生情感体验，进而表现出一定的意志力，形成一种坚定的信念，最终转化为人们持久的行动。因此，人们在理论认知、情感认同、坚定意志和稳定信念的基础上，将知、情、意、信内化到自己的潜意识之中，并转化为个体的行为表现。

家国行为是个体基于对家庭、故乡、国家的高度认知和强烈情感的支配，在语言和行动上主动维护家国利益、荣誉和安全，并促使其稳定、和谐、积极发展的行为与表现。一个人的家国行为是随着家国信念的不断稳固而加强的。家国行为是社会成员将自己对家庭、故乡和国家的认知和相应的情感转化为行动，并在行为实践过程中不断调整认知、强化情感的过程。在家国认知和情感体验的基础上，社会个体对家庭、故乡、国家的理解和认识不断加深，并上升为个体的意志和坚定的信念，用这些观念去指导自身的实践行为。理性的家国认知和家国情感，会促使个体产生正确的意志和信念，进而指导个体产生正确的家国行为，反之会出现错误的家国行为。家国行为是一个动态过程，是一个从家国认知、情感、意志和信念内化到实践层面，再回到家国认知、情感、意志和信念，从而不断循环往复的过程。例如，人们在日常生活中，能够身体力行家国情怀所蕴含的思想理念、道德观念、价值观念，自觉投身于新时代中国特色社会主义伟大实践之中。有强烈的责任担当和使命感，在危难时刻，就能够自觉捍卫家庭、故乡和国家利益，有舍我其谁的"大爱"情怀，锐意进取、追求真理、敢于创造、勇于创新。

家国行为是家国情怀的"指示灯"。行为是人们在一定的认知、情

1　　马克思恩格斯选集（第 4 卷）[M]. 北京：人民出版社，2012：258.

感、意志、信念等思想意识支配和调节下的实际行动，是衡量一个人综合素质能力的重要指标。一个人的家国行为可能是一时的，也可能是习惯性的。家国情怀的最终目的和归宿，不是仅停留在认知和情感层面，更重要的是在家国意志指导下，依靠家国信念，自觉选择家国行为，养成良好家国行为习惯。判定社会个体是否具有家国情怀，最终需要通过社会个体的个人行为来体现。

综上所述，家国情怀不是一种简单、抽象的情感反映，而是多种要素组成的有机统一体。家国情怀的家国认知、家国情感、家国意志、家国信念、家国行为等五大要素相辅相成，相互制约，相互影响。五个要素之间相互作用，使人产生了具有强大精神凝聚力的家国情怀。这一系统是社会个体在受外部环境影响的基础上，在各方面教育因素的引导下，自主建构起来的。家国情怀培育过程是一个从家国认知到养成家国行为习惯，五个环节有机统一的家国实践活动过程。在这一过程中，社会个体一方面会受到自身认知、情感和行为的影响而生成自身的家国情怀，同时会受到社会、家庭和高校等外部因素的影响，重新认知、赋予情感追求，经过内化过程，对自身的家国情怀进行矫正、升华，并通过自身的实际行动外化出来。家国情怀一般以家国认知为开端和基础，家国情感为桥梁和纽带，持之以恒的家国意志为条件，崇高的家国信念为支撑和动力，家国行为习惯为归宿和落脚点。这种螺旋上升的过程，是社会个体不断深化和优化家国情怀的过程。

第二节　新时代大学生家国情怀培育的时代语境

家国情怀是中华历史文化传统中最亮丽的底色，也是新时代坚持和完善中国特色社会主义的强大精神动力。新时代大学生家国情怀培育是在新的时代背景和历史方位下结合新时代大学生的特点对其家国情怀进行培育。百年未有之大变局的论断，是习近平总书记倾听时代声音，把握时代脉搏，纵观人类历史，把握世界发展大势，所形成的重大命题，为大学生家国情怀培育提出了新的机遇和挑战。我国社会主要矛盾已经转化为人民日益增长的美好生活需要和不平衡不充分的发展之间的矛盾的重大政治论断，对党和国家工作提出许多新要求，为大学生家国情怀培育创造了新条件。"两个一百年"的历史交汇期为大学生家国情怀培育锚定了新坐标，"时代新人"为大学生家国情怀培育规定了新方向。

一、"百年未有之大变局"为大学生家国情怀培育提出了新的机遇和挑战

党的十八大以来，以习近平总书记为核心的党中央准确把握我国历史方位，提出了百年未有之大变局这一重要战略论断。2017 年 12 月，习近平总书记提出："放眼世界，我们面对的是百年未有之大变局。"[1] 此后，习近平总书记在国际和国内重要场合多次强调这一重大论断。在党的十九届五中全会上，党中央全面、系统地论述了百年未有之大变局："当今世界正经历百年未有之大变局，新一轮科技革命和产业变革深入发展，国际力量对比深刻调整，和平与发展仍然是时代主题，人类命运共同体理念深入人心。"[2] 百年未有之大变局的世界局势"变"的前所未有、百年罕遇，准确概括了当前国际格局的主要特征。在百年未有之大变局形势下，重大战略机遇期与重大风险期同时并存，机遇和挑战都前所未有。

（一）"百年未有之大变局"给大学生家国情怀培育带来的机遇

世界处于百年未有之大变局，和平、发展、合作、共赢依然是时代

1　习近平接见二〇一七年度驻外使节工作会议与会使节并发表重要讲话 [N]. 人民日报，2017 - 12 - 29 (01).

2　中共十九届五中全会在京举行 [N]. 人民日报，2020 - 10 - 30 (01).

主流，世界和平合作、开放融通的潮流滚滚向前，新一轮科技和产业革命为人类合作发展提供了前所未有的契机。

1. 经济实力演变

近代以来，以美国为首的西方资本主义国家主导世界经济格局。在"大发展、大变革、大调整"时期，经济全球化加速推进，首次打破了唯西方国家马首是瞻的经济局面，美国全球金融霸权逐渐衰落。中华人民共和国建国以来尤其是改革开放 40 多年来，中国坚定不移地走独立自主的和平发展道路，实现了从解决温饱、总体小康到全面小康的大跨越，历史性地解决了绝对贫困问题，取得了创造性的伟大成就。"创新型性国家建设成效显著，尤其是载人航天、探月工程、载人深潜、超级计算机、高速铁路等实现重大突破"，[1] 为实现中华民族伟大复兴积累了雄厚物质基础。在改革开放中，中国利用自身的市场和人力资源优势，积极参与世界经济，创造了 40 多年来 GDP 年均 9.5％的高增长率。根据国家统计局数据显示，2023 年，中国经济总量达126 万亿元，增长 5.2％，增速居世界主要经济体前列。2023 年人均GDP 突破了 1.26 万美元，全国居民恩格尔系数为 29.8％。2023 年，中国对世界经济增长的贡献率达 32％。国务院发展研究中心预测："到 2035 年，发展中国家 GDP 规模将超过发达经济体，在全球经济和投资中的比重接近 60％。"[2] 中国所取得的经济成就表明，我国综合国力进一步增强，社会生产力进一步提高，人民生活水平进一步提升，新时代的中国是引领世界经济恢复、维护全球产业链供应链稳定的重要力量。

2. 世界权力格局发生变化

全球经济总量结构在发生深刻变化的同时，引起世界政治格局发生转变。随着世界经济增长重心向"太平洋"进行转移，中国等新兴力量

1　十八大以来重要文献选编（上）[M]. 北京：中央文献出版社，2014：2.
2　国务院发展研究中心课题组. 未来 15 年国际经济格局变化和中国战略选择 [J]. 管理世界，2018（12）：1—12.

在国际舞台上的地位提高，国际战略格局由"西强东弱、西主东从"向"东升西降"演变，新兴发展中国家在国际事务中的话语权提升，获得了更多全球治理参与权，冲击了美国单极霸权的权力格局。2008年国际金融危机以来，美国深陷金融危机和政治危机。2016年，特朗普当选后，极力推行"美国优先"的狭隘利己主义政策，肆意毁约退群，美国的公信力和软实力严重下滑。2021年，特朗普与拜登总统权力交接上演的政治风波，引发美国国会山骚乱暴动事件，削弱了公众对于选举制度的信任，美国民主灯塔黯然失色。尤其是2020年新冠肺炎疫情席卷全球之时，美国将防疫政治化，反复公开淡化新冠病毒的威胁，兜售反常识的防疫理论，反科学浪潮高涨，导致美国成为全球疫情中心，大量民众感染新冠病毒，社会矛盾急剧恶化，经济急剧下滑，反映出美国制度失灵、社会撕裂等诸多问题。与之相反，我国一直坚持"以人民为中心"，在新冠肺炎疫情防控方面，我国坚持"外防输入、内防反弹"，在控制本土疫情的同时，向世界120多个国家和国际组织提供超过20亿剂新冠肺炎疫苗，为世界抗疫作出了巨大的贡献。中国在国际舞台上倡导构建"人类命运共同体"，积极参与全球治理，维护世界和平发展，彰显了负责任大国的自觉担当，促进国际关系民主化，树立了良好的国际形象，为中华民族的伟大复兴提供了更为和谐稳定的国际环境。这些体现了美国霸权的结束，政治格局已经告别单极化，世界秩序重建，呈现出多极化发展新格局。

3. 第四次科技革命加快重塑世界步伐

近代以来，每次科技革命都会推进世界多极化、文化多元化等进程，推动世界变局。从18世纪英国发起第一次工业革命以来，西方国家依托大航海、殖民扩张、政治变革等方式迅速崛起。后续又经历第二次和第三次工业革命，极大地提升了劳动生产率，西方国家在世界中的优势进一步强化，一直主导着世界经济格局。正如美国历史学家伊曼纽尔·沃勒斯坦所说的："资本主义的现代世界体系以国际分工为基础，在全球范围建立了中心、半边缘、边缘的世界性的经济格局。"[1] 21 世纪以来，随着以人工智能、量子物理为主要标志的新技术革命的出现，具有颠覆性的科技持续涌现，为全球化发展注入新的动力，全球化进入互联网时代，影响了人们的生产方式和生活方式，缩小了发达国家和发展中国家之间发展的鸿沟，提升了大国之间博弈的激烈程度。方兴未艾的第四次科技革命，将重塑世界经济、政治版图。一旦某个国家能率先掌握最新科技成果，占据高地，便能拥有国际政治经济发展主动权，快速提升国际地位。这为中国的发展提供了重要契机，中国若实施有效的科技领域创新战略，率先突破关键核心技术，在世界科技界占据制高点，就有可能实现弯道超车，这将极大提升中国在世界政治、经济领域中的影响力。

　　"百年未有之大变局"的形成，使中国发展面临着重要的战略机遇期。中国迅猛的发展势头，所取得的举世瞩目的成就，使中国人民在世界上更加有底气，让国人看到了中国力量，增强了国人的家国情感、民族自信心和国家尊严意识，人民更加坚定民族共识、民族荣辱观和国家认同感，更加拥护中国共产党的领导，坚定中国特色社会主义道路自信。人们也清晰认知到，只有国家的快速发展，在世界上占据更为中心的地位，无数个家庭和个人才不会任人宰割和欺凌，才能有更好的发展空间。在新时代，要实现中华民族伟大复兴的中国梦，需要每一位国人的共同努力。新时代大学生生逢其时，处在中华民族发展的最好时期，不用像百年前的革命志士为了民族独立抛头颅、洒热血。但不同时代的人，肩负的历史重任不同。新时代的大学生正值风华正茂之时，要接过时代的接力棒，立足当下、珍惜韶华、守正创新，自觉涵养家国情怀，磨炼自身能力，勇攀时代高峰，坚定政治信念，提升自身的文化修养、创造能力，树立正确的历史观、大局观、角色观，不断努力，不懈奋

1　[美]伊曼纽尔·沃勒斯坦. 罗荣渠等译. 现代世界体系（第 1 卷）[M]. 北京：高等教育出版社，1998：194.

斗，坚守好自己的"小家"和"大国"，成为国家发展的主力军和实现中华民族伟大复兴的先锋力量。

（二）"百年未有之大变局"给大学生家国情怀培育带来的新挑战

机遇和挑战作为一对矛盾体，相互依存。"百年未有之大变局"在给中国发展带来机遇的同时，也带来了诸多风险挑战。

1. 世界面临逆全球化浪潮侵袭

几百年来，整个世界在全球化浪潮的推动下，各国发挥各自优势，经济快速发展，创造了更多社会财富，世界各国关系密切，成为"你中有我，我中有你"的共同体。2008 年国际金融危机，使世界经济增长乏力，尤其是欧美的政治、社会矛盾激化，部分国家"一叶障目"，狭隘认为所发生的一切危机都是源自全球化，因此，"逆全球化"现象甚嚣尘上。在资本主义国家主导的全球化中，资本主义为了追逐更多的利益，将部分产业转移到发展中国家，在贸易逆差的影响下，冲击了产业经济的发展。产业外移、去工业化导致的空心化使就业矛盾突出，严重损害中下阶层民众利益。再加上资本主义国家的金融寡头占据了大部分社会财富，贫富差距悬殊，民众反弹压力日趋增大，成为反对全球化的主要群体。为了缓解国内矛盾，解决经济发展问题，很多西方国家饮鸩止渴，筑起高墙，实行贸易保护主义，采取贸易制裁、提高关税，限制非法和低技能移民等政策。英国"脱欧"、美国纷纷退群，甚至要求 WTO 改革现有规则。美国等西方资本主义国家依然希望继续主导全球化，通过逆全球化，从而塑造符合本国利益的全球化。这些"逆全球化"现象影响全球治理和人类命运共同体的现实构建，严重冲击世界政治经济秩序，扰乱了国际秩序和国际环境，不利于中国进一步对外开放。

2. 西方国家对中国制度、中国道路的遏制加重

中国成为世界第二大经济体后，美国等西方资本主义国家心怀芥

蒂，感受到了压力。西方霸权日渐式微，霸权危机感加深。美国为了坚守霸主地位，囿于零和博弈思维，伙同盟友试图围堵、牵制和遏制中国。美国国防部的《2022年国防战略（NDS）》，将中国视为战略竞争对手。美国拉拢和中国有争端的周边国家，在中国周边挑起事端，利用军事优势，实施"印太战略"，在南海、东海、台海区域不断挑事，甚至频繁进行军事演习，企图破坏中国和平发展的周边环境，遏制中国发展空间，建立粉碎中国经济圈的"反华联盟"。美国邀请台当局参加所谓"全球民主峰会"，支持台湾独立，利用自编自导的事件扰乱新疆安全，公然干涉中国内政；利用对国际资本和金融的掌握，对核心技术的垄断，企图通过芯片管制掐住中国科技企业的脖颈；变化霸权手段，利用意识形态渗透、产品禁售、莫须有指控、技术垄断等方式打压、遏制中国，试图改变中国的政治制度。这些行为严重威胁中国产业链安全，加大了中美"经济脱钩""科技冷战"与"人文切割"的风险。

　　新时代面临的这些挑战，使中国发展面临外部和内部复杂环境，形势严峻，这就更加需要家国情怀这一实现中华民族伟大复兴的精神力量。家国情怀作为中国传统的精神情感，在新时代，在继续保持合理内核的同时，结合时代特点历久弥新，可以积聚起整个国家的力量与不利的外部因素进行抗衡。国是千万家，家国不分离，家国情怀可以引领家国责任担当。新时代大学生要树立振兴中华、服务家国的自觉意识，胸怀"国之大者"，厚植家国情怀，树立世界眼光，学会审视世界的巨变，于危机中育新机、变局中开新局。要树向学之念，立报国之志，把家和国的观念根植内心深处，用习近平新时代中国特色社会主义思想武装头脑，自觉践行"两个维护"，坚定"四个自信"，排除外部因素的干扰，坚持正确政治方向，提高分析判断能力，"为家尽孝、为国尽忠"，肩负起新时代应有的责任与担当。全体中华儿女勠力同心，将涓滴之力汇聚成磅礴伟力，将个人发展前途和祖国发展紧密结合，就能发挥家国情怀的国际竞争优势，实现自我成长与国家发展同向而行。

二、社会主要矛盾的转化为大学生家国情怀培育创造了新条件

党的十九大报告明确指出，进入新时代，我国社会主要矛盾已经转化为人民日益增长的美好生活需要和不平衡不充分的发展之间的矛盾。社会主要矛盾的转化，是由生产力发展水平和社会发展阶段所决定的。这一科学论断是对改革开放 40 多年来我国社会发展实践的总结，也为大学生家国情怀培育创造了新条件。

社会主要矛盾的变化，首先体现了我国社会生产力发展水平的变化。改革开放以来，我国生产力水平大幅度提升，尽管还存在着发展不平衡不充分的问题，但我国各方面发展也取得了历史性伟大成就。我国成为世界第二大经济体，对世界经济增长的年平均贡献率超过 30%，科研创新体系不断完善，农业科技、信息技术、航天技术等方面位居世界前列，"落后的社会生产"已经不复存在，国际影响力和公信力与日俱增，人民生活水平显著提升，这是社会主要矛盾转化的现实基础。在新时代，广大人民群众是国家发展建设的参与者和发展成果共享者，民众可以切身感受到时代的进步和祖国的强大，对祖国的情感、认同感和归属感大大增强。这些为家国情怀的培育提供了认知和情感基础。

需要和生产是唯物史观的两个重要范畴。唯物史观提出，社会存在决定社会意识。在社会主要矛盾的转化中，随着社会生产力水平的提高，人们的思想意识和需要层次相应发生改变。物质需求是人的第一需求，当人民生活水平提高满足了最基本的物质需求后，人们会寻求更高层次的精神、文化、尊重等高层次的需求，人们对美好生活更加向往，人民需要呈现多样化多层次共存态势。新时代的美好生活内容丰富，人们的生存需要在新时代要得到更高质量的满足和保障，提升个体安全感和幸福指数，增强获得感。人们的社会需要这一更高层面的价值取向要得到更高程度的满足，人们在民主法治和社会公平正义方面的诉求日益

明显，人们的政治和精神层面进一步提升，生活要求更加有质量、有尊严。尊重需要得到充分满足，在社会发展中，要尊重人民的主体地位，以人为本，提升对个体自我意识、自尊感等"软需要"的满足。求知需求要得到较高程度满足，则教育资源要实行供给侧改革，促进素质教育和教育公平，培养更高质量的创新型人才。人的自我实现需要得到满足，要充分发挥人的创造潜能，实现人自由而全面的发展。人的精神需求得到极大满足，则人的思想觉悟也会提升，会更加认识到在新时代，个人的美好生活和家庭发展、祖国命运紧密相连，有助于为建设社会主义现代化强国凝聚全体人民爱家爱国的价值共识。为了实现人民对于美好生活的需要，在中国共产党的领导下，每个个体秉持着对家国的依恋和期望，将家国情怀转化为爱家爱国的具体实践行动，充满热情和自信，坚持敢为人先的闯劲、一往无前的拼劲，积极投入到家、国的建设中，这就为家国情怀的实现提供了丰厚的土壤。

三、"两个一百年"的历史交汇期为大学生家国情怀培育锚定了新坐标

新时代是中华民族圆梦的时代。党的十九大报告明确指出："我们既要全面建成小康社会、实现第一个百年奋斗目标，又要乘势而上开启全面建设社会主义现代化国家新征程，向第二个百年奋斗目标进军。"[1]从十九大到二十大，是"两个一百年"奋斗目标的历史交汇期，阐明了今日中国的新坐标。处在这样一个关键的时间点上，党清晰擘画全面建成社会主义现代化强国的时间表和路线图，坚持一张蓝图绘到底，清晰描绘了"两个十五年"的战略规划，并强调了"五位一体"总体布局和"四个全面"战略布局。这个历史交汇期是承上启下的衔接期，在接续第一个百年目标辉煌业绩的同时，开启了第二个百年目标的恢宏篇章。

1　习近平谈治国理政（第3卷）[M]. 北京：外文出版社，2020：22.

2021 年，习近平总书记在庆祝中国共产党成立 100 周年大会上的重要讲话中，向全世界庄严宣告，我国全面建成小康社会，实现了第一个百年奋斗目标。全面建成小康社会，是中国共产党向世界、历史和中国人民交出的优异答卷。实现小康是中华民族千年追求的梦想，中国共产党一经诞生，就将为中国人民谋幸福、为中华民族谋复兴确立为初心使命。百年辉煌历程中，中国共产党带领中国人民克服种种困难和挑战，共同奋斗、共同发展，人民在奋斗中感受幸福和发展的自信，人民更加有力量和信心奋进新征程。作为世界上最大的发展中国家，中国凭借自己的实力，书写了全球减贫事业新篇章，启发了许多国家的治理和发展，为构建人类命运共同体贡献了中国智慧，也为全世界社会主义运动树立了标杆。全面建成小康社会也为走好实现第二个百年奋斗目标的赶考路积累了宝贵经验，要求我们必须继续坚持马克思主义的科学指导，用马克思主义中国化的最新理论成果武装头脑、指导实践。

新坐标是新起点，新"百年"是再展宏图的"百年"。实现第一个百年奋斗目标后，标志着我们进入了新的发展阶段，明确了我国发展的历史方位。当前和今后一个时期，我们有更高的目标追求，我国发展所面临的机遇和挑战都发生了新的变化。事业越前进，新情况就越多，越是紧要关头，越是需要弘扬家国情怀，凝聚全国上下的力量，在中国共产党的坚强领导下，发挥无数个家庭和个人的热情和智慧，心往一处想、劲往一处使，在全面建成小康社会的基础上，有效应对各种风险和挑战，书写新时代中国发展的伟大历史。新时代大学生是辉煌历史的见证者，是美好未来的建设者，是实现伟大复兴中国梦的践行者。在新赶考之路上，奋斗是永恒的旋律，大学生要增强实现第二个百年奋斗目标的使命感，从党的百年奋斗经验中汲取营养，坚定不移地坚持中国共产党的领导，将家国情怀牢牢扎根在心中，把爱家和爱国统一起来，用浓浓之情、拳拳之心，激发爱国爱家豪情，激扬爱国爱家之力，秉持"挑战虽艰，希望尤盛"的壮志，抓住和用好历史机遇，砥砺前行，以青春之热血、昂扬之姿态，投身全面建设社会主义现代化国家的伟大实践。

四、"时代新人"为大学生家国情怀培育规定了新方向

新时代的战略目标是要在本世纪中叶把我国建设成为富强民主文明和谐美丽的社会主义现代化强国。习近平总书记明确指出："广大青年要成为实现中华民族伟大复兴的生力军，肩负起国家和民族的希望。"[1]习近平总书记的讲话向广大青年讲明了两点：一是中国梦的实现之路必定是曲折的，需要加倍的努力付出方能实现；二是实现中国梦的生力军是广大青年，广大青年要担负起历史重任。新时代大学生是广大青年的骨干力量，一方面他们享受着党和国家提供的优质教育资源，相比其他青年群体而言具有更高的综合素质；另一方面他们生逢其时，既是实现中国梦的经历者，更是参与者，他们的成长、进步、事业发展是和中国梦的实现同频共振、息息相关。

习近平总书记在党的十九大报告中明确指出，要培养担当民族复兴大任的时代新人。那么，何谓"时代新人"？2018年，习近平总书记在北京大学师生座谈会上对"时代新人"给出了明确答案，那就是德智体美劳全面发展的社会主义建设者和接班人。新时代大学生是"时代新人"的重要组成部分，同时，也是"时代新人"的核心力量。当前，实现中华民族伟大复兴中国梦到了关键阶段，此时社会对以大学生为主体的卓越人才的渴求比以往任何时候都强烈，也就意味着对新时代大学生成才的渴望，对新时代大学生贡献国家和社会的渴望比以往都更加强烈。

习近平总书记曾在诸多重要场合对"时代新人"提出了要求和期望，总的来讲主要体现在如下方面：一是要坚定理想信念；二是要有爱国主义情怀；三是要加强品德修养；四是要增长学识；五是要练就担当奋斗精神；六是要增强综合素质。这些要求和期望最终的指向就是要把以大学生为主体的"时代新人"培养成为社会主义建设者和接班人，而

1　习近平在北京大学师生座谈会上的讲话［N］. 人民日报，2018－05－03（02）.

这些指向的核心点就在于爱国。

从坚定理想信念的角度来讲，之所以要求"时代新人"要有坚定的理想信念，是因为理想信念是行动实践的"指路明灯"，唯有新时代大学生具有坚定的理想信念，才能打心底坚定"四个自信"，才能让"爱国情，报国行"真正发自内心体现在自己的实际行动中，才能让"时代担当"烙印在自己的脑海中。从厚植爱国主义情怀来讲，则明确为培育大学生家国情怀提供了方向指引，为的是让新时代大学生听党号召、一心向党、忠于人民。从加强品德修养角度来讲，是为了培育新时代大学生的大情怀，而爱国则是最深沉、最持久的"大情怀"。从增长学识的角度讲，人才是第一资源，之所以要求新时代大学生要增长学识，是为了让他们真正成才，将自己的专业知识和聪明才智贡献于国家，服务于社会，这是"爱国情，报国行"的直接体现。从练就担当奋斗精神的角度讲，实现中国梦毕竟不是易事，困难挫折在所难免，要达成目标就要敢于担当，勇于奋斗，为的就是要在矢志爱国的实践中自强不息。从增强综合素质角度来讲，中华民族伟大复兴中国梦的实现过程中必然要面对来自各方的挑战，挑战不同，对应的"时代新人"素质要求不同，这就要求新时代大学生要成为"综合素质能力强"的"时代新人"。上述这六方面的要求和期望，综合起来看，中心主旨在于把新时代大学生培养成为"能担当、肯奋斗、乐奉献、会战斗"的综合型爱国人才，进而使大学生将自己的青春激情和青春梦想融入中华民族伟大复兴的历史征程中。因此，"时代新人"为大学生家国情怀培育规定了新方向。

第三节　新时代大学生家国情怀培育的核心内容

家国情怀是个体对家国的认知、情感、意志、信念、行为的融合体，是个体对家庭、故乡、国家的高度的责任感、认同感、归属感、使命感，以及对世界的人类情怀。新时代对大学生的家国情怀培育，要注重培育大学生对家庭的感恩与责任之情，对故乡的眷恋与桑梓之情，对国家的热爱与奋斗之情，和对人类命运共同体的使命与担当之情。

一、培育大学生对家庭的感恩与责任之情

家庭是人的安身立命之所，是心灵的港湾和德行启蒙的起点。整个人类社会由一个个家庭组成。恩格斯曾借用摩尔根的观点："家庭以缩影的形式包含了一切后来在社会及其国家中广泛发展起来的对抗。"[1] 西方文化强调人的"个体性"，中国自古以来受"家文化"影响，主张"齐家"。家是个体和世界最基本的中介小团体，是人类社会群居结构的最小单位，是国家实现综合治理的基本单元，是国家社会的微观缩影。亚里士多德认为人是政治动物，注定要生活在共同体之中。每个人出生以来，首先生活在自己的小家共同体当中，人因聚集而组成家庭。家庭是个体学习生活的重要场所，也是个人与国家的重要纽带。

马克思主义从唯物主义立场出发，认为人的本质和家庭的本质紧密相通，家庭也是一种特殊的社会关系。家庭以爱情和婚姻为基础，爱情中的双方旨趣融洽，体现着人与人的对象性关系。在爱情的基础上，双方有了婚姻从而组建家庭。在婚姻中，夫妻双方地位平等，相互爱慕、理解和坚守，积极履行对家庭的责任和义务，才能使婚姻持久，家庭稳定。家庭是社会的产物，是社会中最基本的生产单位，没有家庭，也不会有国家和社会的存在及发展。人的自然属性和社会属性决定了家庭的双重性。家庭产生于自然，人作为自然人，要满足基本的衣食住行等基本需要和生命的延续，人的自然本能是产生家庭的自然基础。基于人类血缘关系形成的家庭，使人类实现生儿育女、繁衍后代。人的社会属性决定了家庭是建立是在一定社会关系基础之上的，家庭承载人的社会需求，是社会发展的必然产物。

1　马克思恩格斯全集（第45卷）[M]. 北京：人民出版社，2003：366.

　　家庭组成社会有机体，发挥着生产、教育、情感、赡养、政治等功能。作为一个社会个体，家庭在个人成长发展中的作用不言而喻。家庭是个体生长的第一所学校，提供了个体最初的生活和学习环境，其教育方式、家庭关系和家庭氛围对个人的成长和发展会产生潜移默化的影响，也影响着个体进入社会之后的性格养成、情感表达、行为模式、道德素养和价值观念等。家庭在大学生的成长和进步过程中，发挥着不可替代的基础性作用。

　　在大学生家国情怀培育中，要积极教育大学生提升对家的情感，增强爱家情怀。

　　1. 培育大学生践行家庭美德

　　我国著名教育家陶行知先生提出："道德是做人的根本，如果根本一坏，纵然你有学问和本领，也无甚用处。"[1] 良好的家风是产生优良家庭美德的源泉。家风是一个家庭共同习俗和风尚的体现，承载着一个家庭的文化理念和价值观，每个家庭都会自觉或不自觉地在孩子身上打下基本的文化烙印。2022 年 6 月 8 日，习近平总书记在四川眉山三苏祠考察调研时指出，家风家教是一个家庭最宝贵的财富，是留给子孙后代最好的遗产。良好的家风能提供优良的家庭生活环境，增加家人的幸福感，稳固家庭。优良的家风可以代代相传，如《钱氏家训》《曾国藩家书》《傅雷家书》等，都是长辈言传身教、订立家规或用书信告诫家人和子孙为人处世、做人做事的道理。大学生要善于挖掘和总结夫妻和睦、孝老爱亲、勤俭节约、乐于奉献等优良家风，并做到自觉传承和发扬。夫妻和睦是夫妻双方共同的家德要求，是家庭和谐的拱心石，也是家庭稳固的基石。夫妻恩爱、相濡以沫才能经受住各种风雨，使家庭生活甜蜜、幸福，家庭成员才有持久的欢乐。于个人而言，家庭的夫妻和睦是家庭成员奋斗的坚实基础和抵御风险的温暖港湾。于社会而言，家庭夫妻和睦是社会思想层面的价值追求。孝老爱亲是中华民族的传统美德、文化心理和精神基因。在古代，孝是一个人道德品质的基础。在新时代，孝老爱亲是社会主义核心价值观的重要内容。孝老爱亲不只是每个家庭的小事，而是关乎整个社会道德风尚和文明进步的大事。孝老爱亲意味着晚辈要尊敬、感恩、孝敬父母长辈，履行赡养老人的责任和义务。要注重子女对父母的关爱，尊重老人的生活习惯、意见和选择，用自己的爱心、孝心、责任心给父母长辈精神慰藉，让老人安享晚年，构筑和谐的家庭，并把这种美德推广到亲朋好友和社会邻里成员之间。要关心兄弟姐妹，互谅互让，相亲相爱，营造良好的家庭氛围。勤俭节约反映了中国人民艰苦奋斗、崇俭抑奢的道德品质。百年来，中国共产党人发扬勤劳俭朴的精神，历尽艰辛，带领中国人民完成了中国的革命、建设和改革，取得了辉煌成就。勤俭节约是一种生活习惯，也是个人和家庭优良品德的体现，节俭的生活方式，是维持家庭发展的需要，也是对自身劳动和他人劳动的尊重。由俭入奢易，由奢入俭难，在新时代，我们要自觉赓续勤俭节约这一美好传统，使崇俭抑奢的价值理念真正深入人心，成为全社会的文明追求。时代赋予的历史任务需要一代代青年竭诚去完成。古往今来，无数仁人志士为了完成肩上的伟大使命牺牲小我，奉献祖国。在抗击新冠肺炎疫情大考中，各行各业的奋斗者、志愿者勇于担当、甘于奉献，汇聚起战胜疫情的强大力量。青年大学生要在优良家风的熏陶下，学会珍惜时代，担当使命，铸就勇于担当、甘于奉献的精神力量。大学生作为家庭中的个体，要关爱家庭成员，处理好家庭内部的关系，个人要珍惜血浓于水、弥足珍贵的亲情，和家人和睦相处。继承优秀家文化中的宝贵财富，树立正确的是非观，对于优良家风中的价值信念、处事原则要做好传承，并与时俱进地发展。要主动恪守家训，立德修身，用良好家风家教涵养担当精神和奉献意识，提升自身的道德文化修养，促进家庭和谐，在爱家的基础上，进一步形成爱民族、爱国家的情感。

2. 培育大学生树立科学的婚恋观

家庭对社会成员的性格、人格、气质都有重要影响，也影响着大学生婚恋观的形成和发展。婚恋是人生发展的必经阶段，婚恋观会影响人一生的家庭和生活。婚恋观是指对婚恋的基本看法，内含了恋爱观、婚姻观和家庭观等内容。恩格斯认为"爱情就是人们彼此间以相互倾慕为基础的关系"[1]，特定的主体是男性和女性。爱情应是互爱的、平等的，单相思或者一厢情愿的爱是毫无生机的。真正的爱情是男女双方志同道合，不掺和任何物质和杂质成分。爱情应是专一的、排他的。真正的爱情是男女心灵的碰撞和共鸣，马克思和燕妮的美好爱情是建立在彼此倾慕和忠诚的基础上，是理性选择后身与心的统一。爱情应是持久的。真爱的道路并非一帆风顺，爱情的道路上有很多坎坷，要经受长期考验。男女双方要互相忠诚、理解和包容，方能有持久的爱情。持久的爱情成为婚姻的基础。马克思主义认为，婚姻作为人类发展的阶段产物，是以爱情为基础的，是爱情的自然结果。婚姻应是自由的，包含结婚自由和离婚自由，在婚姻中男女双方的地位是平等的。家庭是以血缘关系为纽带的生产单位，具有血缘性、社会性和历史性。新时代大学生生活的时代，互联网传播信息便捷，再加上西方性开放文化的持续影响和社会享乐主义、拜金主义盛行，大学生的婚恋观呈现恋爱动机多元化、婚姻态度理性化、择偶标准多样化、婚恋观念和行为开放化等特点，部分大学生呈现出婚恋心理不成熟、婚恋责任欠缺、婚恋道德规范缺失、自我保护意识薄弱等问题。因此，在大学生家国情怀培育中，要以马克思主义的婚恋观、习近平新时代中国特色社会主义思想为指导，引导大学生正确看待婚恋的自然属性和社会属性，认识婚恋的本质，树立符合社会主流思想和道德观念的婚恋观，主动将科学的婚恋观实践化，正确处理恋爱和学业的关系，提升自我心理调适能力，学会自尊、自爱，提高自我保护能力，涵养婚恋责任、家庭责任和社会责任，经营好自己的恋爱和婚姻，维持好自身家庭的和谐稳定。

1　马克思恩格斯选集（第4卷）[M]. 北京：人民出版社，2012：382.

3. 引导大学生主动承担家庭责任

家庭责任是家庭成员为了维系和发展家庭所要承担的职责。马克思强调："一个人只有在他握有意志的完全自由去行动时，他才能对他的这些行为负完全责任。"[1] 在一定的社会关系中，社会个体要根据自身不同的角色定位履行相应的义务。责任是一种客观存在，是个体在社会上生存发展和实现人生价值必须要践行的担当。大学生要承担的家庭责任，内容丰富，要对家庭关系和家庭角色产生清晰认知，根据自身角色不同，承担相应的角色责任。在家庭中，作为子女，要承担孝敬父母长辈的责任。要感恩父母的付出和教育，不仅在生活上照顾父母，更要发自内心尊重和敬爱父母长辈，要充分理解父母，尊重父母的思想。在外求学和工作，要经常牵挂和想念父母，在特殊节日给予真挚祝福。作为家庭兄弟姐妹中的一员，要相互依恋、关心和尊重，处理好兄弟姐妹之间的关系。在产生家庭矛盾时，要善于用社交技巧去解决，晓之以理，动之以情，做好沟通协调，不激化和加深矛盾。作为子女在赡养父母方面，要互帮互助，不相互推诿，共同承担责任和义务，建设和谐幸福家庭。对于以后组建的家庭，夫妻之间要相亲相爱，相互扶持，平等、尊重和忠贞，共同应对家庭面临的事情，建立长远、和睦、发展的情感关系，使家庭成员在爱的包围中更好实现个人成长发展。子女以后充当了父母的角色，履行生育和抚养下一代的责任，要在尊重孩子的基础上进行家庭教育，协调好工作、照顾孩子和赡养老人之间的关系，均衡合理地分配生活时间。大学生要通过自身努力学习，提高承担家庭责任的能力，为家庭发展做好规划，满足家庭成员的物质和精神需求，用实际行动为家庭谋和谐，为家人谋幸福，使家庭成员能够平安、愉快、健康地生活。家庭责任意识的培养，也有助于大学生更加积极主动、自觉自愿承担社会责任，培养爱国主义情操。

1　马克思恩格斯选集（第3卷）[M]. 北京：人民出版社，2012：267.

二、培育大学生对故乡的眷恋与桑梓之情

故乡是一个人出生或者长期居住的地方，是一个人心灵的归宿，是我们在精神上、心理上甚至行为上都无法割舍的一种依赖。与西方相比，受中国传统农业经济的影响，中国人更加注重家庭、亲情、伦理和孝道，产生了根深蒂固的故乡情结。费孝通先生在《乡土中国》一书中指出："从基层上看去，中国社会是乡土性的。"[1] 家国情怀内在包含了故土难离的家园意识和乡情难分的故乡情结。这种情结是个体对故乡、家人和亲人的一种深厚感情。中国自古就讲究光宗耀祖、认祖归宗、落叶归根，鲁迅的《故乡》、沈从文的《边城》等作品，描述和表达故乡之情的著作举不胜举。在中国人的传统观念中，故乡和精神家园是统一的，故乡是家国的载体和化身，是灵魂的栖息地。人们所居住的土地、乡村、庭院、房屋等这些空间实质图景，既是人们生产生活的重要场所，也是人们的精神寄托和精神家园。天地英雄气，千秋尚凛然，故乡之情是传统中国人民的一种本性使然，是对故乡的回忆和认同。

2015 年，习近平总书记在华盛顿州当地政府和美国友好团体联合欢迎宴会的讲话中，深情回忆了在梁家河的小村庄插队当农民时度过的 7 年时光，感慨了梁家河这个小村庄发生的巨大变化，抒发了习近平总书记强烈的乡土之情。因此，我们现在所指的故乡远远超过了空间地理意义上的现实的、物质的家乡，在居住和情感的维度上，人们往往会根据现实情感加上现代性的体验、情感和精神向度。尤其是随着国家发展和社会的变迁，人们在工作地和生活地来回辗转，更加激起了人们对故乡和亲人的眷恋和怀旧。爱乡情怀有以下几个方面的体现。

1. 从故乡的地理学寓意看，要热爱思念故土

故乡是在地球上的某个点，是生命发端的原点，是一个人孕育、成

1　费孝通. 乡土中国 [M]. 北京：人民出版社，2008：1.

长、成熟的自然环境、生态结构和环境条件，是个体的"生态位"，包含空间、时间、阳光、温度、水分、实物等。故乡可能是深山老林、穷乡僻壤，也可能是海滨江畔、高灯华厦。人自出生开始，故乡的所在地就给生命个体打上了烙印。爱故乡就要首先爱故乡的实体要素。家乡的秀美山川、珍禽名兽、风土水文等，都可以成为人们"物"的记忆符号，从而促使人们产生矢志不渝的亲切、熟悉、温暖的情感结构。很多文人在远离家乡后，通过诗歌、小说、油画等方式表达对故乡的思念和情感。众所周知的唐代著名诗人孟浩然，40 岁之前都生活在襄阳城南郭的南园。孟浩然流传至今的诗歌有 270 多首，其中体现故乡情结的诗歌有近 200 首，有很多描述家乡风景名胜、风土人情、亲朋好友的诗歌。身处故乡时，他赞美襄阳；为了求仕离开故土后，他思念牵挂的还是襄阳；仕途失意之时，依旧是魂牵梦萦的故乡能给他心灵慰藉和温暖。因此，故乡的一草一木、一砖一瓦、一人一物都值得我们热爱、牵挂和思念。

2. 从故乡的生命寓意看，要眷恋故乡亲友

故乡是我们的生命之根。故乡不仅孕育了我们的生命，还有和我们血脉相连的亲人和守望相助的邻里乡亲。返回故乡那个休戚与共的土地上，就是回到了给我们安全感和归属感的家，是回到了温暖的母亲的怀抱。王维的"每逢佳节倍思亲"是对故乡亲人真情的告白。毛泽东一生为了国家和民族奔波劳碌，虽然未能时常回家乡探望，但他通过书信，传达了与故乡的深厚感情。《毛泽东致韶山亲友书信集》里包含了毛泽东 1915 年至 1958 年与家乡亲友、恩师同学的来往信件 59 封，信件的内容涉及亲朋好友的生活条件、学习工作、烈士家属安置、家乡发展变化等内容，信中朴实的语言，体现了毛泽东内心柔软的家乡情，对家乡人民质朴的关切情感。听闻家乡亲人亡故，毛泽东尽己之力、慷慨解囊；叮嘱亲友"精简节约，反对浪费"；激励亲朋"勤耕守法、不应特殊"……毛泽东的家国情怀饱含家园思想和思乡情结。因此，远在外地求学的大学生，要时常牵挂故乡的亲人和友人，除了寒暑假回乡探亲

外，在平时的特殊节日中，也要通过电话等方式表达对亲人的牵挂之情。

3. 从故乡的文化角度看，要传承优秀家乡文化

社会存在决定社会意识，社会意识是社会存在的反映。一方水土养育一方人，每个地方由于地理环境、习俗、教育模式等的不同，会产生与之相适应的文化产物。文化是一个国家和民族的灵魂，是社会意识的重要组成部分，每一种文化都独有自己的特色、来历。中国的家乡文化源远流长，不论是物质的还是非物质的，都是人民群众集体智慧的结晶。故乡的房舍桥梁、古树名木、古建遗存、民俗风情、乡规民约、名人传记、传统技艺、传说故事等都是陪伴我们成长的营养和基因，都是家乡文化的体现。"广西壮族三月三"作为广西特有的家乡习俗文化，有对歌传情、包五色糯米板、抢花炮、绣球传情、打扁担、撞彩蛋等丰富多彩的民俗活动，是广西重要的民族特色文化品牌。毛泽东年少时是在湖南度过的。"心忧天下、敢为人先、经世致用、实事求是"的湘西文化，包含了忧国忧民的爱国意识。范仲淹"先天下之忧而忧，后天下之乐而乐"的忧患精神，也是湖湘学子的座右铭。毛泽东从小在这种文化的熏陶之下，启迪了家国情怀，爱国思想超乎常人。曾国藩留下的"无湘不成军"的美誉、湖湘人吃苦耐劳、艰苦奋斗、坚忍不拔的英雄气概都深深影响着毛泽东，铸就了他百折不挠的坚强品格。湖湘生活的经历，强化了毛泽东对故土的依恋之情和对父老乡亲的感恩之情。新时代大学生要熟知家乡文化，并积极传承和发扬家乡物质文化、组织制度文化和精神文化，厚植热爱家乡、热爱国家的深沉情怀。

4. 从故乡的发展建设看，要为家乡建设添砖加瓦

故乡是永久的乡愁，我们生于斯、长于斯，有着难以割舍的情感。这种情感寄寓了家国情怀，也成为我们反哺、建设故乡的巨大动力。故乡的血脉亲情、家风民俗、地域文化，多种情愫的交织决定了我们对于故乡而言，不是局外人和旁观者，而要时刻牵挂家乡的发展，并付诸实践行动。邓小平自16岁离开家乡，寻求救国救民的真理之路，虽然阔

别家乡79载，但拳拳桑梓情始终在他心间，他时刻关注着家乡的发展和建设。1978年2月，邓小平在访问缅甸时途经四川成都，接见了当时担任广安县委办公室主任的两位同志，详细询问了家乡的农业建设、农民收入、农田基本建设等情况，并叮嘱一定要把农业搞上去，把广安建设好，但是不能闹特殊。邓小平一方面关心、牵挂家乡发展情况，一方面坚守工作原则，体现了他对家乡博大高洁的爱。2020年热映电影《我和我的家乡》，讲述了中国东西南北中五大地域的家乡故事，剧情朴实又感人至深，直击心灵深处，引发人们对家乡深深的回忆。其中《回乡之路》中的乔树林为了改变家乡陕西榆林的生态环境，舍弃城市的繁华，倾尽所有带领村民治沙，将沙漠变成绿洲，兜售"沙地苹果"，帮助家乡致富，他对家乡的那片赤诚之心，表达了最朴实的家国情怀，让人产生深厚敬意。广西派驻乐业县百坭村党组织第一书记黄文秀，在北京师范大学毕业后，主动回到家乡，将自己最宝贵的青春都献给了扶贫事业，生命定格在30岁。树高千丈，落叶归根，新时代大学生对家乡的情感和热爱，不能只停留在简单地喊口号和表白怀念，而要经常问自己：对于家乡，我可以做些什么？要实际担负起建设、发展家乡的使命、责任和义务，既要有心动，更要有行动。大学生要时刻保持着对家乡的眷恋与牵挂，饮水思源、反哺桑梓，苦练本领、戒骄戒躁，心系家乡发展、情系家乡建设，撸起袖子加油干，用自己的专业知识和技能，尽己所能回报家乡，为家乡发展建言献策，多做好事、善事，用深挚的乡情汇聚家乡发展的强大力量。

因此，爱乡带着一种文化归属情怀，实际上是对童年回忆、迁徙文化、移民文化的怀旧感情，既包含实体存在的生活家园，也包含具有虚拟特征的精神家园。对家园的认同和皈依"不仅是小我的一丝温煦之情，更因与国家民族理想打通而变得庄严圣洁。"[1] 家国情怀蕴含的爱乡情怀不仅是对故乡的怀旧和情感，更是一种理想蓝图，一种对故乡未来

---

[1]　胡晓明. 中国怀乡诗的人文精神［J］. 文史哲，1990（04）：53—59.

发展的憧憬和期盼。

三、培育大学生对国家的热爱与奋斗之情

霍布斯认为，国家并非是自然概念，而是一种人为的创造，不同社会个体之间的相生与相融，国是万千家的集合与放大。爱国是家国情怀永恒的主题。国家是个人成长和发展的后盾。每个人都应该对自己所依赖的国家充满深情大爱，对国家的繁荣强盛和民族崛起抱有一种持久不懈的理想追求，主动将个人的前途命运和家国紧密相连，为祖国的发展贡献自己的力量。爱国是人民对祖国崇高的思想政治情感，是一个具体历史范畴，不是抽象的。

在不同的历史时期，爱国主义的具体内容和要求都有所不同。"雄关漫道真如铁"。中国共产党历经百年风华正茂的恢宏史诗，完成和推进了开天辟地、改天换地、翻天覆地、惊天动地的四件大事，取得的斐然成就证明，中国的发展和命运、人民的幸福和保障与中国共产党和中国特色社会主义密不可分。因此，新时代弘扬爱国主义要把握好立场和原则，必须坚持爱国主义和社会主义的统一，维护祖国统一和民族团结，尊重和传承中华民族历史和文化，立足民族面向世界。[1]

1. 要坚持爱国主义和社会主义的统一

社会主义不是凭空而来，是中国人民经历艰难困苦，用血和泪、流血和牺牲做出的必然选择。自 1840 年鸦片战争开始，"我们的民族历经磨难，中华民族到了最危险的时候。自那时以来，为了实现中华民族伟大复兴，无数仁人志士奋起抗争，但一次又一次地失败了。"[2] 尽管孙中山先生发出"振兴中华"的呐喊，将资产阶级民主革命推向了高潮，但是由于资产阶级自身的软弱性，没能肩负起民族独立的历史任务。在反

1　《思想道德与法治》编写组. 思想道德与法治 [M]. 北京：高等教育出版社，2023：82.

2　习近平谈治国理政（第 1 卷）[M]. 北京：外文出版社，2014：3.

复的探索中，中国人民最终选择了马克思主义。在马克思主义的指导下，中国共产党领导中国人民，固本培元和守正创新相统一，将马克思主义基本原理同中国革命具体实践相结合，农村包围城市，武装夺取革命政权，取得了新民主主义革命时期、社会主义革命和建设时期、改革开放和社会主义现代化建设时期、新时代中国特色社会主义建设时期的伟大成就。中国百年的革命、建设和改革的实践证明，只有社会主义才能救中国，只有中国特色社会主义才能发展中国。建设中国特色社会主义的共同目标，就要将爱国主义和社会主义内在统一起来。因此，新时代的爱国主义不是漂浮虚幻的，社会主义是爱国主义的现实载体，我们爱的国一定是社会主义国家。正如邓小平同志曾说的："不爱共产党领导的社会主义的新中国，爱什么呢？港澳、台湾、海外的爱国同胞，不能要求他们都拥护社会主义，但至少也不能反对社会主义的新中国，否则怎么叫爱祖国呢？"[1]

中国共产党是最高的政治领导力量。办好中国的事情，关键在党。在庆祝中国共产党成立100周年大会上，习近平总书记明确指出，中国共产党的百年历程充分证明了没有中国共产党，就没有新中国，也不会有中华民族伟大复兴。"大海航行靠舵手"，党的领导地位是历史和人民的选择。毛泽东同志指出："共产党的唯一任务，就在团结全体人民，奋不顾身地向前战斗，推翻民族敌人，为民族与人民谋利益，绝无任何私利可言。"[2] 中国的历史和现实昭示，只有中国共产党才能总揽全局、协调各方，也只有坚持中国共产党的领导，才能实现国家富强、民族振兴、人民幸福。中国共产党建党的初心是为了人民，这是强大内动力。在那段暗无天日的悲惨生活中，中国人民一次次奋起挣扎、呐喊、搏击，只有中国共产党毅然决然带领中国人民顶住西方列强的坚船利炮，救亡图存，力挽狂澜，改变了旧中国积贫积弱、一盘散沙的局面，使中

1　邓小平文选（第2卷）[M]．北京：人民出版社，1994：392.
2　毛泽东文集（第2卷）[M]．北京：人民出版社，1993：23.

国人民不再受人奴役、任人宰割，结束了中国被侵略被奴役的屈辱史，开启了一个历史新纪元。正是因为中国共产党的初心，才使党从无到有、由小变大、由弱变强；才使党永葆青春，百年正盛；才使中国又一次雄踞世界东方；才使中国能在新冠肺炎疫情肆虐全球时，迅速打赢疫情防控阻击战；才使中国超前完成了联合国制定的 2030 年可持续发展议程的减贫目标……因此，爱党和爱国在利益诉求方面具有内在一致性。

爱国、爱党、爱社会主义是紧密相连、相互渗透的。新时代大学生要明确"当代中国，爱国主义的本质就是坚持爱国和爱党、爱社会主义高度统一"。[1] 我们爱的国一定是中国共产党领导的社会主义中国，要将爱国内化为个人的一种自觉意识。

2. 要维护祖国统一和民族团结

国家统一和民族团结是中华民族根本利益所在。国家是由自然要素、社会历史要素和政治要素构成的集合体，领土和人民是国家的基本要素。领土是实体性存在，是国家存在的根本。爱国家，就要爱它的每一寸土地，一山一水一草一木，都是我们赖以生存的基础。我们要尽自己的本领去保护祖国的领土、领空、领海，保护祖国的主权完整，实现祖国统一，彰显国家意志，这是每个中国人自豪感的源头。首先，要坚持一个中国原则。香港、澳门问题的顺利解决，有赖于"一国两制"基本国策。香港、澳门回归后保持长期繁荣稳定，验证了"一国两制"的有效性。"一国两制"的"一国"是根，根深才能叶茂；"一国"是本，本固才能枝荣。[2] 坚守"一国"原则，才能真正维护国家主权、安全、发展利益。在台湾问题上，"九二共识"表明大陆和台湾不是国与国的关系，而是同属于一个中国，是处理两岸关系的政治基础，是解决台湾问题的基本前提。其次，要坚决反对和遏制分裂祖国的图谋。要在"一

1　习近平谈治国理政（第 3 卷）[M]．北京：外文出版社，2020：334.

2　习近平谈治国理政（第 2 卷）[M]．北京：外文出版社，2017：435.

国两制"方针下，继续保持香港、澳门的稳定繁荣。同时，坚决反对任何形式的"台独"分裂主张和活动。台湾是中国领土不可分割的一部分，两岸同胞同根同源，同文同种，是血浓于水的一家人。台湾问题是中国的内政，不需要任何外国势力的干涉。"台独"分裂活动企图篡改歪曲台湾历史事实，公然挑战中华民族根本利益，我们绝不含糊，坚决挫败之。两岸同胞要坚定信心，不懈努力，多走动，多发展，多交流，增进理解、信任，把融合发展的道路越走越宽广。要坚决贯彻《反分裂国家法》，共担民族大义，共促祖国统一，捍卫国家主权和领土完整。

爱国主义离不开爱人民，国家是由一个个具体的个人构成的，个人与国家之间命运与共。历史唯物主义认为，有生命的个体的存在是全部人类历史的第一个前提。现实的个人身处一定社会关系之中。国家是分工和私有制的产物，是以人们的社会交往活动为纽带的关系性存在，作为一种特殊的暴力机器，国家的本质在于阶级统治。马克思主义从无产阶级和人民的政治立场出发，提出人民群众是历史的创造者，阐明国家的权力属于人民，人民管理国家，人民创造国家制度。人民群众是国家的主体和核心，热爱人民，要将人民立场作为根本政治立场，维护人民群众的根本利益，为增进人民的福祉而不懈努力。我国是一个典型的多民族国家，56 个民族的人民群众组成一个大家庭，民族团结是各民族的生命线。自古以来，各民族守望相助，共融共生，共同书写了辉煌的中华民族史。各民族尽管在语言文化、生活习惯和民俗风情方面存在差异，但在漫长的同化过程中，各民族在保留各自独有特色的基础上，从文化深层次角度形成了"同根同源"的情感共鸣和深厚、稳固的民族共识，呈现出你中有我、我中有你的多元一体格局。习近平总书记多次强调民族团结的重要性，提出"要像爱护自己的眼睛一样爱护民族团结，像珍视自己的生命一样珍视民族团结。"[1] 民族团结是祖国统一的重

1　习近平在中央民族工作会议上的讲话 [N]. 人民日报，2014 - 09 - 30（01）.

要保证，任何分裂和动荡的局面，都会危害国家和平稳定，使人民生活陷入困境。只有民族团结才能实现国富民强。新时代大学生要意识到民族团结与国家的发展和个人的前途命运息息相关，要树立正确的祖国观、民族观、文化观和历史观，增强对自己祖国、民族、文化和道路的认同。要筑牢中华民族共同体意识，团结全国各族人民，尊重各民族不同的文化习俗，共同繁荣发展。要旗帜鲜明地反对民族分裂势力，认清"藏独"和"疆独"的反动本质，理性审视危害祖国团结的言论，心中常系祖国，坚决同破坏民族团结的行为做斗争，自觉承担维护国家统一的责任和使命。

3. 要尊重和传承中华民族历史和文化

中华优秀传统文化是千百年来勤劳中国人民集体智慧的结晶和沉淀，根植在中华儿女心中，是中华民族的"根"与"魂"，代表着中华民族独特的精神标识，影响着人们的思想方式和行为方式。其中所蕴含的思想观念、道德规范等文化精髓，在当今社会依旧闪耀着思想光芒。面对中华优秀传统文化，我们要辩证取舍，以扬弃的态度取其精华，去其糟粕，做好创造性转化和创新性发展工作，讲好中国故事，不能厚古薄今、以古非今。欲知大道，必先为史。历史是一面镜子，是一位智者，可以帮助我们更好了解过去、把握当下、憧憬未来。历史是最好的教科书、清醒剂和营养剂，爱国就要爱我们的历史，要以史明鉴，汲取历史智慧，总结经验和规律。新时代大学生要树立以唯物史观为基础的马克思主义科学历史观，坚决反对历史虚无主义，认清历史虚无主义的本质是要否定马克思主义、中国共产党的领导和中国特色社会主义。新时代大学生要始终站稳政治立场，坚定马克思主义信仰，自觉提高历史素养，坚定历史自信，增强历史自觉，与历史虚无主义作彻底斗争，廓清当前的认知迷雾。

4. 要立足民族面向世界

在全球化时代，国与国之间的关系日益密切。中国的命运与世界的命运紧密相关。新时代的爱国，不能是故步自封、闭关锁国的爱国，而要将爱国和扩大对外开放结合起来，积极倡导求同存异，共同进步。首先，要维护国家发展主体性。经济全球化并不意味着政治一体化、政治全球化，国家依然存在，仍旧是民族存在的最高组织形式。在全球化浪潮中，我们必须要保持清醒认知，在利用机遇发展自己的同时，坚定热爱自己的祖国，捍卫自己国家的利益，减少经济全球化带来的消极影响。其次，要维护国家安全。安全是发展的前提。新时代大学生要增强国家安全意识，坚持总体国家安全观，增强机遇意识和奉献意识，坚持国家利益至上，推动世界各国互惠互利、共同安全发展。要自觉履行维护国家安全的义务，树立国防观念和忧患意识，防范和制止危害国家安全的行为，遵守国家安全法律，不触碰法律红线。再次，要推动构建人类命运共同体。新时代大学生要用全球视野分析问题，认识到各国之间需要相互协作，方能共同发展。每个国家都不能脱离世界大环境，在自我封闭的环境下生存。我们要顺应世界发展潮流，尊重其他国家的历史特点、文化传统，从不同文明中汲取养分，增强中华文明在新时代发展的生机和活力。同时，在世界舞台上发出中国声音，用中国智慧为世界和平发展作贡献，在世界共同发展中实现中华民族伟大复兴的中国梦。

在百年未有之大变局的时代背景下，要增强对新时代大学生的国情教育和中华民族共同体意识教育，从时间维度强化大学生对国家历史的了解，从空间维度强化大学生对国家领土的认知，强化大学生对国家的认同感和归属感。爱国是心底的深情，奋斗是不竭的动力。新时代大学生要"以一生的真情投入、一辈子的顽强奋斗来体现爱国主义情怀"；要担当起时代使命，激发奋斗之情，树立鸿鹄之志，练好真本领，擦亮爱国奋斗的人生底色；要坚决拥护中国共产党，紧跟党的步伐，在大是大非面前坚定立场，增强"四个意识"，坚定"四个自信"，认同社会主义，维护祖国统一和民族团结，承继中华民族历史文化，向着第二个百年奋斗目标进军。

四、培育大学生对人类命运共同体的使命与担当之情

人类命运共同体理念是习近平新时代中国特色社会主义思想的重要组成部分,是中国共产党人民情怀向世界人民的拓展,更是中国共产党家国情怀在世界的延伸。"中国共产党从人民中走来、依靠人民发展壮大,历来有着深厚的人民情怀,不仅对中国人民有着深厚情怀,而且对世界各国人民有着深厚情怀,不仅愿意为中国人民造福,也愿意为世界各国人民造福。"[1]

马克思主义理论强调,整个世界是一个相互联系的整体,每个国家都不可能孤立地存在和发展。当前,在世界百年未有之大变局的形势下,整个世界正处于大发展大变革大调整时期。尤其是随着经济全球化的深入发展,世界多极化的深刻变化,各国之间的融合交流更加广泛,牵一发而动全身,每个国家都不可能独善其身。这个时代,挑战层出不穷、风险日益增多,政治互信不足、环境与疾病威胁、贫富差距、局部地区动荡等问题,是每个国家共同面临的难题,更加鲜明凸显了人类命运休戚与共的现实。整个世界都在思考,如何继续推动世界的和平和发展,实现各国文化的延续和创新,而我们中国给予的科学解决方案就是在全球范围内构建人类命运共同体,实现共赢共享。人类命运共同体理念是中国传统文化中的天下大同思想在新时代的创新发展,蕴含着和平、发展、公平、自由、正义等全人类的共同价值追求,根本目标是实现世界各国和平相处、利益共享、责任共担、共同发展,兼济天下是人类命运共同体的精神内核。构建人类命运共同体需要各国的共同参与,需要世界各国对话协商、共建共享、交流互鉴、绿色低碳,从而实现世界的持久和平、普遍安全、共同繁荣、开放包容和清洁美丽。

1　习近平. 携手建设更加美好的世界——在中国共产党与世界政党高层对话会上的主旨讲话 [N]. 人民日报, 2017 - 12 - 02 (02).

　　"时代总是把历史责任赋予青年。新时代的中国青年，生逢其时、重任在肩，施展才干的舞台无比广阔，实现梦想的前景无比光明。"[1]《新时代的中国青年》白皮书强调，新时代的中国青年生逢其时，处于中华民族发展的最好时期，担当着构建人类命运共同体的伟大使命，更加要以刚健自信、胸怀天下、担当有为的姿态，成为构建人类命运共同体的先锋力量。"构建人类命运共同体是一个美好的目标，也是一个需要一代又一代人接力跑才能实现的目标。"[2]

　　家国情怀内在地蕴含着人类情怀。新时代的大学生，不仅要有家国意识和家国情怀，也要超越、摒弃狭隘民族主义，扩大格局，提升境界，树立人类情怀。在新时代大学生家国情怀培育中，一是要引领新时代大学生坚定"革命理想高于天"的理想信念。要明确认知人类命运共同体理念的核心要义，增强自身对社会、国家和世界的使命担当意识，进而形成对人类命运共同体理念的情感认同。在构建人类命运共同体过程中，要积极传播和践行与全人类共同价值息息相通的社会主义核心价值观，警惕西方的"颜色革命"，牢固树立"四个意识"，坚定"四个自信"，做到"两个维护"，明确政治立场，坚定政治方向。要引领全世界青年秉持天下为公的理念，立正心、明大德、行大道，凝聚全球青年共识，努力弘扬全人类共同价值。二是要促进新时代大学生练就"青出于蓝而胜于蓝"的过硬本领。打铁还须自身硬，面对百年变局和世界疫情的复杂局面，新时代大学生要紧跟时代步伐，把学习作为首要任务，苦练内功，提高学习能力，补齐能力短板，拓展国家视野，不断研讨新问题、钻研新技术、提出新方法。同时，要增强大学生的自主创新、合作协商、国际沟通交往等能力，用自己的实力向世界青年讲好中国故事、传递中国力量，塑造中国青年的良好形象，与持久和平、共同繁荣的世

1　习近平在庆祝中国共产主义青年团成立100周年大会上的讲话［N］．人民日报，2022－05－11（02）．

2　习近平．共同构建人类命运共同体——在联合国日内瓦总部的演讲［N］．人民日报，2017－01－20（02）．

界同频共振。三是要引导新时代大学生遵循"绝知此事要躬行"的人生哲理。实践是认识的来源和发展动力。新时代大学生要坚持务实笃行，知行合一。实现中华民族伟大复兴的中国梦，构建人类命运共同体，不是靠敲锣打鼓就能实现的，需要全体人民的辛勤付出和劳动。新时代大学生要坚持眼睛向下看、身子向下沉，用脚步丈量世界，把对家庭、故乡、祖国和世界的情感，贯穿到学业的全过程和对事业的不懈奋斗中。将"青春梦"与"中国梦""世界梦"紧密相连，面对治理赤字、信任赤字、和平赤字等严峻挑战，要敢于迎难而上，团结世界各国青年，提升解决全人类共同难题的行动力，寻求完善全球治理之策和难题化解之道。新时代中国大学生要明确自身的时代使命和任务，以青春之我、奋斗之我，为世界谋进步、为人类谋福祉。

第二章 新时代大学生家国情怀培育研究的 思想理论资源

恩格斯指出："作为分工特定领域的哲学，需要继承老一辈哲学理论工作者的思想材料和思想成果。"[1] 在具体科学领域中，前人的思想研究成果对于新时代的具体研究有重要的借鉴和启发意义。理论来源于实践，又反过来指导实践。在新时代大学生家国情怀培育的实践活动中，依然需要科学理论的指导。本书系统分析和梳理马克思主义相关理论及马克思主义中国化中关于家国情怀的思想，中华优秀传统文化中关于家国情怀的思想，将其作为新时代大学生家国情怀培育理论指导、思想基础和文化传承，为新时代大学生家国情怀培育提供理论基石。

第一节 理论指导：马克思主义相关理论

马克思主义是一个博大精深的理论体系，是我们立党立国、兴党强国的根本指导思想，是我们党的灵魂和旗帜，是共产党人的"真经"。马克思主义理论中的意识形态的相对独立性原理、社会主义意识形态灌输理论、整体和部分的辩证关系原理以及人的自由全面发展理论为新时

1　马克思恩格斯文集（第10卷）[M]. 北京：人民出版社，2009：599.

代大学生家国情怀培育提供了科学的理论指导。

一、意识形态的相对独立性原理

意识形态相对独立性原理是唯物史观的重要内容。马克思恩格斯在批判和继承前人理论研究的基础上，从历史唯物主义角度出发，科学论述了社会存在和社会意识之间的辩证关系，阐释了历史运动的基本规律，发现了历史深处的"动力的动力"，揭示了唯物史观的实质。

"迄今为止人们总是为自己造出关于自己本身、关于自己是何物或应当成为何物的种种虚假观念……我们要起来反抗这种思想的统治。"[1] 在《德意志意识形态》开篇中，马克思恩格斯批判了德意志意识形态的虚假性，提出要彻底瓦解"绝对精神"。唯心主义历史观将意识看作是主观精神活动的结果，是神秘力量的产物，为意识披上了神圣、神秘的外衣，遮蔽了意识的本质。马克思恩格斯从"现实的个人"、社会实践出发，阐释了社会存在和社会意识之间的辩证关系。马克思认为，人是从事实践活动的"现实的个人"，不是盲目受自然规律支配的物质实体，"现实的个人"具有实践属性，物质生产实践是人类赖以生存的基础，人的本质只能从社会关系中去探寻。"现实的个人"具有社会属性，人从"宗教的人"中解放出来，人需要在社会关系中从事生产实践。基于"现实的个人"，马克思、恩格斯提出"生活决定意识。"[2] "生活"即人的社会实践活动，科学回答了社会存在和社会意识何为第一性的问题。尽管费尔巴哈重塑了唯物主义的权威，使德国唯心主义哲学走向终结，但是费尔巴哈的唯物主义是人本主义的感性唯物主义，将感性存在当作纯自然的存在，没有认识到自然与社会是一体的，具有直观性、机械性和形而上学性，不了解理性认识和实践的革命意义，将实践等同于吃喝

1　马克思恩格斯文集（第1卷）[M]．北京：人民出版社，2009：509.

2　马克思恩格斯选集（第1卷）[M]．北京：人民出版社，2012：152.

之类的日常生活，因此在历史观上陷入了唯心主义。马克思基于人的实践活动，创造性提出："人们的社会存在决定人们的意识。"[1] 社会存在是第一性的，社会意识是第二性的，人是意识产生的主体存在。意识形态作为社会意识重要组成部分，无法摆脱现实生活，是被意识到的存在，是人们物质行动的"反射或回声"。社会存在包括人们的物质利益和阶级立场，其中经济条件是决定性的，社会意识反映经济基础，随着每个历史时期经济条件的变化而发生改变。在阶级社会中，物质和精神生产资料，是由统治阶级掌控的。因此，意识形态作为系统化的社会意识，是统治阶级意识的集中体现，本质是为统治阶级服务的，是"阶级社会的维护意识"。

　　尽管意识形态是由社会存在决定的，但是意识形态还有其自身特殊的发展规律，具有相对独立性，有能动的反作用，影响和调节人们的思想行为。1844—1848 年，马克思、恩格斯在《1844 年经济学哲学手稿》《德意志意识形态》《共产党宣言》中，对意识形态独立性原理进行了初步探索，提出社会上的物质和精神劳动的分工，是意识相对独立性的前提。意识形态对社会存在具有依赖性，不能脱离社会存在而发生改变，意识形态的独立性是相对的，没有绝对的独立性。1849—1886 年，马克思、恩格斯在《〈政治经济学批判〉序言》《资本论》《反杜林论》等著作中，对意识形态进行了科学定位，提出意识形态是在经济基础和政治上层建筑之上的一个相对独立的领域，并阐释了意识形态与社会存在发展的不平衡性问题和意识形态的能动性作用。恩格斯晚年对意识形态的相对独立性进行了系统完善。19 世纪 80 年代末，随着马克思主义的广泛传播，产生深远影响。历史唯物主义受到一些反动派的歪曲。以保尔·巴尔特为代表的资产阶级反动学者，严重误读历史唯物主义，将历史唯物主义称为"经济唯物主义"。以保尔·恩斯特为代表的德国社会民主党内反对派"青年派"，认为唯物史观否定了人的主动性，将其机

1　马克思恩格斯文集（第 2 卷）[M]. 北京：人民出版社，2009：591.

械化、庸俗化。恩格斯为了捍卫马克思主义，通过回信的方式，阐述了经济基础和上层建筑的辩证关系，明确提出意识形态相对独立性思想，回应了保尔·巴尔特等人的诘难。

1890 年 10 月 27 日，恩格斯在写给康拉德·施米特的信中明确指出，作为观念上层建筑的意识形态，离不开人们的经济状况和物质生活条件的制约，但一经产生，会对现有的观念材料进行加工，遵循本性所固有的特殊规律发展，具有相对独立性。主要体现在：一是意识形态与社会存在发展的不平衡性和不完全同步性。恩格斯在写给康拉德·施米特的信中提出："经济上落后的国家在哲学上仍然能够演奏第一小提琴。"[1] 尽管社会存在决定意识形态，但是意识形态并不一定都与社会存在同步变化，在某一历史阶段的某些国家，意识形态会超前或者滞后于社会存在。例如 18 世纪英国、法国等国家率先完成工业革命，经济发展水平超越德国，但是德国的哲学发展远远先行于英国、法国。因此，经济发展水平高的地区，意识形态不一定是最先进的。二是意识形态具有历史继承性。意识形态形成发展由特定的思想材料为前提。"这些材料是从以前的各代人的思维中独立形成的，并且在这些世代相继的人们的头脑中经过了自己的独立的发展道路。"[2] 在新的社会存在条件下所形成的新意识形态会对以往的意识形态进行批判继承，随着社会的发展，当前的意识形态又会成为以后新的意识形态的先驱思想材料。例如，在西欧大陆，很多国家在继承罗马法的基础上，加以改造，制定出符合本国具体国情的法典。三是意识形态各种形式间存在相互影响。意识形态有多种表现形式，相互之间并非毫无关系，而是存在相互作用的关系。1894 年，恩格斯在给瓦尔特·博尔吉乌斯的信中，肯定了经济在意识形态中的决定性作用，同时阐释了意识形态中的政治、法律、哲学、艺术等互相影响并对经济发生的影响。这是因为社会生活具有内在联系和

1　马克思恩格斯文集（第 10 卷）[M]. 北京：人民出版社，2009：598.
2　马克思恩格斯文集（第 10 卷）[M]. 北京：人民出版社，2009：658.

统一性。例如在中世纪时期，基督教一度是人心的凝聚力，宗教和神学在意识形态中占据主导地位。哲学成为神学的婢女，其他的意识形态也都合并到神学中。随着世界近代自然科学的发展，很多意识形态又从宗教神学的禁锢中解放出来。四是意识形态对社会存在具有能动反作用。1890 年，恩格斯写给康拉德·施米特的信中提到，意识形态领域，"包括他们的错误在内，就要影响全部社会发展，甚至影响经济发展。"[1] 尽管政治、法律、哲学、宗教等意识形态都是以经济为基础的，但意识形态在满足社会物质生活发展需求的过程中，会转化为物质力量反作用于经济基础。先进的和正确的意识形态可以积极推动社会的进步，错误的和落后的意识形态会阻碍社会向前发展。

马克思、恩格斯的意识形态相对独立性原理是理论发展和实践斗争的需要，体现了丰富的辩证法思想，是对唯物史观的理论完善，对新时代大学生家国情怀培育有重要的理论指导作用。家国情怀作为在中国特定文化背景下形成的社会意识，大学生家国情怀培育既被新时代的社会物质生活条件所决定，又反作用于社会存在。大学生家国情怀的培育要始终坚持马克思主义的指导地位，应对各种错误社会思潮对家国情怀的冲击，充分发挥家国情怀对社会发展的能动作用，发挥家国情怀所具有的引领、激励、凝聚等功能，为促进中国特色社会主义事业的发展提供精神养分和动力。意识形态具有历史继承性，在大学生家国情怀培育中要深刻认识到家国情怀在不同时期有不同的表现形式，在新时代大学生家国情怀培育中要吸收和借鉴国内外的优秀文明成果和科研成果，批判继承、去伪存真、去糟取精。继承中华优秀传统文化中的爱国爱家思想，从历史人物的家国情怀中汲取精神养分，引导大学生形成大历史观，增强对本民族文化历史的认同感，坚定爱国爱家的理想信念。意识形态与社会存在发展的不平衡性和不完全同步性引发我们思考，在现有的经济社会发展水平下，要善于挖掘新时代家国情怀的主要内涵以及对

1　马克思恩格斯文集（第 10 卷）[M]．北京：人民出版社，2009：599.

未来社会发展的价值，通过教育等途径，提升大学生的家国情怀，并将家国情怀运用到具体的社会实践中，促进精神文明大发展。意识形态的各种形式间存在着相互作用，在大学生家国情怀培育中，要善于挖掘文学、艺术等不同意识形态中的家国情怀资源，实现各种形式意识形态之间的相互促进，以文学、美学促进大学生家国情怀的培育。

二、社会主义意识形态灌输理论

列宁在马克思、恩格斯意识形态理论的基础上，坚持唯物史观为指导思想，从俄国当时的现实实践出发，吸收借鉴考茨基的灌输思想，发展了马克思主义意识形态学说，提出社会主义意识形态灌输理论，使意识形态从"批判性"向"建构性"转变。

列宁去除了意识形态的负面含义，不再谈论意识形态虚假性，而是根据俄国革命的现实需要，分析俄国及帝国主义出现的新问题，把意识形态与科学相联系，从肯定立场出发，对意识形态进行描述性阐述。列宁提出"科学的意识形态"，首次阐释"社会主义意识形态"概念，分析了资产阶级和无产阶级意识形态性质的不同。资产阶级的意识形态以唯心史观为基础，本身带有虚假性。无产阶级的意识形态是以唯物史观和剩余价值理论为基础的社会主义、共产主义意识形态，是科学的意识形态。"没有创造过任何'第三种'意识形态。"[1] 由于无产阶级和资产阶级两大对立阶级的利益冲突，决定了他们的意识形态根本对立，此消彼长。无产阶级的科学的意识形态受历史条件制约，在与资产阶级意识形态的对立统一中发展。马克思主义具有科学真理性，是为无产阶级而服务的，是科学的、社会主义的意识形态，在本质上与宗派主义相区别，不同于形形色色的社会主义和共产主义理论学说，是被实践所反复证明的客观真理。"自马克思主义出现以后，世界历史的这三大时期中

1　列宁选集（第1卷）[M]. 北京：人民出版社，2012：326.

的每一个时期，都使它获得了新的证明和新的胜利。"[1] 列宁"科学的意识形态""社会主义意识形态"的提出，在一定程度上发展了马克思主义意识形态理论。

恩格斯逝世后，伯恩施坦修正主义思想日益猖獗，以"修正"马克思主义为借口，用改良主义的表面"利益"迷惑群众，反对社会主义革命，拥护资产阶级统治。俄国也深受伯恩施坦修正主义思想的影响，俄国社会民主工党 1898 年成立，主张工人运动的自发性，沉醉于经济斗争，否认无产阶级的阶级任务，否定革命理论对工人运动的指导作用，主张走社会主义改良路线。在与经济派批判斗争中，列宁总结国际工人运动历史经验，结合俄国革命实际，在《俄国社会民主党人的任务》《我们的纲领》《我们运动的迫切任务》《俄国社会民主党人抗议书》和灌输理论代表作《怎么办?》中，系统论述了灌输理论。对无产阶级意识形态灌输的必要性、主体、客体、内容和方法等进行了详细阐述，提出社会主义意识形态不会从工人阶级中自发产生，必须通过外部教育"灌输"，使理论被群众所掌握，成为强大的思想理论武器。

一是进行意识形态灌输的必要性。即为什么要进行意识形态灌输。列宁总结世界工人运动的历史经验，提出科学的理论指导是工人运动胜利的前提，"没有革命的理论，就不会有革命的运动。"[2] 无数工人阶级运动失败的实践证明，仅仅依靠群众自发组织革命运动，始终无法走向社会主义。无产阶级要争取政治权利，必须坚持革命的理论。科学的革命理论由知识分子在批判继承前人研究思想的基础上，总结和创造出来。工人阶级虽然具有"社会主义天赋"，有着较高的思想觉悟和较强的技术能力，但是在当时的社会历史条件下，工人阶级受工作、生活条件的限制，缺乏充足的知识储备，文化水平不高，他们没有充裕的时间和精力去进行理论研究，掌握系统渊博的知识，完成不了"抽象"工

1　列宁选集（第 2 卷）[M].北京：人民出版社，2012：308.
2　列宁选集（第 1 卷）[M].北京：人民出版社，2012：311.

作，在他们现有的知识水平下，无法形成科学的社会主义意识或独立的思想体系。因此"工人阶级单靠自己本身的力量，只能形成工联主义的意识"。[1] 在工联主义的意识的影响下，工人阶级希望通过工会组织与工厂主开展经济层面的斗争，向政府提出要求，改善自己的生活环境和工作待遇。但是这些不触及根本制度层面的反抗，改变不了工人阶级深受压迫和剥削的事实，使其无法摆脱身上的枷锁，也意识不到自身是独立的政治力量，更认识不到资产阶级和无产阶级对立关系的存在，反而被资产阶级所利用和控制。科学社会主义理论是为无产阶级代言的，通过意识形态灌输，用科学的社会主义理论武装工人阶级的头脑，提高他们的思想觉悟，内化到思想观念中，外化到工人运动中。通过灌输理论，占领意识形态阵地，使社会主义思想深入人心，唤醒了工人阶级的阶级和政治意识，使工人阶级从"自在"变成"自为"，革命运动由自发转变到自觉，认识到只有在无产阶级政党的领导下，才能团结广大人民群众，推翻资产阶级统治，建立无产阶级自己的革命政权。

二是意识形态灌输的主客体。即谁来灌输、给谁灌输的问题。科学社会主义理论只能从外部灌输进去，需要有主体来负责实施灌输任务。列宁在灌输理论中，对灌输主体进行了详细阐释。列宁参考了考茨基的观点，认为社会主义理论来自于先进知识分子对以往哲学和政治经济学系统化、理论化的研究。革命运动的持久发展需要稳定的领导者组织，社会主义意识形态灌输的重任应由无产阶级政党组织——社会主义民主党来担负。因此，理论灌输的主体必须是"革命的社会主义的知识分子"，他们是灌输过程中的组织者和实施者。列宁认为，具有扎实深厚的马克思主义理论功底，接受过无产阶级世界观改造，具有革命精神的知识分子，"应当既以理论家的身份，又以宣传员的身份，既以鼓动员的身份，又以组织者的身份'到居民的一切阶级中去'。"[2] 意识形态灌

1　列宁选集（第1卷）[M]．北京：人民出版社，2012：317．
2　列宁选集（第1卷）[M]．北京：人民出版社，2012：366．

输的主体需要深入到工人阶级和人民群众中，把文本原理讲清楚、讲明白，把理论讲鲜活，使工人阶级和人民群众摆脱工联主义意识，认知和接受社会主义意识形态，树立政治意识和使命意识，认识到自身阶级的独立性，认识到只有同资产阶级和现存政治制度作斗争，才能改变被剥削被压迫的命运。列宁很重视意识形态灌输主体的政治素质、知识储备和综合素养，认为他们要忠诚担当、勇于牺牲，站在工人阶级立场上，对劳动者的利益十分忠诚，同敌人斗争时能奋不顾身，意志坚定，只有理论水平高、能力素养强的先进分子，才能更好进行社会主义意识形态灌输。在明确了灌输主体后，列宁对灌输客体也进行了研究。灌输客体即被灌输的对象。列宁认为社会主义意识形态的灌输客体比较广泛，最主要的灌输客体是最具革命性的工人阶级。"阶级政治意识只能从外面灌输给工人，即只能从经济斗争外面，从工人同厂主的关系范围外面灌输给工人。"[1] 工人阶级深受资产阶级的压迫和剥削，尽管与最先进的生产方式相联系，具有先进的生产力，但是没有私人占有的生产资料，仅有少之又少的微薄工资维持最起码的生活需要。长期的苦难境遇，使工人阶级的斗争性特别强，具有彻底的革命性，迫切需要在先进的马克思主义理论指导下，认清自身的地位和作用，将政治知识转变成积极的斗争，完成解放自身，进而解放全人类的历史使命。与此同时，意识形态灌输客体也包含农民、小资产阶级等广大的人民群众。只要他们深受苦难之中，对现实生存状况不满，愿意在先进理论指导下改变现状的，都是意识形态灌输的客体。而且，工人阶级和小农、小资产阶级等人民群众，所接受的教育水平不同，因此思想觉悟水平不平衡，灌输客体具有复杂性特点。

　　三是意识形态灌输的内容，即灌输什么的问题。在当时俄国的工人阶级内部和之外存在各种不同的理论主张，对于用什么样的理论武装党，对工人阶级等灌输什么内容存在各种争议。对此，列宁给出了明确

的解答，提出必须要对工人阶级等广大人民群众灌输马克思主义理论和政治意识。列宁认为马克思主义理论是建立在辩证唯物主义和历史唯物主义基础之上的，研究内容以事实为依据，以规律为对象，具有科学性和真理性，是"一整块钢铸成的"整体。马克思主义理论的核心内容是马克思主义哲学、马克思主义政治经济学和科学社会主义。马克思主义哲学揭示了自然界、思维和人类社会的一般规律，是整个马克思主义理论的思想起点。马克思主义政治经济学剖析了资本主义经济运行的一般规律，阐释了剩余价值理论，揭示了资本主义灭亡的历史必然性。科学社会主义揭示了无产阶级的性质、任务和前进道路，是马克思主义理论的目的和归属。马克思主义还涉及历史学、社会学等多个学科和领域，有助于人们用全面的眼光、开拓的视野和辩证的思维更好地认识世界和改造世界。马克思主义的立场是坚定的，马克思主义的科学世界观反映了无产阶级的利益、观点和文化。灌输者要通过向工人阶级等广大人民群众灌输马克思主义理论，使其明白自身的使命是要实现共产主义，理解并善于运用马克思主义的立场、观点和方法解决俄国所面临的现实问题。在灌输过程中，要清除资产阶级意识形态、工联主义思想、修正主义等非马克思主义思想对工人阶级的影响、侵害和控制。同时，要对工人阶级等人民群众加强政治意识灌输。"把社会主义思想和政治自觉灌输到无产阶级群众中去，组织一个和自发工人运动有密切联系的政党。"[1] 通过政治意识灌输，使工人阶级认识到自身的地位、作用和使命，意识到无产阶级和资产阶级之间的矛盾不可调和，无产阶级受压迫的根源在于资本主义制度，了解清楚资产阶级的真面目，使其深刻明白推翻资产阶级专制统治的必要性。无产阶级在科学社会主义理论的指导下，会积极团结一切可以团结的力量，开展革命运动，争取无产阶级革命领导权，获得自身的政治权利和经济利益，努力为自身及全人类解放而奋斗。

1　列宁选集（第1卷）[M]. 北京：人民出版社，2012：209.

　　四是意识形态灌输的方法，即如何灌输的问题。列宁认为"共产主义是不能用暴力来灌输的。"[1] 社会主义意识形态的灌输是一个由外向内、自觉接受的过程，不能完全依靠行政命令或者暴力强制去完成。社会主义意识形态的灌输不能生"灌"硬"输"，而要采取科学的方式方法：首先，要注重理论与实践相结合。列宁认为科学社会主义理论是经得起实践考验的科学真理，社会主义意识形态的灌输要抵制"本本主义"，反对空洞的说教及口头主张，要与工人运动相结合，不能只靠书本教育，还要工人阶级积极参与到日常生活斗争中。通过灌输，要使被灌输者自觉内化马克思主义，并将马克思主义理论运用到具体实践中，为实现共产主义作贡献。列宁倡导开展"共产主义星期六义务劳动"，认为社会主义意识形态的灌输并不是乏味的理论教条，死记硬背书本上的理论知识，而要将理论贯穿于工人运动实践中，通过切身体验强化对理论的认知和认同，掌握科学理论。其次，灌输者要深入"到一切阶级中去"。工人阶级知识水平有限，接受新理论、新知识需要一个过程。"社会民主党人应当到居民的一切阶级中去，应当把自己的队伍分派到各方面去。"[2] 党的知识分子要放低姿态，深入到工人阶级等人民群众中，在宣传教育中投入个人情感，重视启发式、引导式、情感式教育，利用身边事例进行宣传教育，引发工人阶级等人民群众的共鸣，发挥工人群众的积极主动性，激发工人群众的感情，认识到党的性质、纲领和任务，从而激励工人群众的革命行动，反抗资产阶级的剥削，完成实现共产主义的夙愿。再次，要与时俱进，有针对性地进行灌输。列宁认为灌输对象性质不同，知识水平层次不同，在物质、精神上的诉求各有不同，采取的灌输方法自然不同。对于无产阶级中的先进分子，因为他们自身觉悟水平较高，因此在灌输中不仅要注重他们的物质需求，而且要考虑他们的精神需求，以培养党的领导人物和骨干人物。对于无产阶级

1　列宁选集（第 3 卷）[M]．北京：人民出版社，2012：763.
2　列宁选集（第 1 卷）[M]．北京：人民出版社，2012：363.

中知识水平较低的那一部分，对他们的宣传教育不能太过于宏伟和理想化，要使他们能看到眼前可见的、最实在的利益。俄国的农民居多，对农民进行宣传教育时，要多发挥榜样的带动示范作用；对于青年群体，要引导他们养成良好的学习习惯，形成正确的自我认知，树立远大理想。

社会主义意识形态灌输理论，对俄国和中国的革命具体实践发挥了重大作用，捍卫了马克思主义的权威，加强了无产阶级政党的领导地位，为革命和建设提供了坚强的思想保证。苏联解体的一个惨痛教训就是放弃了社会主义意识形态的灌输，中高级领导腐化蜕变，人们思想上出现了混乱，对社会主义和共产主义失去了信仰。在新时代，社会变迁，思潮激荡，世界正处于经济全球化、信息化、网络化大时代，国内意识形态领域的斗争更加严峻。我们需要继续坚守马克思主义思想阵地，社会主义意识形态灌输理论仍有传承必要性。尤其是在高校大学生思想政治教育中，依然需要社会主义意识形态灌输理论。一个社会人，不会自动自觉形成正确的世界观、人生观和价值观，人需要在正确的教育和培育下，才能形成和社会发展相适应的社会思想。家国情怀是社会主义意识形态的重要组成部分，是高校思想政治教育的重要内容。

在新时代，在大学生家国情怀培育中，要强化灌输主体主导地位，加强培育主体的整体性建设。要充分发挥个人、家庭、学校以及社会各方面的作用。个人要提升家国情怀自我培育能力。高校教师和家庭父母要言传身教、立德树人，发挥熏陶式榜样教育的作用，将家国情怀内容融入学校教育和家庭教育的各个环节。发挥社会合力育人作用，形成良好的家国情怀培育社会氛围，强化灌输效果。注重灌输客体和灌输主体的互动交流，加大灌输主体情感输出，激发灌输客体的热情。每个人都是独立的个体，要掌握灌输客体的时代特征，区分灌输客体的差异性。要关注大学生的情感体验、现实需要和心理状况，充分发挥大学生的主观能动性。灌输内容要理论与实践相结合，注重灌输内容的科学性，深刻领会习近平总书记关于家国情怀的重要论述。同时要与时俱进，掌握时代脉搏，关注现实问题，结合具体实践活动，帮助大学解决思想困惑。在契合大学生实际需要的基础上，拓展灌输内容外延成分，激发学生主动性。在灌输方法上，要避免"填鸭式"的强塞硬灌。要坚持在马克思主义理论的正确指导下，借助新科技，用灵活的灌输方法，采取显性灌输与隐性灌输相结合、文化熏陶与自我实践相结合、信息技术与言传身教相结合、外在灌输与启发疏导相结合的灌输方法，凸显灌输方式的科学性与艺术性，弘扬社会正能量，营造积极向上的网络舆论氛围，提升灌输实效性，使灌输理论永葆青春与活力。同时，要具体问题具体分析，针对不同的灌输客体，采取差异性灌输方式，通过灌输，探索科学的家国情怀培育方法，提升新时代大学生的家国情怀。

三、整体和部分的辩证关系原理

唯物辩证法认为，整个世界形成一个体系，由诸多要素相互联系而构成。整体和部分，是唯物辩证法的一对基本范畴，揭示了事物全局和局部之间的相互关系。

整体是某一事物的全局或者现象的全部。整体有两种情形，一方面可以从空间角度理解，整体是横向性的，由各个不同的部分和元素组成。例如一场战役，是由各个相互联系的部分构成的有机整体。另一方面，从时间角度理解，整体具有纵向性，相互联系的各阶段构成了事物发展的全过程。因此，我们在把握事物整体时，要从横向和纵向的联系发展变化中全面把握。部分是事物的局部，是构成整体的各个部分和要素，也是构成事物发展全过程的各个阶段。整体和部分既对立，又统一，相辅相成。

第一，整体和部分相互依存、相互包含。整体由部分组成，整体以部分为基础，没有部分，便无法形成整体。部分也离不开整体，部分只有在整体中才能称其为部分，部分一旦离开整体，便失去了其应有的性质和功能。列宁曾形象地说，人的手一旦离开了人的身体，便没了手原本具备的功能。整体包含部分，部分同时也包含整体，部分是一具体而微的整体。现代科学技术中的"抽样检查法"可以阐释部分包含整体。我们可以通过检测某个海域的水质，从而了解整体海域海水的成分、构成和性质。一个人的言行举止，可以体现其整个的综合素质。

第二，整体和部分之间可以相互转化。整体和部分之间是相对的，首先，从范围上看，整个物质世界无限延伸和扩大。在某一个范围内是整体的事物，在更大的范围内转化成部分的事物。中国对于中国人民而言，是一个整体，但是相对于整个世界来讲，中国又是整个世界的一个组成部分。其次，从发展上看，整个物质世界是不断运动、变化、发展的。在某一阶段是整体的事物，从全过程看，又成为整体的一部分。例如，封建社会作为一种社会形态，它的发展在一定历史时期是一个整体。但是放眼全局，从整个人类社会发展过程看，封建社会只是人类社会发展过程中的一个部分阶段。再次，从作用上看，整体和部分相互作用，其中任何一方发生变化，另外一方也会发生变化。部分受整体的支配、主导和制约，要服从整体的需要。整体由不同的部分组成，要协调处理各组成部分之间的关系，充分发挥整体的能动性。

第三，整体不一定等于部分之和。当整体是由部分简单叠加或者数量堆积时，整体等于部分之和。例如，一群人的重量是每个人的体重之和。当各个系统组成部分之间的关系、结构发生变化，各组成部分和要素之间紧密配合时，会使整体的功能发挥到最优，整体的功能和作用大于部分之和。例如，任何一个零件都不具备汽车的功能，当各个部分的零件组装而成为一辆汽车时，汽车发挥功能和作用，所以整体具有部分没有的功能。但是当整体的各个组成部分和元素之间的结构不合理，不能发挥正面作用，反而产生负面效应时，整体的功能就有可能小于部分之和。例如一个行政机构过于庞大复杂，各个组成部分之间相互牵制形成阻碍时，精兵简政则效率会更高，更能促进整体作用的发挥。

整体和部分的辩证关系原理，要求我们在工作、生活中要树立全局观念和整体性观点。国家由无数个家庭组成，家庭又由不同的人共同组成。因此，相对于国家这个整体而言，家庭和个人是重要的组成部分。每个人都有自己的祖国，只有自己的祖国繁荣强大，处在这个整体中的个人才能有好的发展，个人利益和国家利益紧密相连。"小家"同"大国"同声相应，家国情怀是华夏儿女的精神原乡，能够支撑大家为小家。家国情怀不仅体现在个人和家庭对国家负责，而且体现了"大国"对每个"小家"负责，"大国"是"小家"存在和发展的坚强后盾。没有国的强大，就没有"小家"和个人的幸福。处在新时代的大学生，作为社会个体，要认识到国家强大的力量，自觉涵养家国情怀，使家国情怀在每个家庭和个人当中扎根生基。新时代的中国，高扬奋斗之帆、紧握奋斗之桨，用强大的中国力量和担当，彰显对每个"小家"和个人的尽责态度。面临疫情"大考"，举国上下开展抗疫"大战"。对比世界各国抗疫成效，中国共产党集中领导、统一指挥、举国动员、精准施策、多管齐下，不惜封城禁足、工厂停工等，对感染患者实施免费救治，医保买单，全力保障人民生命权、健康权；祖国派专机将滞留海外的华人接回国内，不抛弃、不放弃任何一名中国人；火速建成火神山、雷神山等医院等，这些体现着新时代国家的伟大力量，凸显了中国特色社会主义制度的显著优势，也是家国情怀在国家层面的表现。

整体和部分相互作用，部分的变化会影响整体的变化，只有协调好局部，才能使整体的功能得到最有效的发挥。作为部分的"小家"同整体的"大国"双向互动。每个家庭和个人的好坏，影响着整个国家的发展。正如在家国同构理念当中所体现的，家庭和国家同呼吸、共命运。因此，要培养每个家庭和个人的家国情怀，使家国情怀深入每个家庭和每个人的心中。只有这样，社会上才能涌现出更多像钱学森、黄大年、黄旭华等这样胸怀家国、施展抱负的知识分子；像"人民楷模"王继才、王仕花等这些钢铁意志、无私奉献的夫妇，守岛就是守国，守国就是守家；像赵春光这样国士赴难、义无反顾、勇于担当、冲锋在前的无数新时代中国共产党人。无数的边防战士用青春证明，即使逢年过节不能同家人团聚，也无怨无悔，因为忠诚信念、以身许国，是他们守护祖国、守护万家灯火最好的方式，是对家国情怀的有力诠释。家是最小国，培育家国情怀，要注重对家庭的建设。只有良好的家风和家教，家人才能和睦相处、相亲相爱，家庭成员才能爱国家爱人民，才能切实将爱国和爱家统一起来，从而在服务奉献社会和国家的过程中，实现个人价值，完成伟大使命。

四、人的自由全面发展理论

作为马克思主义人学理论核心内容的人的自由全面发展理论，是科学社会主义的逻辑终点。马克思的人的自由全面发展理论是在历史唯物主义和剩余价值理论的基础上发展起来的，从现实出发，为人的发展和人的解放道路提供了现实路径。

马克思对人的自由全面发展问题的探讨萌芽于中学时代。青年时期的马克思具有远大的职业理想，热衷于对哲学的思考，追求自由精神。马克思在中学毕业论文《青年在选择职业时的考虑》中，分析了人为什么要选择职业，如何选择职业，选择什么样的职业，洋溢着厚重的自由主义精神。马克思认为人们有追求美好幸福自由生活的权利，17岁便树立了"为人类的幸福而工作"的崇高理想，这样幸福将属于千百万人。马克思指出，人要在社会关系制约的基础上，根据自身的需求，自由选择职业，实现全人类的幸福和自身的完美。在大学时代，受黑格尔辩证法的影响，马克思在博士论文《德谟克利特的自然哲学和伊壁鸠鲁的自然哲学的差别》中，运用哲学的批判性揭示宗教的虚伪性，批判政治专制主义，主张个性独立和主体自由；通过分析原子在虚空中的偏斜运动，论述了伊壁鸠鲁原子论的能动性，并将原子运动导入人生。马克思认为人在生活中，自由是人的本性，把握住了自我意识便是自由，人们要在劳动中通过改变现实状况才能实现个人真正的自由。这篇博士论文体现了马克思对自由、发展的向往，以及为实现自由忘我的战斗精神。马克思在《莱茵报》时期和担任《德法年鉴》编辑后，强调出版自由，为了自由，诉诸理性和法律，主张将自由同现实政治斗争相结合。在《1844 年经济学哲学手稿》中，马克思形成了劳动异化理论，将人的历史看作人性异化和复归的历史。他认为在资本主义私有制条件下，产生了劳动异化，工人的劳动同劳动产品、劳动行为、人的类本质相异化，导致人与人之间的关系异化。劳动异化即人的本质异化，人丧失了类本质，畸形片面发展，成为机器的奴隶。马克思认为，只有消灭私有制，消灭剥削、消除压迫，实现共产主义社会，才能真正结束人类生存竞争。扬弃异化才能使人的本质回归，得到自由解放，实现全面发展。"人以一种全面的方式，就是说，作为一个完整的人，占有自己的全面的本质。"[1] 这一时期是马克思主义人的自由全面发展理论的萌芽阶段。

在合著的《神圣家族》中，马克思、恩格斯的思想观念发生了巨大变化，他们将对人的研究转向"现实的人"，从社会实践的观点出发考察工人的劳动。在《关于费尔巴哈的提纲》中，马克思批判了以费尔巴哈为代表的旧唯物主义思想，以实践为基础考察社会生活，指出"全部社会生活在本质上是实践的"，[2] 人的本质是在社会实践基础上的一切社会关系的总和。人不仅具有自然属性还具有社会属性。《德意志意识形态》系统阐述了历史唯物主义基本原理，科学论述了人的全面发展理论。马克思恩格斯认为社会分工造成人畸形片面发展，到了共产主义社会，消灭私有制，消除社会分工，人就可以"上午打猎，下午捕鱼，傍晚从事畜牧，晚饭后从事批判，这样就不会使我老是一个猎人、渔夫、牧人或批判者。"[3] 人就可以通过生产实践，按照自身意愿自由全面发展。在《德意志意识形态》这部巨著中，马克思认为人的全面自由发展包含人的体力、智力、才能和情趣的全面发展，人的个性自由发展。同时，马克思认为只有在生产力高度发达的基础上，才有和谐的生产关系，才能为实现人的自由全面发展奠定基础。这一时期，马克思主义人

1　马克思恩格斯文集（第 1 卷）[M]. 北京：人民出版社，2009：189.
2　马克思恩格斯选集（第 1 卷）[M]. 北京：人民出版社，2012：135.
3　马克思恩格斯文集（第 1 卷）[M]. 北京：人民出版社，2009：537.

的自由全面发展理论初步形成。

1847 年马克思撰写和出版的《哲学的贫困》中，批判普鲁东唯心主义和形而上学的错误思想，深化和发展了人是劳动的主体思想，强调"现实的个人"既是历史的"剧中人"，又是"剧作者"，人只有在劳动中才能获得自由而全面的发展。1848 年《共产党宣言》的发表，标志着马克思主义理论的问世。在这篇巨作中，马克思、恩格斯提出了建立共产主义社会是实现人的自由全面发展的必由之路，共产主义革命要同传统的观念有最彻底的决裂。人的发展与物质生产紧密关联，人的解放是历史活动，只有推翻资产阶级的统治，社会生产力高度发达，消灭阶级时，才能建立自由人的联合体，"在那里，每个人的自由发展是一切人的自由发展的条件。"[1]《共产党宣言》体现了马克思主义对全世界人类的终极关怀，此时马克思主义人的自由全面发展理论正处于发展时期。

《1857—1858 年经济学手稿》中，马克思提出人类社会发展经历前资本主义社会、资本主义社会和共产主义社会三大形态。在此基础上，马克思将人的发展划分为人与人的依赖关系、以物的依赖性为基础的人的独立性、人的自由个性全面发展三种形态。在《资本论》中，马克思深入剖析了资本主义社会经济运行一般规律，提出剩余价值理论，揭示了资本家剥削工人的秘密。提出人的自由时间和人的自由全面发展相关，只有消灭私有制，才能有自由实践去全面发展。马克思将人类社会明确划分为：直接的社会关系、物化的社会关系、自由人的联合体三个阶段，[2] 进一步强调人的需要是人的自由全面发展的内在动力，并提出了实现人的自由全面发展的实践方式，使马克思主义人的自由全面发展理论趋于成熟。

马克思主义人的自由全面发展理论包含丰富和深刻的内容。第一，人的需要的全方面发展。需要是人内在的、本质的规定性。人的需要具

1　马克思恩格斯文集（第 2 卷）[M]. 北京：人民出版社，2009：53.

2　马克思恩格斯文集（第 5 卷）[M]. 北京：人民出版社，2009：95—96.

有多样性、层次性和发展性。人的需要有生存需要、享受需要和发展需要三层次，是一个多层次的动态系统。人在不同发展阶段，不同时代，需要也不一样。人的需要的丰富性推动着人类社会不断向前发展。在原始社会、奴隶社会和封建社会时期，人们的需要仅限于满足生存的物质资料的生产和交换。到了资本主义社会，随着社会生产力水平的提升，人们产生了更高层次的需要，而只有到达共产主义社会，生产力得到空前发展的水平时，人的需要才能真正实现丰富性和多样性，"劳动已经不仅仅是谋生的手段，而且本身成了生活的第一需要。"[1] 第二，人的素质和能力的全面提高。人的能力是人的综合素质的集中体现。人在劳动实践中，只有不断提高自身素质，充分发挥自身的能力，才能创造出更多的物质财富和精神财富，满足人们不断产生的各种物质方面和精神方面的需要。人的素质和能力范围广泛，包含人的体力、智力、自然力和社会力等多方面。自然力是人一出生就具备的能力，包含人的天赋和才能；社会力是人在社会实践中，在一定的社会关系中学习、实践和发展的，包含生产力、政治力量、理想和信念力量等；体力指人所具有的自然力，智力指精神方面的生产力。在共产主义自由王国，高度发达的生产力"给社会劳动生产力和一切生产者个人的全面发展以极大的推动"，[2] 人的素质和能力将得到全面发展。劳动能力的发展是人全面发展的动力，劳动实践满足人的基本生存需要，是人类发展的根本保障。第三，人的自由个性的全面发展。人的自由个性指人的独特性和自主性，包括人的兴趣、动机、价值、气质、性格、习惯、道德等个人倾向性特征、心理特征、社会人格特征。马克思指出，在资本主义社会下，人受物的统治，人的个性受到压抑，片面扭曲发展。但在共产主义社会，打破资本抑或是物的桎梏，每个个体的才能和潜力充分发挥，身心得到健康发展，具有全面的精神品质和自我意识，人的个性得到充分发挥，成

1　马克思恩格斯选集（第 3 卷）[M]. 北京：人民出版社，2012：365.
2　马克思恩格斯文集（第 3 卷）[M]. 北京：人民出版社，2009：465.

为真正自由的人，整个社会成为自由人联合体。第四，人的社会关系的全面发展。马克思对人的本质的科学解读中，明确提出，人的本质是一切社会关系的总和，人在现实生活中，是一种"类存在"。人是社会关系的承担者，人在生产实践的基础上，通过交往，形成了人与人之间的广泛的社会关系。人所处的社会关系丰富多样，人的社会关系包含政治关系、生产劳动关系、思想文化关系等各方面关系。在共产主义自由王国里，随着阶级的消亡，随着社会发展水平不断提高，个人摆脱对物和他人的依附，人成为自为、自主活动的人，人们的社会交往更加复杂、丰富、广泛和多元，从而认识不足，纠正差距，由片面转向全面发展，真正进入一种世界共同体的交往状态。

　　大学生家国情怀培育是高校思想政治教育的重要组成部分，而在培育过程中，关键在"人"。大学生家国情怀培育过程中，要注重学生的全面发展，不能只注重体力和智力的发展，而要促进大学生全面素质的提升。大学生家国情怀培育，是培育其德智体美劳全面发展的过程。通过培育，可以使大学生在情感方面产生对国家、家庭的责任感、热爱感、归属感，认识到自己的责任使命，塑造大学生完整的人格和素质，促进大学生全面成长成才，成为新时代中国特色社会主义事业发展所需的新型人才，进而为实现民族复兴承担责任。当人在物质方面得到满足时，会产生更高层次的精神方面的需求。大学生家国情怀的培育，有助于增强大学生的自我修养，养成勤奋刻苦的学习习惯和真诚待人的良好品性，提升大学生的责任感、幸福感和使命感，满足大学生精神方面的需求。大学生并不是独立的个体，而是处在一定的社会关系中。在大学生家国情怀培育中，要善于考察大学生所处的社会关系，充分发挥学校、社会、家庭等多方面环境因素，形成培育合力，丰富和发展学生个人的社会关系，引导大学生在实现个人人生价值中为国家和社会的发展作出贡献。在培育中，还要结合学生个体的实际需要和具体特点，从人的社会关系与个性全面发展关系的角度，促进大学生家国情怀在知情意信行方面整体进步，最终促进大学生全面、自由、和谐地发展。

第二节 思想基础：马克思主义经典
作家的家国情怀思想

马克思主义经典作家的家国情怀体现在各民族无产阶级的解放事业上，展现了一种高度的人类关怀，具体体现在马克思、恩格斯的家国情怀思想、列宁的家国情怀思想以及中国共产党人的家国情怀思想。

一、马克思、恩格斯的家国情怀思想

作为马克思主义经典作家，马克思、恩格斯并未在自己的著作中对家国情怀进行系统研究和明确界定，但在他们的理论成果中，有很多关于国家、民族、家庭以及无产阶级的论述，对这些分散的阐述加以整体性思考，发现其中蕴含了丰富的家国情怀思想，为研究新时代大学生家国情怀培育问题提供了科学的思想基础。

（一）马克思、恩格斯的家庭思想

马克思、恩格斯在创立马克思主义理论体系的时候，就很重视对家庭的研究，在《共产党宣言》《资本论》《家庭、私有制和国家的起源》《英国工人阶级状况》《论离婚草案》《共产党宣言》《1844 年经济学哲学手稿》《反杜林论》等经典的著作，以及马克思和父亲、恋人的来往信件中，对家庭这一社会基本单位进行了系统阐释，分析了家庭的产生、本质、功能等，为大学生家国情怀培育提供了思想基础。

一是关于家庭的产生。马克思、恩格斯认为家庭作为一个能动的要素，是历史的产物，是人类社会发展到一定阶段必然会产生的。他们从历史唯物主义角度出发，批判继承摩尔根的家庭观，以经济因素为主线，阐释家庭的发展历程。他们认为家庭是动态向前发展的，与人类社

会发展轨迹一致，都是不断由低级向高级演化的过程。"两种生产"即人类生存所必需的物质生活资料的生产和人类自身的繁衍，促使了家庭产生和发展。在蒙昧时代，原始社会生产力水平极其低下，人类经历了"杂乱的性关系"时期，这一时期人们还没有家庭意识，人类的性行为和动物繁衍后代没有区别。随着生产力的进一步发展，人类懂得了杂乱性交的危害，产生了两性关系禁规，出现了人类历史上第一种家庭形态——血缘家庭。这一时期，摒弃了人类没有限制的性关系，同辈分的人可以自由通婚，跨辈之间禁止通婚，缩小了血亲通婚的范围。在人类蒙昧时期的高级阶段，物质生产资料不断进步，加上自然选择的优化，人们发现血亲通婚繁衍的后代，在数量和质量上都不利于种族的壮大，于是族外群婚逐渐形成，禁止同辈人之间通婚，出现了普那路亚家庭，这是人类历史上第二种家庭形态。到了野蛮时代，出现了从群婚制到专偶制的过渡家庭形态，人类历史上第三种家庭形态——对偶制家庭，也就是"某种或长或短时期内的成对配偶制"[1] 家庭。这种家庭形式，拒绝所有的血缘关系进行结婚，将人类婚姻缩小到最小单位，男女双方具有明确的婚姻关系，但是家庭关系很脆弱、不稳定，双方可以不受限地自由离弃。到了文明时代，出现了与文明社会相适应的一夫一妻制的专偶式家庭。恩格斯称之为"人类所经历过的最深刻的革命之一"[2] 这种家庭形态，以经济考量为基础，子女可以继承父亲的财产，夫权为最高权力，专偶只是限制女性。专偶式家庭成为了社会最基本的组成单位，为财产私有制服务，取代了氏族和部落，父权制被确立起来。唯物辩证法指出，任何事物的发展都要经历"肯定-否定-否定之否定"阶段，家庭的发展态势也是波浪式前进和螺旋式上升的。人类和家庭都是不断向前发展的。恩格斯用历史和发展的眼光，对未来家庭形态进行了预判。他认为在未来的共产主义社会，公有制取代私有制，成为未来家庭的经

1　马克思恩格斯文集（第 4 卷）[M]. 北京：人民出版社，2009：57.
2　马克思恩格斯选集（第 4 卷）[M]. 北京：人民出版社，2012：64.

济基础，会出现更高级的"真正的一夫一妻制"，这种家庭形式中男女双方以爱情为出发点，建立自由而且平等的婚姻家庭关系，金钱不再束缚家庭关系，男性丧失绝对权威地位，能够实现真正意义上两性平等和妇女解放。

二是关于家庭的本质。马克思、恩格斯认为家庭是由人组成的，是"有生命的个人的存在"，是自然关系与社会关系的统一。人从自然界分化出来后，人的身体具有生存和繁衍的自然本能，便产生了食欲和性欲，人对物质生活资料的生产和人自身的生产，即"两种生产"。人的自然关系是家庭产生和发展的基础。马克思在《关于费尔巴哈的提纲》中指出："人的本质不是单个人所固有的抽象物，在其现实性上，它是一切社会关系的总和。"[1] 真正的人首先是社会性存在，人要在一定的社会关系中协作配合，进行劳动，实现物质资料的生产，人与人之间交往，在婚姻基础上组建家庭，再不断对外扩展，形成了以家庭为单位的社会网。家庭是最基本的社会组织形式，以血缘为纽带，随着生产力的进步，积极向前发展。人为了生存和发展，会通过不断优化物质资料生产和人自身的生产，满足自身更多更高层次的需求，而这种需求要通过家庭来承载。家庭承载了人的自然需求、社会需求和精神需求。家庭教育在人的成长发展过程中发挥基础性作用，能够塑造人的道德。一个人在家风正、家教好的家庭中成长，在社会上也能自觉遵守道德规范。

三是关于家庭的功能。马克思、恩格斯认为，在不同的历史阶段，家庭能够满足人类的不同需要，家庭是经济功能、生育功能、教育功能、情感功能等多个功能的统一体。家庭可以进行物质资料的生产和人口的再生产，具有经济功能。家庭以物质资料生产为基础，既是生产单位，也是消费单位。消费是生产的最终归宿，只有良好的消费才能减少对社会资本的浪费，促进社会经济良好运转。马克思、恩格斯从批判的角度分析了家庭的生育功能。他们认为在资本主义私有制家庭中，生育

1　马克思恩格斯选集（第1卷）[M]. 北京：人民出版社，2012：135.

变成了继承家庭私有财产的一种手段，资产阶级是为了维护和巩固自己的统治，而无产阶级则变成了被剥削者、"劳动工具"，违背了人口生产的初衷。马克思、恩格斯认为家庭承载的教育功能是和谐代际关系构建的关键，对孩子的发展潜力、能力提升有重要作用，父母有培育子女的责任与义务，但是在资本主义的机器大工业时代，私有制下的父母"忽视一切家庭义务，特别是对孩子的义务。"[1] 马克思、恩格斯认为家庭的情感功能是双向的，有利于家庭的稳定和发展。一方面体现在横向的夫妻二人之间，男女双方在爱情的基础上形成家庭关系，要平等互爱、彼此依靠，才是"合乎道德"。另一方面体现在纵向的亲子代际之间。马克思在家书中将父母的心比作爱的太阳，家庭是使孩子产生强烈的归属感的港湾。但在资本主义社会中，不同程度上，夫妻关系被扭曲和物化，亲子关系被异化，甚至变成了纯粹的金钱关系，家庭关系靠物质财富来维系。在全球化浪潮中，西方的一些腐朽文化思想侵蚀着国人思想观念，对社会主义家庭文明建设产生不良影响，社会上出现的一些盲目尊崇"富二代""官二代"等不良现象，引发我们思考如何更好地树立家庭观自信。

四是关于家庭伦理秩序。马克思、恩格斯在著作中，通过大量的描述表达了他们对家庭伦理秩序的期许。他们认为，一个家庭，在爱情、婚姻、亲情上，都要建立在平等互爱基础上。在爱情伦理方面，他们认为真正的爱情是男女双方在一定的社会关系中，基于共同的社会生活理想而产生的依恋、亲近、相互吸引的情感，具有自然性和社会性，是人类所特有的，在生活交往和劳动实践中形成。爱情的前提是彼此平等、互敬互爱，这样才能达到"旨趣的融洽"。马克思和燕妮的爱情让无数人羡慕，两人冲破阶级和世俗枷锁，在共同的革命理想支撑下携手一生，马克思在给燕妮的情书中写到："爱情，并非费尔巴哈的'人'的爱，并非摩萧肖特的物化的爱，也并非是对一个阶级的爱，这对你的真

1　　马克思恩格斯文集（第 1 卷）[M]. 北京：人民出版社，2009：471.

挚的单纯的爱，它让我感觉我成了真正意义上的人。"[1] 在婚姻伦理方面，马克思、恩格斯认为婚姻是自由的，结婚和离婚都是自由的，男女双方的婚姻不应受到阶级、物质和金钱的束缚，只有消灭私有制，消灭资本主义，人们的婚姻才不会再受经济因素的干预，从而根据个人的自由意志寻找真爱，真正实现婚姻自由。他们预判，在共产主义社会，爱情是判定婚姻能否继续的道德标准，如果双方爱情名存实亡，婚姻的基础也就随之消失。他们倡导慎重协商后的离婚，认为这是合乎情理和道德的，但不支持失去理智的草率的离婚。在亲情伦理方面，父母是孩子的榜样，家庭教育是孩子的启蒙教育，父母要成为"培育人的能手"，不仅培养智力，还要重视体育教育和技术教育，全面塑造孩子的性格和智慧。和谐的家庭必须从爱出发，用爱化解家庭中的矛盾和冲突，父母和子女之间的爱是相互的，父母给子女最无私的爱，子女也要付出真挚的爱回馈父母，实现家庭亲情关系的融洽和谐。

马克思、恩格斯的家庭思想是马克思主义理论的重要组成部分，在当今依旧有着可贵的价值，为家国情怀的培育奠定了理论基础。家庭以血缘关系为纽带，承载了人的自然需求、社会需求和精神需求，家庭稳定与社会稳定息息相关。了解家庭的产生、本质、功能，有助于引导人们确立正确的恋爱观、婚姻观、家庭观。马克思、恩格斯认为真正和谐的婚姻家庭关系不应该受到物质、金钱、财富的影响，而是建立在男女双方真正的爱情基础上，"除了相互的爱慕以外，就再也不会有别的动机了。"[2] 这样的家庭关系才有稳固的基础，才能成为真正的幸福家庭。在新时代大学生家国情怀培育中，要注重家庭教育的重要性，尤其是要注重培育优良家风。家庭教育中，良好家风对孩子具有潜移默化、根深蒂固的影响。还要注重家庭成员和谐关系。家庭关系中，并非只有夫妻关系，还有亲子关系和代际关系。在家庭中，无论是夫妻、父母还是子

1　马克思家书集 [M]. 北京：人民出版社，1985：21.

2　马克思恩格斯选集（第 4 卷）[M]. 北京：人民出版社，2012：93.

女，都要相互友爱，重视家庭的基本功能，履行好各自的权利和职责，努力实现自己的个人价值。一个家庭要从家风、家训、家规入手，重视家庭美德建设，"以小见大"进而弘扬社会公德，为大学生家国情怀培育提供良好的家庭环境。

（二）　马克思、恩格斯的爱国思想

一是国家的存在是爱国思想产生的基础。国家并不是从来就有的。马克思、恩格斯指出"在经济发展到一定阶段而必然使社会分裂为阶级时，国家就由于这种分裂而成为必要了。"[1] 原始社会，生产工具落后，生产力水平极其落后，人类群居而生活，集体劳作，集体分配，由氏族族长统一领导。随着社会分工的出现，生产工具的演进，逐渐出现剩余劳动产品，各个氏族之间为争夺私有财产频频进行战争，氏族逐渐瓦解，社会利益急剧分化，产生了奴隶主和奴隶阶级。为了维护和巩固奴隶主阶级的利益，国家、监狱等暴力机关应运而生。国家是统治阶级赖以稳固统治的载体，具有政治统治和社会管理职能。

马克思在《〈黑格尔法哲学〉批判》中，批判黑格尔颠倒市民社会和国家的关系，扬弃了黑格尔的市民社会思想，恢复了人在市民社会中的地位，从理论逻辑和现实经验出发，从历史发生学的角度提出市民社会决定国家，市民社会中的私有财产支配国家运行。在《德意志意识形态》中，马克思、恩格斯从工具主义视角指出国家是"虚幻共同体"，是市民社会中特殊利益和共同利益之间矛盾斗争的产物，掩盖了"一个阶级统治其他一切阶级"的事实，国家是资产阶级统治的工具。"虚幻共同体"中，人是被异化的，只有当人的交往和生产力发展到一定程度之时，分工和私有制消亡，人才能在共产主义的实体共同体中真正当家作主，实现人类解放、人自由而全面发展。而真实共同体的实现，是一个曲折而漫长的过程，需要无产阶级持之以恒、坚持不懈为之奋斗。马

1　马克思恩格斯选集（第4卷）[M].北京：人民出版社，2012：190.

克思、恩格斯认为爱国思想具有历史性和时代性，在人类社会发展的不同阶段，爱国思想的内涵、性质和特征都会有所不同，带有浓郁的时代特色。爱国思想随着国家的产生而产生，随着国家的消亡而消亡。当人类在生产力高度发达实现共产主义社会，形成自由人联合体时，国家作为阶级压迫的暴力机关会随着阶级的消亡而消亡，国家融入社会、管理社会和服务社会。

马克思、恩格斯都是典型的爱家者、爱国者。他们早期的作品中包含浓郁的家国情怀思想。马克思早期在《莱茵报》发表的《关于林木盗窃法的辩论》等文章，反映了马克思早期的忧国忧民的爱国思想。马克思从德国人立场出发，反对沙俄政府对德意志民族事务的干涉。在《〈黑格尔法哲学批判〉导言》中，马克思在批判"现代德国制度是时代错乱"的基础上强调指出，"德国人"的解放，不是单个人的解放，因为"单个人不受国界的限制"，整个国家也"不会因为个人获得解放而获得解放"，[1] 阐述了"德国人"在处理个体与国家关系时应持有的基本观点和态度。恩格斯在 1840 年写的《〈不莱梅通讯〉不莱梅港纪行》一文中，表达了对德意志农民的赞扬，虽然这些平民背井离乡流亡美国，但他们时刻牵挂自己的国家，而那些为了金钱和利益对美国人言听计从的商人，让人极度憎恶，体现了恩格斯的爱国情怀。

二是民族独立和解放是家国情怀的前提。19 世纪中期，西欧的英、法、德等国相继完成了第一次工业革命，进入机器大工业时代，资本主义迅速发展，生产力水平发展极快。西方资本主义国家为了获取生产原材料，拓展世界市场实现利益最大化，通过各种暴力手段疯狂进行原始积累，发展和扩充殖民地。工人阶级贫苦不堪，资产阶级和工人阶级的矛盾日益激烈，法国里昂工人起义、英国宪章运动和德国西里西亚纺织工人起义标志着无产阶级由自在阶级转向自为阶级，无产阶级作为独立政治力量登上历史舞台。在这样的时代大背景下，马克思恩格斯的家国

1　马克思恩格斯文集（第 1 卷）[M]．北京：人民出版社，2009：9．

情怀体现出革命性、反侵略特征，他们在指导工人阶级运动的实践中，进行理论创作，指导和支持无产阶级进行革命斗争，挣脱资产阶级的束缚，争取自由独立。

马克思、恩格斯在《共产党宣言》中指出，工人阶级没有属于他们自己的祖国，在资本主义国家中，全都是资产阶级的利益和偏见，工人阶级深受资本主义的压迫、剥削和奴役，是资本主义国家的奴隶，国家不为无产阶级服务。因此，无产阶级需要团结起来进行革命和斗争，争得民主，成为统治阶级，把自身组织为民族，获得国家统治权，使国家变成自己的祖国，只属于无产阶级的民族。无产阶级有了真正属于自己的国家，人民才有了依靠，才能有爱国思想。"欧洲有两个民族有权利且有义务在成为国际的民族之前先成为国家的民族：这就是爱尔兰人和波兰人。"[1] 马克思、恩格斯倡导无产阶级通过暴力和革命的方式，反侵略、反压迫，建立无产阶级自己的国家，产生一个无产阶级的大民族，消除剥削和压迫，实现人类命运共同体。因此，一个国家的民族独立和解放是家国情怀的先决条件。

三是坚持爱国主义与国际主义相结合。马克思主义家国情怀凸显爱国主义与国际主义相结合的原则。马克思、恩格斯认为无产阶级的爱国主义和国际主义是一致的，无产阶级的爱国主义是国际主义的基础。全世界无产阶级尽管所处的国家不同，但具有共同性，即存在于这些国家的"法律、道德、宗教"等上层建筑"都是资产阶级偏见"的共同性。[2] 马克思、恩格斯敏锐洞察到随着人类社会的发展，民族分隔和对立将会消失，基于此，他们提出爱国不能仅仅是局限于一国之爱的狭隘民族主义，无产阶级需要联合行动起来，树立博大国际情怀的爱国主义思想。马克思在《共产党宣言》中号召"全世界无产者联合起来"，无产阶级的最终历史使命是通过无产阶级革命，解放全人类，这一巨大任务是国

1　马克思恩格斯文集（第10卷）[M]. 北京：人民出版社，2009：521.
2　马克思恩格斯文集（第2卷）[M]. 北京：人民出版社，2009：66.

际性的，需要各国无产阶级长期奋斗和努力。无产阶级的利益和全人类的根本利益是一致的。无产阶级必须加强国际团结，在全世界范围内消灭阶级剥削和民族压迫，实现世界大同，推动无产阶级爱国主义和国际主义的结合，各国无产阶级的爱国主义，汇聚起来就是无产阶级的国际主义。

无产阶级的爱国主义以国际主义为前提。无产阶级的爱国主义是建立在世界各国人民团结友爱基础上的。坚持无产阶级爱国主义必须以坚持无产阶级国际主义为前提，一个忠诚的爱国主义者，既是无产主义者，又是坚定的国际主义者，这是无产阶级爱国主义最突出的特点。资本主义的统治是国际性的，他们致力于形成统一的、开放的资本主义世界市场，并不局限于统治本国的无产阶级，还剥削压迫别国的无产阶级和劳动人民。资产阶级是各国无产阶级共同的敌人，各国工人阶级的共同利益是一致的，无产阶级的爱国主义也是国际主义事业，无产阶级的国际主义是各国无产阶级爱国主义的最终目的。离开爱国主义的国际主义是一种虚无主义，无产阶级的爱国主义与国际主义密不可分。

从马克思、恩格斯的爱国思想中，我们得知，国家具有政治统治和社会管理职能，民族独立和解放是家国情怀的前提。我们要学习和秉承马克思、恩格斯所倡导的爱国思想，在新时代大学生家国情怀培育中，要注重增强大学生对家和国的认知，认识到个人、家和国之间的关系。没有国，何来家。国家给予个体施展才华和能力的机会，个人只有将自己的前途与国家命运紧密结合起来，才能更好获得个人价值的实现。新时代的爱国主义就是要爱中国共产党领导的中国特色社会主义。通过提升家国情怀，大学生要承担起对国家和社会的责任，使自己更好融入祖国的发展建设中，促进祖国的强大、繁荣和富强。同时，马克思、恩格斯通过革命实践和理论探索，强调了爱国主义与国际主义之间的辩证统一关系。在新时代大学生家国情怀培育中，要引导大学生树立世界眼光，坚持正确的国家观、民族观，以更加开放包容的姿态拥抱世界，共同助力构建人类命运共同体。

二、列宁的家国情怀思想

列宁是坚定的马克思主义者，是马克思主义的实行者和继承者。他将毕生献给了无产阶级革命事业，是无产阶级革命领袖的卓越典范。

列宁对爱国主义问题的深入关注始于布列斯特和约时期。俄国十月革命胜利后，为巩固新生的苏维埃政权，苏俄政府要求退出第一次世界大战，但是遭到了英法等协约国的拒绝，最终被迫无奈与德国签订了"不幸的和约"——《布列斯特和约》，通过大量的割地赔款，得以退出第一次世界大战以保国内经济。列宁在爱国主义方面，继承和发展了马克思、恩格斯的爱国主义思想。列宁提出，无产阶级的爱国主义和国际主义是有机统一的，两者不可分割，爱国主义并没有割裂世界无产阶级之间的联系，而是为了全人类能实现共产主义社会而进行的局部革命，必须坚持独立自主原则，而这一原则恰是国际主义的基本原则。"真正的国际主义只有一种，就是进行忘我的工作来发展本国的革命运动和革命斗争。"[1] 他指出各国要保护和支持世界其他国家无产阶级的革命斗争，实现国际联合。列宁指出巴黎公社的致命错误是把爱国主义和社会主义这两个互相矛盾的任务结合在一起。他认为在资产阶级专政的国家中，爱国主义和社会主义是相互矛盾的。因为当时的资产阶级组成的政府是一个"背叛人民"的政府，阶级矛盾异常尖锐，资本主义制度下，所谓的民主和自由，都是专属于资产阶级的，这个时候谈爱国，保全的是资产阶级的利益，因此，无产阶级要挣脱资产阶级桎梏，争取社会主义革命的胜利。十月革命后，无产阶级取得统治权，列宁就提出，必须要保卫社会主义国家，爱国主义和社会主义利益是一致的、统一的。

列宁根据当时的革命条件和需要，对两种资产阶级爱国观进行了批判，形成了特色的无产阶级爱国主义思想：

1　列宁选集（第3卷）[M]. 北京：人民出版社，2012：54.

　　一是对小资产阶级的传统爱国主义的批判。列宁认为小资产阶级的爱国思想极具狭隘性，充满幻想与空谈。布列斯特和约时期，小资产阶级认为签订《布列斯特和约》和他们的爱国主义是相违的，是背叛祖国的行为，主张与德国进行殊死搏斗，他们带着疯狂的情绪反对和敌视布尔什维主义。列宁认为小资产阶级的爱国主义是"小私有者的经济生活条件造成的一种感情。"[1]　当时那种形势下，新生的苏维埃政权极度嫩弱，敌强我弱、力量悬殊，在这种严峻的时刻，列宁认为仅凭爱国冲动，孤注一掷，不能解决俄国当时所面临的困境，甚至会葬送社会主义祖国。因此，列宁从实际出发，正视严酷的现实，综合分析世界两个帝国主义集团的矛盾，最后做出暂时妥协、忍痛签订和约的决定。历史证明，列宁的革命妥协是正确的，由于合约的签订，新生的苏维埃政权获得了喘息和恢复元气的机会，得以积蓄力量，重新奋起。《布列斯特和约》随着第一次世界大战的结束被废除。"牺牲了次要的利益而保存了根本的利益。"[2]　暂时的革命妥协并非卖国行为，而是为了更好巩固革命成果，实现爱国目的。19 世纪末 20 世纪初，以民粹派为代表的俄国小资产阶级充满幻想，否认俄国存在资本主义经济，不切实际地提出俄国可以绕开资本主义，通过自上而下的改革走第三条道路，赶超西方资本主义国家。同时，列宁认为小资产阶级爱国主义立场不坚定，容易动摇。列宁指出"无产阶级和资产阶级才是决定性的力量"，[3]　小资产阶级介于无产阶级和资产阶级之间具有不坚定性，在资产阶级和无产阶级之间不断动摇。当大资产阶级占据优势统治地位时，他们倾向于大资产阶级，当德国帝国主义破产时，他们又转投布尔什维克。小资产阶级的摇摆性和他们自身经济地位的限制是分不开的，他们资本有限，财力不够雄厚，没有大企业和跨国公司，对于国外的政治、经济和文化更多是道听途说，大多抱着"纯粹民主"的幻想；他们由于资本有限，作为劳动

1　列宁全集（第 36 卷）[M]．北京：人民出版社，2017：157．

2　列宁全集（第 36 卷）[M]．北京：人民出版社，2017：97．

3　列宁全集（第 35 卷）[M]．北京：人民出版社，2017：26．

者要倾向于社会主义。列宁认为小资产阶级会分裂为三派：真正到无产阶级革命队伍中成为真正的爱国者；保持中立和缄默；成为完全依附资产阶级的卖国者。对于小资产阶级的爱国主义，要加以批判和转化，促使更多的小资产阶级分子加入无产阶级队伍中，为社会主义革命和建设服务。

二是对国家虚无主义的批判。列宁认为，在资本主义的统治下，资本主义的生产方式以逐利最大化为目标，产生了"哪里好，哪里就是祖国"的国家虚无主义思想，个人利益至上的思想，是资本主义私有制逻辑的体现，是唯心主义历史观思想，将人的追求仅定位在物质金钱上，只顾眼前物质利益，将个人利益凌驾于国家和民族之上。马克思从历史唯物主义角度出发，分析了社会主义制度代替资本主义制度是人类社会发展大趋势，是生产力和生产关系、经济基础和上层建筑社会基本矛盾的推动使然。"哪里好，哪里就是祖国"否定社会主义国家存在的合法性，没有看到资本主义制度中生产力和生产关系之间不可调和的矛盾，单纯看重物质生产水平，有悖于马克思主义理论，不利于国家的统一和发展。资本主义生产方式以机器大工业取代手工业，在一定程度上极大促进了社会生产力的提高。资本主义依靠资本使人们"不自觉地变成世界主义者了：'哪里好，哪里就是祖国'。"[1] "哪里好，哪里就是祖国"观念冲击着人们传统爱国主义思想中的积极成分，部分立场不坚定的工人阶级，很容易受这种国家虚无主义思想的影响，会脱离无产阶级队伍，动摇工人联盟的革命信念，必须要与之作坚决的斗争。

通过梳理分析，可以看出，列宁的爱国主义思想具有鲜明的阶级特色，倡导无产阶级的爱国主义与社会主义、国际主义相一致。在爱国主义的分析上，善于运用辩证思维，具体问题具体分析，坚持重点论。他反对以爱国之名却在维护资产阶级利益的假爱国主义。列宁非常爱护广大人民群众真正的爱国热情，虽然批判了小资产阶级狭隘的、不坚定的

1　列宁全集（第3卷）[M]. 北京：人民出版社，2017：532.

爱国主义思想，但并没有全面否定小资产阶级，而是肯定了他们的爱国情感，认为爱国情感可以成为凝聚广大人民群众的精神力量和纽带。但是一个人对一个国家的深厚感情要上升为理智，升华为为社会主义事业发展而服务的思想、观点和行动，才能称之为真正爱国。在新时代背景下，虽然时代和环境都发生巨大变化，但列宁对祖国、对社会主义和国际主义的忠诚思想、崇高精神，依然值得我们去吸收和借鉴。家国情怀中包含着对祖国的深厚情感。新时代的爱国主义要将爱党爱国和爱社会主义相统一，明确中国共产党的领导是中国特色社会主义最本质的特征。除了热爱自己国家的民族、文化和语言，同时要有国际角度和视野，努力构建人类命运共同体。

三、中国共产党人的家国情怀思想

十月革命以后，马克思主义理论在中国大地传播并指导中国革命。中国共产党自成立以来便将马克思主义作为指导思想。在马克思主义中国化的历史进程中，以毛泽东同志、邓小平同志、江泽民同志、胡锦涛同志、习近平同志为主要代表的中国共产党人，在马克思主义理想信念、人民情怀和人民立场的指导下，传承中华民族悠久深厚的家国情怀文化基因，在中国革命、建设、改革的伟大奋斗实践中不断深化发展了中国共产党人的家国情怀思想。

（一）以家庭为基点，重视家风建设

在中华优秀传统文化中，一直重视家庭和亲情，家庭和谐则家庭兴、家族兴、家国兴。这是中华民族的传统家庭美德，是家庭文明建设的精神财富。

毛泽东能成为受人敬仰的一代伟人，和他父母给予的优良家庭教育密不可分。其父亲毛贻昌17岁开始当家理事，克勤克俭，精明刚强，吃苦耐劳，甘为家庭牺牲，对毛泽东也非常严厉。毛泽东从6岁起，就

开始帮忙做家务、干农活，识字后帮父亲记账。毛泽东的母亲文素勤，是一位普通的家庭妇女，博爱大方，纯朴善良，极富同情心。父母的言传身教，使毛泽东看到了中国人民善良坚韧的本性，从小就树立爱憎分明的立场，知道要勤俭持家、艰苦奋斗、同情贫弱、乐于助人，并与农民有着一种割舍不掉的感情，这些都为毛泽东开展革命生涯奠定了良好基础。毛泽东非常孝顺父母，对父母体贴入微。母亲病逝后，毛泽东还写下了情义深长的《祭母文》，称颂母亲"不作诳言""不存欺心""洁净之风，传遍戚里"，[1] 感人肺腑，令人动容。毛泽东的家风非常优良，对子女，毛泽东教导他们与人为善、甘于奉献，倡导舍家为国、舍己为民。在学习恩师杨昌济讲授的《伦理学原理》时，他批注："彼仁人者，以天下万世为身，而以一身一家为腕，惟其爱天下万世之诚也，是以不敢爱其身家。身家虽死，天下万世固生，仁人之心安矣。"[2] 在革命斗争中，毛泽东一家人都体现了为国家、为人民、为信仰前仆后继、英勇牺牲的家国情怀。毛泽东家中包括妻儿在内的六位亲人为中国革命事业献出了宝贵的生命。1950 年 10 月，美军和南朝鲜军越过"三八线"，毛泽东从世界局势和中国长治久安高度出发，经过反复慎重考虑，作出抗美援朝的战略决策。毛岸英主动请求入朝参战，到战争最前线保家卫国。毛岸英牺牲后，毛泽东强忍丧子之痛，说道："革命战争总是要付出代价的……不能因为他是我的儿子，就不应该为中朝两国人民共同事业而牺牲。"[3] 对亲朋好友，毛泽东树立了"亲情规矩"三原则，即"恋亲不为亲徇私，念旧不为旧谋利，济亲不为亲撑腰"，[4] 他自己也以身作则，廉洁奉公。

　　"我是中国人民的儿子，我深情地爱着我的祖国和人民。"[5] 作为改革开放的总设计师，邓小平的家国之情溢于言表。邓小平的童年和少年

1　毛泽东传（1893—1949）[M]. 北京：中央文献出版社，2004：4.

2　毛泽东早期文稿 [M]. 长沙：湖南出版社，1990：590.

3　海鲁德等. 生活中的毛泽东 [M]. 北京：华龄出版社，1989：199.

4　肖欣. 毛泽东：让儿女们回到人民中去 [N]. 湖南日报，2018 - 04 - 24.

5　郑晓国，南东风. 我是中国人民的儿子 [M]. 北京：中国国际广播出版社，1993：302.

时期都是在家乡广安度过的。在父母言传身教的影响下，他从小就聪明伶俐，吃苦耐劳，读书勤奋用功，富有同情心，热情助人。邓小平一生除了深爱祖国和人民，对自己的家庭也饱含深情。邓小平曾评价道："家庭是个好东西"。邓小平是一位好儿子、好丈夫、好父亲、好爷爷。邓小平年少离家，为了祖国和人民南征北战、日理万机，但他爱家恋亲，重视家风建设，积极营造家庭的和睦与幸福。1939年7月，邓小平在延安与卓琳认识并相恋。卓琳虽然比邓小平小12岁，但两人志同道合，婚后便一同奔赴太行山抗日前线。两人从相识、相知、相爱到相行，从太行山麓、中原战场到西南地区，都相濡以沫、风雨同舟、患难与共、甘苦共尝。卓琳是邓小平的贤内助，两人一同历经革命、建设和改革各个历史时期，卓琳一直在邓小平背后默默支持，始终不渝，他们心心相印，营造着和谐温馨的家庭生活，国家的前途命运、恩爱的家庭使他们紧密相连。邓小平的家庭是"四世同堂"、其乐融融。在这个大家庭中，邓小平和卓琳与他继母夏伯根关系融洽。在江西劳动期间，夏伯根和他们不离不弃，携手度过人生的低谷时期。"无论走到哪里，他从不掩饰对孩子的喜爱。"邓小平爱孩子，他和卓琳的5个子女都在身边生活长大。邓小平朴素真实，喜欢儿孙绕膝，但不惯纵孩子，并提出殷切要求。邓小平提出家里的孙辈们到16岁都要出国学习，开阔眼界、培养独立能力，学成归来，为祖国做贡献，提倡"无私才能无畏"，这些都体现了邓小平浓浓的家国情怀。

江泽民出生于江苏扬州田家巷一个书香门第，其祖父精通中医并热心国事，曾谱歌痛斥"二十一条"，整个家庭深受其祖父知识分子气质和情怀的影响。江泽民从小就受到中华优秀传统文化的熏陶，良好的家庭传统和文化根基使他具有浓厚的学者气质和广博的知识。江泽民深爱自己的家庭，注重家风建设。他曾说："家庭是社会的基本细胞，千千万万家庭家风很好，就会促进全社会形成良好的风气。"[1] 良好的家庭教

1　江泽民文选（第2卷）[M]. 北京：人民出版社，2006：187.

育让人终身难忘，树立文明、和谐、健康、向上的新家风，可以助推社会主义建设事业。江泽民尤其重视领导干部的家风建设，认为领导干部的家风不仅反映领导干部的思想觉悟，也体现了领导干部在群众中的形象和尊严。在中央纪委第四次全体会议上的讲话中，江泽民明确指出："从严治党，首先要治理好领导班子和领导干部"，坚决防止和刹住"奢侈风""攀比风""说情风"，当好践行"三个代表"的带头人，促进党风与社会风气的建设。

胡锦涛的家乡在泰州，2012 年 12 月 27 日，胡锦涛回到了阔别 34 年的故乡，观家乡景、喝家乡水、与乡民叙乡情。胡锦涛工作后，虽然很少回故乡探望，但与故乡和故乡的人互动很多。每年全国"两会"期间，胡锦涛都会把自己对故乡的思念、关切之情，通过泰州代表转达给父老乡亲，他人虽然没回到故乡，但心已经回到故乡，经常勉励大家"多为泰州发展作贡献"。胡锦涛也一直很牵挂自己的母校，泰州中学校庆，胡锦涛多次发去贺信，泰州中学 100 周年校庆，胡锦涛给学校发了签名信，表达母校对他的关怀培养之情。胡锦涛重视家风尤其是党员干部的家风建设，认为领导干部只有建设好家风，自觉抵制歪风邪气，严格管好、管住子女和亲属，才能为人民掌好权、用好权。

习近平注重家庭，家教和家风，为全国人民作出了表率。他在 2015 年春节团拜会上指出"要重视家庭建设，注重家庭、注重家教、注重家风。"[1] 他经常说要帮助孩子扣好人生的第一颗扣子。习近平对家庭、人民和国家的使命感和责任感，和他优良的家庭密不可分，从其幼年时便开始孕育形成。习近平的家庭温馨又和睦，孝敬父母、爱护妻儿，重视家庭幸福。习近平认为天下之本在国，国之本在家，家庭和睦则社会安定。2013 年 12 月 31 日，习近平总书记在发表新年贺词时，可以看到他书架上摆放的家庭照，是习近平和父亲、母亲、夫人、女儿的美好瞬间和回忆，体现出习近平对家庭的珍视。其父亲习仲勋是我党历史功勋卓

1　习近平在 2015 年春节团拜会上的讲话［N］. 人民日报，2015 - 02 - 18（02）.

著的革命家，青年时期便加入中国共产党，投身于共产主义伟大革命事业，参加了抗日战争和解放战争。习仲勋以身垂范，他实事求是的作风，夙夜在公的精神，密切联系群众的赤子情怀、勤俭朴素的生活作风，对习近平爱国心、报国志、赤子情产生了深刻的影响。在父母言传身教、耳濡目染的革命精神熏陶和洗礼下，习近平一身正气，从小就树立了远大理想，具备较强的政治意识，形成了无私奉献的高尚品格。习近平曾在给父亲的一封拜寿信中提到，继承和吸取很多父亲的高尚品质，学习父亲做人、做事、对信仰的执着追求、赤子情怀、俭朴生活。父母对习近平慈爱又严格，注重培养他勤劳勇敢的品德，不允许有任何的优待和特殊。习近平和彭丽媛的爱情故事被国际社会广泛赞誉。在工作上，习近平是公认的好领导，在家庭，他是好儿子、好丈夫、好父亲。1987年习近平和彭丽媛结婚后便聚少离多，但彼此相互支持、彼此理解。在国事访问中，我们可以看到每次下飞机时两人都是携手相行，彰显出家国一体的共同意识，也成为全国家庭的榜样示范。

受过良好家庭教育的习近平注重传承家风，清廉自律，勤俭持家。在父亲的节俭几近苛刻和勤俭家风浸润下，习近平从小养成勤俭持家习惯。家和万事兴，家齐国安宁。他认为"广大家庭都要弘扬优良家风，以千千万万家庭的好家风支撑起全社会的好风气"，[1] 家风关系到社会良好风尚的形成。习近平经常会告诫亲朋好友，不能在他的工作领域从事商业活动，否则不要怪他六亲不认。习近平非常反感搞特殊化、搞特权，多次强调"必须反对特权思想、特权现象"。习近平认为良好的家风能使家庭兴盛，不好的家风会贻害社会，殃及子孙。家风败坏是滋生腐败问题的一个重要因素，领导干部的家风问题尤为重要，不是个人小事、家庭私事，而是关乎社会和国家的大事。"一人当官、全家腐败"，台前权钱交易，幕后收敛钱财令老百姓深恶痛绝。家风连着党风，党风关乎民

---

1 习近平：动员社会各界广泛参与家庭文明建设 推动形成社会主义家庭文明新风尚［N］.人民日报，2016-12-13（01）.

心。习近平总书记将领导干部的家风比喻成党风廉政建设的"晴雨表"。中共中央先后印发《中国共产党廉洁自律准则》《关于新形势下党内政治生活的若干准则》要求，强调领导干部要廉洁齐家，教育管理好亲属和身边人。针对官场奢靡浪费，尤其是公款浪费行为，习近平要求厉行节约、反对浪费，浪费现象令人痛心，务必狠刹浪费之风，要通过各种节约措施，鼓励节约，整治浪费。习近平提倡要继承戒子格言等优秀家风传统，向焦裕禄、孔繁森、谷文昌等学习，弘扬革命前辈的红色家风。习近平多次赞誉焦裕禄"不搞特殊"的严格家风，称赞谷文昌"清白持家、简朴本分、为民奉献"的良好家风。注重家庭、家教、家风，是习近平和他的家庭底色，造就了他对家庭浓厚的情感和对国家这个大家庭质朴真挚的热爱，并将这种热爱贯彻到治国理政的思想和实践中。

（二）以人民为中心，坚持执政为民

历史唯物主义提出，人民群众是历史的创造者。在建国之初，面对一个经历了长期战争、千疮百孔的人口大国，毛泽东重视人民群众的巨大作用，深刻感受到人民群众亟需恢复生产的需求。他关注民生、代表民意，以人民为念，提出了"全心全意为人民服务。"[1] 1939 年 2 月，毛泽东在给张闻天的信中首次提出"为人民服务"的概念："孔子的知（理论）既是不根于客观事实的，是独断的，观念论的，则其见之仁勇（实践），也必是仁于统治者一阶级而不仁于大众的；勇于压迫人民，勇于守卫封建制度，而不勇于为人民服务的。"[2] 1944 年 9 月 8 日，毛泽东发表了著名演讲《为人民服务》，追悼中央警备团战士张思德，系统阐述了为人民服务思想：为人民服务要树立正确的生死观、要正确对待批评、要搞好团结。1945 年党的七大将"全心全意为人民服务"作为党的宗旨，写入党章。"全心全意为人民服务"的思想体现了毛泽东的爱

1　毛泽东选集（第 3 卷）[M]. 北京：人民出版社，1991：1094.

2　毛泽东文集（第 3 卷）[M]. 北京：人民出版社，1993：179.

民情怀、政治立场和战略智慧，毛泽东用自己的一生践行了这一宗旨，做好了人民的勤务员，树立了家国情怀的光辉典范。作为农民的儿子、人民的领袖，毛泽东一生节俭朴素、严于律己，体现了他心忧国民、大公无私的家国情怀。"公者千古，私者一时"，雷洁琼先生在毛泽东诞辰100周年时的真挚题词，是对毛泽东艰苦朴素生活习惯崇高评价。1960年国民经济极端困难，毛泽东给自己定了"不吃肉、不吃蛋、吃粮不超定量"的"三不"饮食规矩，他经常给大家讲"现在国家还穷，不能开浪费的头"。新中国成立后，面对生产力低下的中国，毛泽东提倡全国上下艰苦奋斗，共渡难关。他外出视察时，从不铺张浪费，工作餐既简单又付清钱和粮票；招待外宾时，警示大家不要讲形式、搞排场，明确提出"浪费就是随便挥霍了国家财富"。各国国家元首送给毛泽东的礼品不计其数，但他一律按照"照章交公，以理驭情"的原则处理。在韶山纪念馆中，珍藏了一套毛泽东一家的生活账，包括日常生活费、杂费收支报表、物品分类账等，以及单据和票证，被确定为国家一级文物。为了子女不搞特殊化，毛泽东让女儿姓李。他经常告诫子女不能因为父母的地位而飘飘然，更不能以权谋私，害国害民，教育子女为国担当从领袖家人做起。毛泽东一生布衣便履，光明正大，心底无私，奉公守法，正气凛然，将自己的身心全部融入到中国伟大的革命和实践中，精神光芒万丈，也鲜明体现了毛泽东博大深沉的家国情怀。

　　邓小平一生视人民为父母，想百姓之所想，急百姓之所急，为人民的根本利益而奋斗，把毕生精力都献给了中国人民，帮人民摆脱贫困，过上幸福美好生活。1943年，邓小平在太行山敌后抗日根据地指出："人民是一切的母亲，是对敌斗争一切力量的源泉。"[1] 旧中国，内忧外患，邓小平为拯救人民于水火，投身革命。在土地革命时期，他领导发动了百色起义、龙州起义，创建了红七军、红八军，右江、左江革命根据地；解放战争时期，邓小平与刘伯承、陈毅等打赢了淮海战役，从中

1　杨国亭. 刘邓麾下十三年 [M]. 重庆：重庆大学出版社，1991：216.

原、华东到大西南消灭了国民党反动武装。新中国成立后，国家经济落后，人民贫穷，邓小平把对人民的爱全部凝聚成一个目标：发展经济，国家富强，人民富裕。尽管一生"三起三落"，也没阻挡他一心为民而奋斗的步伐。邓小平提出社会主义要消灭贫穷。他一心一意带领中国人民搞社会主义现代化建设，帮助百姓解决实际困难，将人民尽快富裕起来看作是人民的最根本利益。他从人民的立场出发，依据人民的呼声、愿望和需求制定路线、方针、政策。凡是邓小平战斗和生活过的地方，都有他对人民深情的足迹。1977 年，邓小平决策恢复高考，改变了众多知识分子的命运。邓小平从中国底子薄、人口多、耕地少的实际出发，在 1979 年提出了中国式的四个现代化，即"小康之家"，构思了现代化的蓝图。1982 年，中共十二大正式提出了在 20 年内实现全国工农业年总产值翻两番、达到"小康"水平的战略目标。1983 年，邓小平在江浙通过实地考察验证"小康"目标的现实可能性后，提出了"三步走"战略。经过改革开放 40 多年的奋斗努力，全面建成小康社会取得伟大历史性成就。邓小平情系民众的付出赢得了人们的衷心爱戴。1984 年，北大学子在国庆游行中打出的"小平您好"横幅，是向着全世界和全中国对邓小平致敬，表达了亿万人民群众对邓小平的真情、敬意和朴素真挚的爱。

江泽民曾表示：一定做到"苟利国家生死以，岂因祸福避趋之"，体现了他以国家和人民利益为重，为党奉献一切的伟大胸怀。2000 年 2 月，江泽民在考察广东时，首次提出"三个代表"的基本要求，在 2001 年的"七一"讲话中，他科学阐述了"三个代表"重要思想的基本内涵："必须始终代表中国先进生产力的发展要求，代表中国先进文化的前进方向，代表中国最广大人民的根本利益"，[1] 提出了建设什么样的党、怎样建设党的问题，成为党理论创新的重要成果，也充分体现了江泽民的为国为民情怀、历史责任感、理论自觉性和政治勇气。江泽民强调党始终要代表最广大人民的根本利益，通过加强党的建设，解决民生

---

1   江泽民文选（第 3 卷）[M]. 北京：人民出版社，2006：272.

问题；通过大力发展社会生产力，解决人民群众最现实、最关心、最直接的问题，让广大人民群众共享改革发展的成果。教育关系到人民群众的切身利益。江泽民践行民生为本的发展宗旨，将教育摆在优先发展的战略地位，"坚持教育为社会主义现代化建设服务，为人民服务"，[1] 2002 年，首次将"为人民服务"嵌入新的教育方针中，凸显了教育本体价值。

胡锦涛关注人民需求，顺应人民群众利益要求，呕心沥血，殚精竭虑，不断提高人民生活质量和水平。他坚持解放思想、实事求是、与时俱进、求真务实，集中全党智慧，形成和贯彻了科学发展观，"坚持以人为本，树立全面、协调、可持续的发展观，促进经济社会和人的全面发展。"[2] 科学发展观思想在十七大被写入党章，回答了新形势下实现什么样的发展、怎样发展等重大问题，也凸显了胡锦涛的爱民思想。胡锦涛爱民思想的初心便是以人为本。以人为本就是要实现人自由而全面的发展，让发展成果惠及全体人民，这是胡锦涛立党为公、执政为民的体现。胡锦涛指出："促进人的全面发展，做到发展为了人民、发展依靠人民、发展成果由人民共享。"[3] 2003 年 4 月，"非典"来袭，胡锦涛亲赴广东视察，心系群众安危，全力防治非典。2008 年四川汶川地震，胡锦涛赶赴灾区指导抗震救灾工作，在现场看望安慰受灾群众。胡锦涛坚持以经济建设为中心，大力发展经济，注重发展质量，致力于提高人民群众的物质财富收入；深化政治体制改革，合理有效转变政府职能，提高公众政治参与，保障人民的政治民主权利；进行文化体制改革，大力发展先进文化，推进文化大发展大繁荣，提高人民群众文化自信；用法律的形式保障公民义务教育经费，健全困难学生的资助政策体系，努力办好人民满意的教育；三次上调城市居民最低生活保障标准，促进和保

1　江泽民文选（第 3 卷）［M］. 北京：人民出版社，2006：560.
2　胡锦涛文选（第 3 卷）［M］. 北京：人民出版社，2016：10.
3　中共中央文献研究室. 十六大以来重要文献选编（中）［M］. 北京：中央文献出版社，2006.68.

障就业，改革社会保障体系，进行医疗体制改革；提出重视"三农"问题，以促进农民增收为主题，专门下发中央文件，实行一系列惠农政策措施，9个"一号文件"情系"三农"，2007年国家取消农业税，从源头减轻农民负担，增加群众收入，我国粮食产量实现了"九连增"；节约资源、发展循环经济，连续四次对污染源进行普查，注重生态环境保护工作，净化居民生活环境；通过系列政策的出台和实施，确保民生底线，普惠民生保障，改善人民群众生存环境，让人民群众共享改革开放成果，真正做到了权为民所用，情为民所系，利为民所谋。这些充分体现了胡锦涛的"重民、为民、利民"思想，包含了真挚的家国情怀。

为了人民的幸福生活而奋斗，是习近平"不忘初心"人民情怀的真实体现。在2018年春节团拜会上习近平提出"国家富强，民族复兴，最终要体现在千千万万个家庭都幸福美满上，体现在亿万人民生活不断改善上。"[1] 习近平一直坚持以人民为中心，坚持全心全意为人民服务的根本宗旨，执政为民。青年时期，习近平在梁家河做知青的7年岁月中，没有端架子、摆身份，他和父老乡亲们同吃同住，一起体味生活的酸甜苦辣，经历了人生中的很多"第一次"，成功跨越"跳蚤关、饮食关、劳动关、思想关"。唯有接近人民才能帮助人民，习近平在梁家河与群众打成一片，敢于担当，干在实处，走在前列，办成了陕西第一口沼气池，筑坝、修路、打井、裁缝铺、铁业社、代销点……乡亲们需要什么，他就干什么，梁家河的百姓从吃不饱到有余粮，生活水平不断提高。习近平在广阔苍茫的黄土高原与老百姓结下深厚情谊，也使他深入了解了中国的农村、中国的百姓和中国的基本国情，读懂了中国这部大书。他把对人民的深情融入到自己的人生追求和理想抱负中，形成了"不负人民"的为民情怀，为祖国和民族奉献的家国情怀，展现了他的责任担当和宽广情怀。习近平在人生起步的地方，立下了对人民、对国家浓浓的拳拳之心。在陕北，他真正理解了老百姓；在正定，他实现改

1　习近平在2018年春节团拜会上的讲话 [N]. 人民日报，2018 - 02 - 15（01）.

善民生的承诺；在宁德，他说"当官不要想发财"。一路走来，从福建到浙江、到上海、再到中央，从基层到中央，无论职位怎么调整，习近平心里始终装着人民群众，时时刻刻都在牵挂着人民，为群众解难事、办实事，保持"不忘初心"的人民情怀，永葆对人民的赤子之心。他曾说为人民服务就是他的执政理念。

习近平坚持人民至上、人民主体、人民共享、人民评判，把人民作为治国理政的核心价值，将"念百家忧乐"落到实处，强调"亲民爱民利民"。他提出："要把是否促进经济社会发展、是否给人民群众带来实实在在的获得感，作为改革成效的评价标准。"[1] 党的十九大报告中，全文 3 万多字，"人民"一词先后 203 次被提到，成为最具温度和情怀的核心热词；十九届五中全会公报 23 次提到"人民"，擘画了"十四五"时期改善人民生活品质、增进人民福祉的壮丽蓝图。2021 年 2 月，习近平在全国脱贫攻坚总结表彰大会上掷地有声地指出："我们始终坚定人民立场，强调消除贫困、改善民生、实现共同富裕是社会主义的本质要求，是我们党坚持全心全意为人民服务根本宗旨的重要体现"，[2] 凸显了以人民为中心的执政思想。以习近平同志为核心的党中央以"不破楼兰终不还"的铁血壮志，带领亿万人民，历时 8 年，打赢了脱贫攻坚战，近 1 亿人脱贫，创造了人类发展进程中的伟大传奇。这些都展现了习近平"为中国人民谋幸福，为中华民族谋复兴"的初心和使命，执政为民的家国情怀。

（三）以国家为核心，强调责任担当

在中华民族的历史长河中，不乏先辈精忠报国的事迹。"孩儿立志出乡关，学不成名誓不还。"这是毛泽东 1910 年外出求学时，向家人表达的胸怀天下，志在四方的远大志向和抱负。青年毛泽东读了《盛世危

1　习近平总书记系列重要讲话读本 [M]. 北京：学习出版社，人民出版社，2016：83.
2　习近平在全国脱贫攻坚总结表彰大会上的讲话 [N]. 人民日报，2021 - 02 - 26（01）.

言》和《论中国有瓜分之危险》两本小册，激发了他内心深藏已久的忧国忧民情怀。在湖南省立第一师范学校求学期间，毛泽东开始更多关注外部世界。随着新文化运动的兴起，更多仁人志士思考中华民族的前途和命运。1915 年，袁世凯和日本政府签订的丧权辱国的"二十一条"，激发了更多知识分子的爱国心。毛泽东发出了"五月七日，民国奇耻，何以报仇，在我学子"的感慨。[1] 1918 年，在恩师杨昌济的推荐下，毛泽东担任了北京大学图书馆助理员，结识了李大钊、陈独秀等一批先进知识分子，开始接受马克思主义，视野不断开阔，对"国家兴亡，匹夫有责"有了新的认识，逐步探索救国救民的正确道路，展现了以天下兴亡为己任的爱国情怀。井冈山的激烈斗争，长征路上的艰难险阻，抗日战争的峥嵘岁月，解放战争的炮火连天，毛泽东舍弃了小家的安逸，选择了救国救民的大义，足迹遍布万水千山，带领全国人民浴血奋战，建立了新中国，实现了民族独立和人民解放，充满了舍家为国的责任感和为国、为民的豪情。毛泽东的诗词作品中，也体现了他忧国忧民的深厚情怀。1936 年 2 月，东征时的红军困难重重，毛泽东在陕北写下了《沁园春·雪》，"须晴日，看红装素裹，分外妖娆。江山如此多娇，引无数英雄竞折腰"，表达了毛泽东对革命斗争充满激情、治国平天下的豪情壮志，也是毛泽东历史观、英雄观、时代观的体现。得知解放战争胜利的消息，毛泽东吟出了"忽报人间曾伏虎，泪飞顿作倾盆雨"，歌颂了先烈为了民族和国家事业生死不渝的革命情怀和忧国忧民情怀。

邓小平继承了中华民族的优秀传统，将自己的一生与中国革命、改革和建设紧密相连，为社会主义发展辛勤奋斗，体现了对国家富强的殷切期望和家国情怀。年轻的邓小平立志改变国家现状，萌发了对国家和民族强烈的责任感。1919 年，邓小平在重庆考入了勤工俭学留法预备学校。1920 年，年仅 16 岁的他告别故乡、亲人和祖国，奔向世界去寻

1　孔祥涛. 毛泽东家风 [M]. 北京：中国书籍出版社，2019：69.

找救国真谛。"长期闭关自守，把中国搞得贫穷落后，愚昧无知。"[1] 邓小平认为，中国的发展离不开世界，开放的中国才更加有希望。他带领中国人民开展了改革这场伟大革命，成功开创中国特色社会主义道路。粉碎"四人帮"后，在千头万绪中，邓小平抓住关键环节，解放思想、实事求是，冲破"两个凡是"的束缚，领导了成为思想解放先声的真理标准问题大讨论，推动了全面拨乱反正，端正了思想路线。在党的十二大上，邓小平指出要把马克思主义的普遍真理同我国的具体实际结合起来，回答和解决什么是社会主义、怎样建设社会主义的问题，在党的十三大上系统论述了社会主义初级阶段理论，大力发展社会主义市场经济。通过改革开放的伟大实践，中国由一个贫穷落后的国家演变成世界第二大经济体。邓小平从74岁到93岁，用20年的时间改变了13亿人的生活和命运。邓小平勇敢果断，为解决历史遗留问题和祖国统一大业，从中国发展的实际出发，运用自己的战略思维创造性提出了"一国两制"的伟大政治构想，勾勒出国家和平统一的新蓝图。1997年香港回归，1999年澳门回归，使"一国两制"成功得到实践，香港、澳门回归后各方面保持繁荣稳定，充分彰显了这一全新国家治理实践的生命力，也体现了邓小平的历史担当、战略胸怀、政治包容、家国情怀。

20世纪末90年代初，国际局势动荡，东欧剧变、苏联解体，全球的社会主义发展进入低谷时期，西方势力加紧对我国西化、分化。国内也出现了部分否定党的领导、质疑社会主义的声音。面对严峻的国际国内形势，是否坚持和如何坚持社会主义道路是一个核心问题。在关键时刻，江泽民顶住国内外巨大的压力，本着对国家、民族和人民高度负责的态度，旗帜鲜明地指出："我们要顶住，硬着头皮顶住，同时要把我们的社会主义事业发展好。"[2] 在十三届四中全会上，江泽民明确指出十一届三中全会以来形成的党的基本路线和基本政策没有变，他说："在

1　邓小平文选（第3卷）[M]. 北京：人民出版社，1993：110.

2　江泽民文选（第1卷）[M]. 北京：人民出版社，2006：136.

这个最基本的问题上，我要十分明确地讲两句话：一句是坚定不移，毫不动摇；一句是全面执行，一以贯之。"[1] 围绕党的"一个中心、两个基本点"的基本路线，江泽民一边聚精会神抓党的建设，一边注意倾听各方意见，在党的十四大上确定了"社会主义市场经济"的目标，在十五大将邓小平理论写进党章，并明确提出了"公有制为主体、多种所有制经济共同发展，是我国社会主义初级阶段的一项基本经济制度"，[2] 全面部署了中国未来的发展目标、步骤和战略。理查德·鲍姆是一名中国问题高级专家，在加州大学洛杉矶分校中国研究中心任教，他在香港《南华早报》上发表的文章中高度评价江泽民：他成功地指挥中国从一个社会主义巨人变成一个建设发动机。经过 100 多年的求索与奋斗，在伟大的世界之交，中华民族浴火重生。江泽民捍卫了中国特色社会主义伟大事业，避免了 1997—1998 年的亚洲金融危机影响，使我国经济增长率一直保持在 7%～9%，由此彰显了江泽民的深谋远虑、家国情怀和宽广胸怀。

2004 年 8 月，在纪念邓小平诞辰 100 周年时，胡锦涛提出："要全面加强和改进党的思想、组织、作风和制度建设。"通过系列利国利民政策的有效实施，中国经济年均增长率高达 10.7%，2010 年中国国内生产总值达到 401513 亿元，超过了日本，世界排名升至第 2 位，东部沿海地区人均 GDP 达到 1 万美元以上。2008 年金融危机席卷全球，世界经济跌宕起伏，胡锦涛敏锐洞察、当机立断，出台促进经济增长十大政策，投入 4 万亿元人民币扶持经济，刺激消费，给经济"输血"，减税降费、贴现降息，实行更加积极的就业政策，通过一系列"组合拳"保增长、保民生、保稳定，使中国经济越过激流险滩，在险象环生中经受住了新世纪最严峻的考验，率先实现经济回升向好，成为 2009 年显著增长的唯一主要经济体，成为世界经济反弹的新引擎。2008 年北京

1　江泽民文选（第 1 卷）[M]. 北京：人民出版社，2006：57.

2　江泽民文选（第 2 卷）[M]. 北京：人民出版社，2006：133.

奥运会的成功举办，向世界彰显了雄厚的中国实力。胡锦涛主政期间，注重海峡两岸关系，亲自担任党中央台湾事务负责人，2008 年，大陆和台湾签订了通邮、通商、通航"三通"协议，2010 年签署了两岸经济合作框架协议（ECFA），通过软硬兼施战略，划时代改善了海峡两岸关系；制定了"中部崛起""西部大开发"政策，促进东中西互动、优势互补、共同发展。这些都鲜明体现了胡锦涛坚定的意志、开阔的视野、包容的胸怀、爱国爱民情怀。

习近平的家国情怀包含了强烈的爱国情感。2012 年习近平在参观"复兴之路"时说："实现中华民族伟大复兴，就是中华民族近代以来最伟大的梦想。"[1] 中国梦是由亿万个人梦和家庭梦所汇聚成的伟大梦想，也彰显了习近平的家国梦。习近平的家国情怀，更核心地体现在对国家和民族的热爱，对祖国发展的强烈责任感和使命感。他明确指出"爱国主义精神深深植根于中华民族心中，是中华民族的精神基因"。[2] 习近平将中国梦和爱国主义紧密结合，提出新时代爱国主义的主题就是实现中华民族伟大复兴的中国梦，凸显了爱国主义鲜明的时代特色，我们将是民族复兴百年梦的推动者、实现者和见证者。全国各族人民应像石榴籽一样紧紧抱在一起，提升对中华民族的归属感、认同感，凝心聚力推进祖国事业的蓬勃发展。他提出，将爱国和爱党、爱社会主义相统一，才是鲜活真实的爱国主义。近代以来中华民族救亡图存，无数仁人志士奋起抗争，但以失败而告终。中国共产党成立后，带领全国各族人民勠力同心，实现了站起来、富起来、强起来的伟大发展。在这一伟大的历史进程中，党、国家和社会主义密不可分。改革开放使爱国主义具有时代感和现代感，要坚持爱国主义同创新精神、世界眼光相结合。爱国主义不是抽象的，是具体的，凸显在每个爱国者的认知、情感、意志和行为

1　习近平. 承前启后，继往开来，继续朝着中华民族伟大复兴目标奋勇前进 [N]. 光明日报，2012 - 11 - 30（01）.

2　习近平. 大力弘扬伟大爱国主义精神为实现中国梦提供精神支柱 [N]. 人民日报，2015 - 12 - 31（01）.

之中。要从涵养爱家、爱故乡开始，逐步扩大到爱整个国家。在对国家形成深刻的认知后，上升为爱国情感，将爱国之情与知国之理相贯通，增强国家认同。习近平提出要在广大青少年中厚植爱国情怀，让爱国意识在他们的心间牢牢扎根，引导他们关注国家发展，以祖国的发展为荣，激发爱国热情，将对国家的感情、振兴中华的远大抱负和报效祖国有机统一起来，将个人梦、家庭梦和国家梦、民族梦紧密相连，通过引导和涵育爱国主义教育，将爱国主义外化为自觉行动，砥砺强国之志、实践报国之行，在丰富实践活动中展现勤学苦练、矢志报国的责任担当和使命。习近平率先垂范、身先士卒，以天下为己任，以实际行动诠释了爱国、强国、兴国、报国的伟大家国情怀。

为了国家和社会长治久安，十八大以来，习近平总书记坚持从严治党，凝聚党心、凝聚民心。严字当头敢管善治，狠抓党的作风建设，政治局带头执行"八项规定"，再到"群众路线教育实践活动""三严三实专题教育"，反对"四风"和"两学一做"学习教育，党中央以上率下深层发力破除潜规则，转作风、树新风，正风肃纪，严字当头，刮骨疗毒。腐败是社会毒瘤。习近平总书记把反腐败斗争作为从严治党的重要内容，坚持有腐必反、有贪必肃，无禁区、零容忍、全覆盖，"老虎""苍蝇"一起打。反腐动作快、力度大、涉及领域宽、挖掘问题深、公信力强，惩处的贪官级别高、人数多、范围广。没有免罪的"丹书铁券"，周永康、薄熙来、徐才厚、令计划、苏荣等多名中管领导干部因自身严重违纪违法被坚决查处。"明知山有虎，偏向虎山行"，以习近平为核心的党中央以坚强无畏的政治勇气，果敢正义的态度情怀，从党和国家生死存亡角度出发，打响以身报党报国的"生死战"，一大批"老虎"被绳之以法。"打虎"的同时严厉"拍蝇"，查处"四风"和腐败问题，严加查处"小官巨贪"。"天网猎狐"布下天罗地网，严惩逃亡境外的腐败分子，有逃必追，一追到底！习近平曾斩钉截铁地说："不得罪成百上千的腐败分子，就要得罪13亿人民。这是一笔再明白不过的政治账，人心向背的账。"[1] 通过中央巡视派驻、机制创新、法规建设，从制度层面构筑严密的"防火墙"，从中央政治局做起，全面从严治党纵深推进，重拳反腐深得党心民心，在短时期内重塑了党的光辉形象，营造了风清气正的政治生态，书写了我党"自我革命"新篇章，党更强，国愈盛，国人为之称道，官场为之肃然。

（四）以世界为格局，倡导美美与共

中华民族历来爱好和平，讲求和睦相处，主张"协和万邦""海纳百川，有容乃大"。中国共产党人的爱国情怀并不是狭隘的民族主义，而是站在国际的视野，倡导世界和平发展，体现了共产主义者的宽广胸怀。

毛泽东将爱国主义和国际主义相结合，提出"中国共产党人必须将爱国主义和国际主义结合起来。"[2] 将爱家、爱国之情扩展到了全世界。毛泽东认为爱国主义与国际主义并不冲突，两者互为补充、相辅相成。中国共产党是保卫祖国的爱国主义者，只有中国独立解放，才能实现世界大同。中国革命和建设道路的探索，激励着世界上其他国家不断找寻独立自主发展的道路。毛泽东具有广泛的国际视野，在新中国建立初期，尽管综合国力较弱，但毛泽东仍旧对亚非拉美等国伸出援助之手，提高了中国在世界上的威望，中国于1971年重新恢复在联合国中的合法席位。毛泽东还提出了"三个世界"的战略思想，捍卫发展中国家权益，倡导和平与发展的时代主题。毛泽东的国际战略思想为中华民族赢得了国际声誉。

邓小平目光远大、襟怀宽广，运用马克思主义的眼界观察世界，关注中国和人类前途命运，站在国际大局的角度思考和制定中国的发展战略。邓小平指出和平问题和发展问题是全球性的战略问题，要坚定不移

1　崔耀中. 不忘初心　走向复兴：新时代　新思想　新征程 [M]. 北京：人民出版社，2018：292.
2　毛泽东选集（第2卷）[M]. 北京：人民出版社，1991：520—521.

地主张实行对外开放，提出"应当把发展问题提到全人类的高度来认识，要从这个高度去观察问题和解决问题。"[1] 关门搞建设是不能成功的，中国的发展离不开世界，需要稳定和平的国际环境，世界的发展也需要中国这支重要的力量。邓小平关注发展中国家的命运，呼吁国际社会帮助第三世界国家的发展，明确提出中国搞的是主张和平的社会主义，反对任何形式的霸权主义，永远站在第三世界一边。国家不分大小、强弱、贫富，都应该互相尊重，互不干涉内政，要将和平共处五项原则作为指导国际关系的准则。

人类在经历了两次世界大战和冷战对峙的浩劫磨难后，江泽民提出和平与发展仍是当今时代的主题。世界各国人民的共同愿望是不再发生新的热战、冷战和动乱，推进和平与发展的崇高事业，创造美好的世界。中国始终坚持独立自主的和平外交政策，积极推动世界走向多极化，推动国家关系民主化，尊重世界多样性，正确引导经济全球化，树立互信、互利、平等、协作的新安全观，共同维护世界的和平、稳定、发展。世界各国之间也要加强各种文明的交流，在继承和发展本民族文明基础上，尊重和学习其他文明的精华，推动世界文明共同进步。

胡锦涛科学判断时代条件的发展变化，提出了自己的时代观。其中包含的深刻变革论科学判断时代发展特征和趋势，强调国际形势继续发生变革，我们所处的时代，在政治、经济、文化、安全各方面充满机遇和挑战；和谐世界论是对人类传统和谐思想的重大继承，强调"求和平、促发展、谋合作，是不可阻挡的历史潮流"，[2] 国际社会要通力合作建设和谐世界。共同发展论强调国与国之间"利益交融、休戚与共"，全球经济是一个有机互动整体，中国奉行互利共赢的开放战略。共担责任论强调面对全球性的重大威胁和挑战，各国要遵守责任共担原则，从人类整体利益和共同命运出发，"共同努力，承担应尽责任"，促进世界

---

1   邓小平文选（第3卷）[M]. 北京：人民出版社，1993：302.
2   十七大以来重要文献选编（上）[M]. 北京：中央文献出版社，2009：35.

协调持续发展。积极参与论强调中国与世界的关系发生了历史性变化，要统筹国内国际两个大局，将独立自主和对外开放相结合，掌握发展主动权。

习近平明辨世界大势，以勇立潮头的非凡勇气、放眼世界的人类情怀、宏阔远大的战略格局，立足当下世界，着眼人类发展，引领中国向世界敞开怀抱，倡导世界大同，天下一家。以邻为善，与临为伴，从顶层设计到深耕细作，为世界和平发展贡献智慧，诠释了大党大国的责任与担当。2018 年 4 月，习近平在人民大会堂会见联合国秘书长古特雷斯时，提出"我们所做的一切都是为人民谋幸福，为民族谋复兴，为世界谋大同"。[1]

2013 年，习近平在出访俄罗斯时，首次在国际场合提出"命运共同体"这一概念。随后，在重要的外交场合中强调"人类命运共同体"意识，并提出了"中国—东盟命运共同体""亚洲命运共同体""中非命运共同体"等。从"一带一路"、G20 峰会到首届中国国际进口博览会……，中国致力于打造跨国界的责任共同体、利益共同体，与世界各国人民相互支持、相互帮助，共同发展、共同繁荣，中国愿意做世界和平的建设者、国际秩序的维护者，共同治理全球事务，使更多国家分享机遇和红利。中国倡导新型文明观，弘扬中华优秀传统文化中"和而不同"思想，倡导求同存异、交流互鉴，从不同文明中寻求智慧，与其他国家平等和谐相处，共享发展成果，在不同文明的相互借鉴、共同进步中，汇聚构建人类命运共同体的强大合力。推动中国梦与世界梦同频共振，世界梦是全世界共商共建人类命运共同体，中国梦的实现离不开世界，需要在世界这个大环境中去实现，需要世界和平；世界梦的实现也离不开中国，需要中国的贡献和付出，需要中国发展为其他国家带来的发展机遇。

人类生活在同一个地球村里，你中有我，我中有你，各国利益高度

1　习近平会见联合国秘书长古特雷斯 [N]. 人民日报，2018 - 04 - 09 (01).

融合，相互依存。在这样的时代，习近平倡导包容互鉴、兼收并蓄、聚同化异、互利共赢，每个国家在寻求发展的同时，不能损害其他国家利益，要以义为利，壮大自己的"朋友圈"。习近平在联合国日内瓦总部的演讲中提出，中国会继续致力于维护世界和平、促进共同发展、打造伙伴关系、支持多边主义，实现世界持久和平与繁荣。行之以躬，不言而信。人类命运共同体是赋有东方智慧的中国方案，绘制了人类文明和谐发展路线图，将爱国与责任担当相结合，融全球视角、传统智慧、务实精神为一体，承载着"协和万邦"的伦理情结，呈现出富有中国特色的外交义利观念，描绘了中国与世界梦想相通的新图景，旨在凝聚价值共识的最大公约数，破解全球治理难题，推动全世界各国协同发展，正面引导了世界新秩序的构建。中国垂范在先，真诚以待，加强国际合作，在开放中分享机会和利益，推进各国合作共赢，实现互利共赢，体现了习近平"天下大同"的世界眼光和国际胸襟。习近平家国情怀的民族性和开放性，是本于家国又高于家国的世界意识。

第三节　文化传承：中华优秀传统文化中
的家国情怀思想

家国情怀是中华民族优良的文化基因，凝聚着强大的中国精神和中国力量，在我国有着深厚的历史根基和文化底蕴。中华优秀传统文化中的家国同构理念、忠贞爱国思想、责任伦理精神为新时代大学生家国情怀培育提供了丰厚的文化滋养。

一、家国同构理念

家国情怀溯源于中国传统社会的家国同构理念，家国同构是几千年来中华思想文化积淀的产物，是中国古代社会的重要特征。家国同构是指家与国在组织结构上的共通性，人们生活的共同体从家到国再到天下，父为家之君，君为民之父，君父同伦与家国同构相辅相成。

家国同构思想的突出特征有两个，一是以血缘为依托点。这是伦理政治的客观需要。回顾历史，随着生产工具的变革，生产水平的提高，人们通过物质生产实践活动获取的剩余产品越来越多，私有制产生，剩余产品掌握在少数人手中，阶级对立随之出现。依靠血缘关系为依托，凭借强大政治和经济实力组织起来的"大家族"，将政治关系网变成了血缘关系网，子继父权、子继父业，历代君王将太子列为继承人，朝朝代代因循不败，宗法制久盛不衰，"大邦维屏，大宗维翰，怀德维宁，宗子维城"就是生动体现，[1] 血缘关系成为划分权利和义务的标准，在古代伦理政治中发挥重要作用。家庭成员之间的亲密情感关系也是建立在血缘纽带基础上的，血缘关系成为家国同构的基本依托和支撑点。二是忠孝一体。忠孝一体是家国同构思想在伦理层面的结合。孝作为伦理道德观念，是家庭血缘关系在伦理观念上的反映。所谓孝，善事父母，对父母养、敬、谏、顺。在几千年的封建社会中，历朝历代都重视孝，将孝作为统治国家的思想武器。尤其是"汉以孝治天下"，对孝极为尊崇，汉代的察举孝廉制度，将孝廉作为仕宦之正途。统治者将孝和忠紧密联系在一起，"其为人也孝悌，而好犯上者，鲜矣。"[2] 君臣父子也是同构关系，在家庭血缘关系中，以孝为主，以父子关系为首，而在国家政治中，以忠为主，以群臣关系为首，君臣通常就是父子。《孝经》移忠于孝："君子之事亲孝，故忠可移于君。"[3] 孟子将社会人伦关系划分为五种，即"父子有亲，君臣有义，夫妇有别，长幼有序，朋友有信"，[4] 成为传统社会的基本道德规范，其中将父子、君臣关系放在首位，父子关系以父权制存在为基础，父亲拥有绝对权威，君臣关系以政

1　诗经·大雅·板.
2　论语·学而.
3　孝经·广扬名.
4　孟子·滕文公上.

治等级制存在为基础，君臣关系如同父子关系，分别归属于家庭血缘关系和政治关系。忠孝都属于道德范畴，虽然具体内涵不同，但都是为了维护统治阶级的利益，具有同源性与逻辑合理性。忠孝一体有实实在在的伦理基础，整个国家像一个大家庭，对君王的崇拜源于对家父敬仰的延伸和拓展。

家国同构理念将家国紧密相连，将个人对家族的情感升华为对国家的情怀，为家国情怀的产生奠定了重要基础。一是源于经济的社会历史条件。中国的疆域十分广大，地大物博、水源充足，气候的差异性和互补性很强，优越的地理环境使我国产生了自给自足的农耕文明，农耕文化离不开土地和家庭建设，以家庭为单位的"男耕女织"是中国传统社会经济的突出特点。中国传统社会中的"家"强调以血缘为基础的等级关系，凸显了家庭的社会地位。作为上层建筑的家国情怀离不开中国特色的经济基础。正如"中国最后一位儒家"梁漱溟先生所提出的，中国传统社会是伦理本位的经济，"家族"或"家庭"的内部财产不可分割，强调共同所有，夫妇、父子乃至祖孙兄弟共财，加强了家族成员的集体归属感，催生了社会成员的国家认同感；具有血缘关系的"小家族"或"小家庭"财务互通，亲戚、朋友在经济上彼此顾恤，以富带穷，强化了成员血缘至上的理念，形成了"民胞物与"的天下情怀。中国传统社会以家庭为圆心，家与国的近距离接触为家国同构提供了物质条件。二是源于特定的社会政治结构。家国同构的伦理政治衍生了家国情怀，宗法制度要求爱家者要爱国，爱国者亦要爱家，将家国相统一。中央集权的封建专制统治制度强调了民族的整体性和统一性，可以激发社会成员产生国家利益至上的国家认同感和对中华民族的心理认同感，从而孕育了家国情怀。三是源于文化心理结构。先秦诸子，百家争鸣，中华优秀传统文化丰富多元，注重"仁义礼智信"的儒家文化，"道法自然、寡欲弃智"的道家文化，"不法古，不循今"的法家思想，"涅槃永生"的中国佛学，这些文化的核心都在于解决人伦之事。在众多思想文化中，儒家思想强调人与人之间以"礼"为核心的伦理关系，明确了人与人之间的亲疏关系，规范了人的责任和义务，备受统治者的青睐，汉王朝"罢黜百家、独尊儒术"具有时代合理性。儒家文化中的最高道德标准是"内圣外王"，为人处世之道内化于心、外化于行，而家国情怀是对《大学》中"修身、齐家、治国、平天下"的综合表达，将个人、家庭、国家、天下有机统一，个人已超越单独的个体，家庭和国家不局限于一家一国的利益，要从整体角度思考立家、立国之本。儒家文化在历史发展中虽然经历了多场变革，但儒者一直坚守家国情怀。家国同构理念下产生的家训文化，成为约束家族成员的价值标准，使家族成员更好生活、生存，其中的处世之法和道德规范都是家国情怀的体现。

中国传统社会统治者强调血缘纽带和个体修为，实施以礼治国、以孝治国，将家庭有序、家族和睦和国家兴旺发达有机统一，强化了家庭这个基本的社会细胞，实现了个人、家庭、国家的同步发展。家国同构思想是一种由家及国的情感表达与理想追求，实现了家国良性互动，是滋生家国情怀的肥沃土壤。家国一体是中国人在长期的社会实践中形成的价值观念，尽管这种思想源自于中国传统社会，但是在当今社会依然有重要意义和作用。"覆巢之下，焉有完卵"，家国具有天然的一致性。家国一体明晰了家庭和国家之间彼此贯通、紧密联系、难舍难分。"家国一体的基本原理是将家的原理扩展为国的法则，国建立在家的基础之上。"[1]

二、忠贞爱国思想

家国情怀思想的核心层面就是一个人对自己所在国家的认同感、责任感和归属感，中华优秀传统文化中的忠贞爱国思想是家国情怀的重要组成部分。爱国主义精神是中华民族的心和魂，是激励中华儿女自强不

---

1 樊浩. 文化与安身立命［M］. 福州：福建教育出版社，2009：70.

息的伟大力量。中华优秀传统文化中蕴含丰富的爱国主义思想。

中华优秀传统文化中的忠贞爱国思想有其特定孕育土壤和基础。一是自给自足的经济生产方式。传统中国以农立国，土地幅员辽阔，气候温暖宜人。勤劳智慧的中国人民，在黄河、长江水系的哺育下，创造了辉煌灿烂的农业文明。随着生产工具的进步和私有制的出现，中国传统社会形成自给自足、男耕女织的小农经济，是我国封建社会的经济基础。拥有少量土地的耕农，以家庭为单位进行自主劳作，世代久居于某个地方，很少进行人口大流动。随着时间的推移，人们对自己长期居住的地方和守望相助的乡亲产生了浓厚的依恋之情。同时，小农经济具有分散性，仅以家庭为单位，力量稍显单薄，抵御自然灾害的能力不足，因此，需要依赖自己所在的国家为促进农业经济兴修水利、赈济救助等。久而久之，人们对自己所在的国家和君王产生依赖性。自给自足的小农经济，使人们产生了最早的朴素爱国主义精神。二是家国一体的政治组织结构。家国一体孕育出了国家大义的爱国主义思想。家作为基础单元，国家是放大形态，是家庭赖以存在的基础。国家是拥有共同或近似血缘的共同体，因此，在古代，国家被称为"父母国"。国家中的人与人之间，和家人一般，有同胞之情。据《孟子·尽心下》记载，孔子是鲁国人，但为了追求自身的政治理想抱负离开鲁国，"迟迟吾行也，去父母国之道也"，对鲁国恋恋不舍。但当他离开齐国时，毫不犹豫就上路了。孔子在离开鲁国和齐国时的心境对比，鲜明体现出来他对自己祖国的眷恋与热爱。三是修齐治平的伦理道德文化。在家国同构政治结构的基础上，国与家拥有共通的伦理道德要求。儒家的大一统思想在各朝各代留下深刻影响。《礼记·大学》记载了"一家仁，一国兴仁；一家让，一国兴让"，强调治国与齐家在本质上的一致性。

人们要做到爱国如家，在齐家的同时，要为国家的繁荣发展作贡献。因此，爱国主义思想并非只是自然情感，也是国民应尽的道德义务。当国家利益和家庭利益发生冲突时，要义不容辞地坚守国家利益，牺牲小家、成全大家，"苟利社稷，死生以之"，[1] 爱国主义思想早在西周时期就已经有突出表现。周厉王时期，虽然召公不被重用，多次进谏厉王不被采用，但他依然对周厉王忠心耿耿。申侯叛乱时太子藏到召公家，召公为了使太子逃脱，不惜牺牲自己的儿子。召公对周厉王、周王朝的忠诚和爱，也是爱国主义的体现。尤其是秦始皇统一天下后建立中央集权制国家，汉代独尊"天人感应"，更加突出"忠君爱国"思想。

爱国主义是一个历史范畴。中华优秀传统文化中的爱国主义思想，具有丰富的精神内涵。其中最为核心的就是忧国报国、注重国家利益，维护国家统一。我国是多民族国家，有大小 56 个民族，少数民族占全国总人口 8％以上。中华文明 5000 多年来薪火未断，爱国情结在时代更迭中变得愈加深厚、浓郁。从神农炎帝、轩辕黄帝到夏商周，到秦汉以及后面的历朝历代，再到近代中华人民共和国成立，再到现代，从古至今，维护国家统一是中国历史发展的主流，也是每一代人的美好憧憬和夙愿。"分久必合、合久必分"。纵观中国历史，合的时期远大于分的时期，一个时期内，无论国家如何分裂，最终都会出现新的更大范围的统一，分只是暂时的，合是长期的，也是国家民族发展的必然趋向。无论是在太平盛世还是危亡关头，无数仁人志士用自己的实际行动书写了忧国忧民的爱国事迹和壮丽诗篇。上古时期，洪水滔天，万民堪忧。大禹受命治理洪水，过家门而不入，完成治水大业，造福天下万家。成王"以公灭私，民其允怀"。[2] 其中的"公"并非君王和王室，而是由天下无数个小家而组成的社会大家。要求君王尽心为国家这个大家服务，才能获得人民的支持和拥护。战国时期的爱国主义诗人屈原"寄吾忠君爱国眷恋不忘之意"，写下抒情长诗《离骚》，表达了自己的爱国主义情怀；汉末三国的曹植发出"捐躯赴国难，视死忽如归"的感叹，抒发了自己的报国之情；北宋苏轼"仗汉节牧羊，卧起操持，节旄尽落"，面

1　左传·昭公四年.

2　尚书·周官.

对威胁利诱坚守节操，受尽苦难，宁折不弯；北宋诗人范仲淹"先天下之忧而忧，后天下之乐而乐"，寄托着以天下为己任的政治抱负和胸襟胆魄；南宋末代民族英雄文天祥，兵败被俘，但仍坚定信念，保持民族气节，慷慨就义，留下了千古绝句"人生自古谁无死，留取丹心照汗青"……这些古人为了国家不屈不辱的凛然正气，"宁为玉碎，不为瓦全"的民族气节，成就了中华民族英勇不屈的高尚品格，激励着中华儿女为了捍卫国家尊严和维护民族统一，自强不息、舍生取义。

近代以来，中华民族外侵内腐，多灾多难，被列强瓜分，沦为半殖民地半封建社会，到了生死存亡关键之际。中国人民基于民族大义，为了祖国的前途、民族的命运不惜抛头颅、洒热血，走上了救亡图存、拯救民族危机的艰难历程，谱写了一曲曲可歌可泣的悲壮史诗。被誉为中国"第一个睁眼看世界的人"——林则徐，矢志禁烟抗敌，表达了"苟利国家生死以，岂因祸福避趋之"的爱国思想；第一次鸦片战争中，1500人殊死奋战，寸土必争，镇守镇江，抵御英军；70岁高龄的江南提督陈化成，亲驻吴淞口炮台，英勇作战，最后身负重伤，喷血而亡；老将冯子材反击法国侵略军；文臣王鼎以死苦谏，反对议和，希图感动道光皇帝；北洋官兵与日军血战大东沟；广东三元里乡民，用大刀、长矛、钉耙、锄头等原始武器，合力抗击英国侵略者；五四运动中热血青年抵制巴黎和会……抗敌御辱、精忠报国的爱国主义思想震惊世界。中国近代的爱国主义者为了国家发展、民族兴盛，不屈不挠，学习西方精神，探索救国道路。受林则徐的影响，魏源编制《海国图志》，探求中弱西盛之理，提出了"师夷长技以制夷"思想；洪仁玕在《资政新篇》中系统提出了学习西方先进经验和技术；洋务派正视"千古之变局"，提倡"自强"和"求富"并举；陈炽主张"以工商立国"；孙中山强调发展实业，将经济发展视为救亡图存的根本。一场场气壮山河的斗争，体现了中华儿女争取民族独立、国家富强的爱国主义精神，增强了民族凝聚力、向心力，成为维护国家统一、捍卫民族尊严的伟大精神力量。正如《义勇军进行曲》的歌词所展示的，维护国家统一的爱国主义精神震撼人心，惊天地泣鬼神，是中华民族不断发展壮大的动力之源。

忠贞爱国思想是中华优秀传统文化的核心内容，体现了历代炎黄子孙对国家的赤诚之心。几千年的历史反复验证，诸如"匈奴未灭，何以家为"的霍去病等忠贞爱国之者，流芳百世，被世人所推崇。叛国投敌的汪精卫等历史反动人物，遗臭万年，被世人所唾弃。在忠贞爱国思想的激励下，无数英雄人物谱写了爱国的激昂旋律，筑起了为国献身的不朽丰碑，是中华民族生生不息、发展壮大的持久力量，是凝聚中华儿女向心力的思想源泉，是涵养大学生家国情怀的宝贵思想资源。

三、责任伦理精神

"每一个在道德上有价值的人，都要有所承担，不负任何责任的东西，不是人而是物。"[1] 责任是人特有的存在方式，源于人的社会属性。作为创造历史活动的主体，人是社会存在物，人的行为和活动要遵循一定的客观规律，而责任会对人产生一定的强制力和约束力。责任包含行为主体分内应做之事，也包含行为主体未做好分内之事应承担的过失，是行为主体对社会应承担行为及对自己行为或过失承担后果的一种义务。马克思指出，人作为现实中的人，每个人都有自己的规定、使命和任务。这些所谓的规定、使命和任务，指的就是人生活在物质世界中，要进行一定的社会交往和实践活动所必然要承担的责任，这是人的生存需要和社会历史发展需要所客观存在的。在绚烂的中华优秀传统文化中，诸子百家熠熠生辉。古往今来，众多圣贤在自己的研究中，对于责任的主体、体现和传承有相关论述，形成了独具中国特色的责任伦理精神。

一是"天下己任"——国家层面的责任情怀。"大道之行也，天下为公。"从先秦的"士君子"，到汉代的士大夫，都强调个人将天下大事

1　[德]康德著. 苗力田译. 道德形而上学原理 [M]. 上海：上海人民出版社，1986：6.

作为自己的责任，"君子自任以天下为重"，民众是社会的主体，都有为国家尽责的义务和使命。西周时期，为了定亲疏、绝嫌疑，建立了一套完备的礼乐制度。经济和政治上的典章制度，依靠各种礼的举行来确定。通过加强宗法制度和礼乐，明确规定了君主、诸侯、大臣、庶民的社会责任，强化了君权、族权、夫权和神权。诗经《黍离》记载："彼黍离离，彼稷之苗，行迈靡靡，中心摇摇。知我者，谓我心忧；不知我者，谓我何求。悠悠苍天，此何人哉？"东周的大夫经过故都镐京，原来的宫殿变成禾黍之地，感叹故国衰亡，展现了对故国的怀恋和深沉的悲怆。"君子忧道不忧贫，更忧三代文明、周代礼乐失传"，一生致力于维护文武周公之道，恢复周代礼乐制度的孔子，在《论语·颜渊》中说到"君君臣臣父父子子"，指出君臣父子有各自的身份等级和社会责任，各级尽职、守礼和负责，国家才能长治久安。孔子曾经回答子路何为君子之问，曰："修己以安百姓，尧、舜其犹病诸。"[1] 孔子一生都将"济世安民"作为自己的追求，终怀济众治平的理想，为了天下推崇"博施于众"。孟子忧虑于自己所处的时代，"生于忧患，死于安乐""舍我其谁？"，体现了他的救世之心、现世关怀和心系天下的责任情怀。历史塑造了无数"以天下为己任"的英雄豪杰。如曾子的"为人谋而不忠乎？"，南宋岳飞"精忠报国"的爱国举动，明朝顾炎武"保天下者，匹夫之贱，与有责焉耳矣"。[2] 清末民初梁启超说道："一家之人各放弃其责任，则家必落；一国之人各放弃其责任，则国必亡；全世界人之各放弃其责任，是世界必毁。"[3] 人人都应该承担起对家庭、国家和世界的责任。李大钊"铁肩担道义"，周恩来立志"为中华崛起而读书"等等，都体现了以天下为己任的责任担当精神和为国分忧、奉献自我的历史使命意识。而且自古以来，中国都将"大同社会"作为最高理想追求。先秦道家"小国寡民"的理想社会蓝图，儒家"老有所终，壮有所用，幼

1　芳园. 论语全鉴（耀世典藏版）[M]. 天津：天津人民出版社，2015：222.
2　顾炎武. 日知录 [M]. 兰州：甘肃出版社，1997：594.
3　梁启超. 饮冰室文集 [M]. 上海：中华书局，1989：74.

有所长"的大同社会，到近代"无邦国，先帝王，人人平等，天下为公"的未来社会美景，无数圣贤达人为了国家统一和勇担大责，探索救国救民、国富民强的各种道路，展现出了"天下兴亡，匹夫有责"的责任担当、爱国爱民的责任情怀、兼济天下的理想抱负。"家事国事天下事"，家国情怀也是每个中国人的共同情怀，需要每一个人将自己的命运和国家前途命运紧密相连，担当起自己的责任，为国家的统一发展贡献自己的智慧力量，继续谱写已绵延不绝5000多年的中华文明史。

二是"仁爱之心"——社会层面的责任意识。人的存在是一种类存在。人并非单纯的生物人，具有社会属性，是生活在一定社会关系中的社会人。在社会关系中，人需要处理好个体与家庭、社会和国家之间的关系，承担好相应角色，履行相关社会责任和义务。中国古代社会，突出修己安人和仁爱思想，在宗法制度的影响下，重视家庭及其成员之间的责任关系。《尚书》提出"五教"：父义、母慈、兄友、弟恭、子教，孟子提出的"五伦"思想和董仲舒提出的"三纲五常"，体现了父子、君臣、夫妇、长幼、朋友之间的责任思想，处于社会关系网中的每个人都有自己相应的责任角色，不尽责就会受到谴责和惩罚。儒家推崇"仁"，并将仁爱思想从宗族间的血亲之爱推广延伸到整个社会的博爱。在家国一体的社会中，更多指亲情之爱。"君子笃于亲，则民兴于仁"，君王对自己的亲眷忠厚深情，具有"仁德"的表率作用，可以带动普通民众践行仁德。随着分封制展开，仁爱突破血亲氏族关系，扩大到整个社会群体，人们以仁爱之心对待一切人。孔子说仁者"爱人"，提出"忠、恕"是实施仁的途径，"己所不欲，勿施于人"，推己及人，将心比心。孟子提出"恻隐之心，仁也"，将同情心作为爱人的基础，突出了人本性善；提出兼爱非攻，主张天下博爱。南宋朱熹提出："尽己之谓忠，推己之谓恕。"[1] 爱人要对人尽心尽力，是为忠，用自己的心推及他人就是恕。"人而无信，不知其可也"，人在交往中要讲究诚信和信

1　韩寿山，徐文艳. 修身齐家治国平天下诗文绝唱镜鉴 [M]. 北京：东方出版社，2017：43.

誉，否则无法立身处世。中国传统社会的交往责任，有助于人们在遵守社会道德的基础上爱人，履行道德责任义务，在人际交往中，以诚相待，以善和正义为行动导向，养成道德自觉，维持平等有序的交往关系，建立健康和谐人际关系。中华优秀传统文化中的社会责任文化底蕴丰厚，传承至今，是现代社会接纳人、关心人和感恩人的精神源泉。

三是"修齐治平"——个人层面的责任担当。《大学》开宗明义指出："大学之道，在明明德，在亲民，在止于至善。"[1] 个体在社会中自身的价值和意义，要在对道德和人格的追求中实现。这种实现不仅包括个体对家庭、社会和国家的责任情怀，也包含生命个体对自身的责任担当。"克明俊德""为政以德"，中华优秀传统文化中一直强调修身立德、向上向善，将对道德的追求作为人生终极目标。中国儒释道文化都重视"修己"，家庭是由一个个具体的个人组成，一个人要注重对自我品行、自我责任、真善美的修行、修炼，使自己的言行举止合乎法度和义理，才能将家庭、国家和天下有机统一起来，从家庭走向社会，进而兼济天下。曾子因"日三省吾身"而备受孔子推崇。也正如王安石所讲"学所以修身也，身修则无不治矣。孟子说"心之官则思"，人要勤于思考，善于学习，主张推己及人，博施济众，帮助他人。儒家以齐家为立世之本，注重"人性"与"情感"，齐家的真谛在于夫妇互敬互爱，父子母女上慈下孝，兄弟姐妹恭谨悌顺，朋友忠贞信义，选贤举能，讲信修睦，治理国家，实现平天下，使民众安居乐业、远离战争，不仅是统治者的责任，也是广大民众的责任。从《周易》中的"天行健，君子以自强不息"、《汉书》中刘备的"勿以善小而不为，勿以恶小而为之"到屈原的"路漫漫其修远兮，吾将上下而求索"、梁启超的"这个社会尊重那些为它尽到责任的人"，都体现了君子的责任担当精神和对理想信念的不懈追求。《诫伯禽书》《颜氏家训》《增广贤文》《朱子治家格言》《曾国藩家书》等书籍都告诫人们提高个人修养，注重家风建设，修齐

1　韩维志译评. 大学　中庸［M］. 长春：吉林文史出版社，2001：1.

治平。

中华优秀传统文化中的责任伦理精神，激励人们在人格养成、心性修为上都达到"人皆可以为尧舜"，成为品行端正、知行合一、敢于担当的君子，从而更好处理人与人之间的各种关系，履行道德职责和义务，为国家的发展贡献力量，是家国情怀思想的重要组成部分，为新时代大学生家国情怀培育提供了文化滋养。

第三章　新时代大学生家国情怀培育实证研究与案例分析

当前我国以大学生家国情怀作为研究对象的学术成果慢慢开始增多，但通常散见于一般的期刊文章中，研究的系统性仍需进一步加强。本书在充分借鉴已有研究成果的基础上，通过编制反映大学生家国情怀培育现状的调查问卷，深入调查了解大学生家国情怀状况、家国情怀培育状况，并运用软件中的探索性因子分析方法和验证性因子分析方法来分析、提炼和验证家国情怀的五个核心构成要素，对当前大学生家国情怀浓郁和薄弱的案例进行分析，并结合实证研究分析当前大学生家国情怀培育取得的成效和存在的困境。

第一节　实证遴选验证大学生家国情怀的构成要素

就大学生家国情怀培育问题而言，实证研究就是尽可能广泛地收集大学生在家国情怀方面的表现资料。本书从文献追溯、教师和学生访谈中提取和遴选大学生家国情怀构成要素，并形成调研问卷。运用软件中的探索性因子分析方法和验证性因子分析方法分析、提炼家国情怀的五个核心构成要素，进而验证前文提出的家国情怀核心构成要素理论模型假设的科学性和合理性。

一、研究方案设计

（一）研究目的

理论开展是实证研究的基础。在前期理论研究的基础上，通过实证分析研究，一方面从文献追溯、教师和学生访谈中提取和遴选大学生家国情怀构成要素，进行理论构建，征求专家建议，形成《新时代大学生家国情怀培育调查初始问卷》；另一方面，对调查初始问卷进行小范围预调研，通过数据分析，信效度检测，形成正式的《新时代大学生家国情怀培育调查问卷》。

（二）研究对象

本书采用整群分层抽样的调查方式。抽样调查作为调查研究中较为常见的方式，"是按照随机原则从总体中抽取一部分单位进行调查或观察，并依据所获得的数据对总体的数字特征做出具有一定可靠程度的估计判断，从而达到对总体的认识"。[1] 首先，本书的研究对象主要是指全日制高校的专科生、本科生和硕士研究生。但是大学生家国情怀培育是一个整体的、系统性工程，高校的思想政治教育专家、思想政治理论课教师和思想政治教育管理者，对大学生家国情怀培育存在的问题、策略等问题有较为深刻的见解。因此，本书实证研究的总体对象是新时代高校大学生以及高校思想政治教育专家、教师和管理者。其次，研究要确定抽样样本。本书在文献资料梳理的过程中，形成了"马克思主义理论专家及学者咨询问卷"（见附录1）、"思想政治教育教师、管理者访谈提纲"（见附录2）、"在校大学生访谈提纲"（见附录3），在征求10名思想政治教育专家、访谈30名思想政治理论课教师和管理者、访谈60名在校大学生的基础上，形

1　戴钢书. 思想政治教育统计研究方法论 [M]. 北京：人民出版社，2005：182.

成了《新时代大学生家国情怀培育调查初始问卷》（见附录4），并通过150份问卷预调研，经过数据分析，信效度检测，对初始问卷进行修改、完善，形成正式的《新时代大学生家国情怀培育调查问卷》（见附录5），最终正式问卷选取了东中西部不同层次高校的1500名高校大学生作为调查研究对象。

（三）研究工具

本书的分析统计工具使用 SPSS 25.0 for Windows。

（四）研究过程

1. 从文献资料中获得家国情怀的构成要素

家国情怀培育是个系统性问题，但有关家国情怀构成要素的研究较为分散。通过对相关文献的梳理分析，初步将家国情怀确定为一个心理过程，家国情怀主要由家国认知、家国情感、家国意志、家国信念和家国行为五个基本要素构成。在此基础上形成了"马克思主义理论专家及学者咨询问卷"（附录1）、"思想政治教育教师、管理者访谈提纲"（附录2）、"在校大学生访谈提纲"（附录3）。

2. 从访谈信息中获得家国情怀的构成要素

本研究根据"思想政治教育教师、管理者访谈提纲"（附录2）、"在校大学生访谈提纲"（附录3），访谈了30名高校思想政治理论课教师和管理者、60名在校大学生，并对访谈信息进行了梳理。对于大学生家国情怀，既有单一条目的描述，也有相互交织的描述。经过反复阅读，在深刻理解被调查者个人意愿的基础上，对两个渠道收集的访谈信息进行了筛选，对出现的同义和近义条目进行了合并，并提炼和统计了出现频次较高的条目，如表3-1所示。

表3-1　家国情怀构成要素的出现频次统计

序号	条目	出现频次
1	大学生要了解国家历史	20
2	大学生要了解家风的传承	16
3	大学生要有正确的世界观、人生观、价值观	27
4	大学生要爱家、爱国	36
5	大学生要感恩父母和家人	32
6	大学生以国家快速发展而自豪和骄傲	21
7	大学生的个人理想要与国家的前途、命运相结合	12
8	大学生要懂得克服困难去爱家和爱国	15
9	大学生不允许别人诋毁自己的家庭和国家	17
10	大学生坚信中华民族伟大复兴的中国梦一定会实现	30
11	大学生相信祖国明天会更好	21
12	大学生对自己的家庭和家乡发展充满希望	23
13	当个人利益与国家利益相冲突时，应以国家利益为重	33
14	大学生应善于运用自己所学的知识报效祖国和家乡	12
15	大学生要成为对社会有用的人	11
16	大学生应成为遵纪守法的合格公民	19

根据表中的统计可以看出，从访谈信息中提取梳理的条目是对家国情怀构成要素的诠释，与从文献梳理中所获得的家国情怀构成要素有着内在的维度一致性。表3-1中的第1—3诠释了大学生家国情怀中的家国认知，第4—6诠释了大学生家国情怀中的家国情感，第7—9诠释了大学生家国情怀中的家国意志，第10—12诠释了大学生家国情怀中的家国信念，第13—16诠释了大学生家国情怀中的家国行为。

3. 通过咨询专家完善家国情怀的构成要素

本研究设置了"马克思主义理论专家及学者咨询问卷"（附录1），依托咨询问卷，通过电话咨询、电子邮件、当面访谈等途径，咨询了10

名马克思主义理论专家及学者，征求他们对于家国情怀的界定、家国情怀构成要素的理论构想等意见。收到的 10 份回复中，有 8 份对家国情怀的界定表示基本支持和同意，有 2 份咨询回复中建议将家国意志和家国信念合并成一个维度。

4. 通过小范围预调研完善家国情怀的构成要素

作者通过文献梳理、咨询马克思主义理论专家建议、访谈思想政治教育教师、管理者和在校大学生，形成了《新时代大学生家国情怀培育调查初始问卷》（附录 4），并在广西师范大学、桂林理工大学、桂林电子科技大学 3 所高校，发放了 150 份问卷进行预调研，对回收问卷进行编码，建立数据库，运用 SPSS 25.0 for Windows 进行探索性因素分析、验证性因素分析、信效度检验等，剔除相关性不大的问题设置，进而获得大学生家国情怀构成要素的理论构想，并在此基础上形成正式调查问卷。

《新时代大学生家国情怀培育调查初始问卷》（附录 4）共发放 150 份，回收 150 份，删除多选或漏选题项等无效问卷，其中有效问卷 143 份，有效率 95.33%，具体发放回收情况如表 3-2 所示：

表 3-2   《新时代大学生家国情怀培育调查初始问卷》发放、回收情况

序号	地点	发放问卷	回收问卷	有效率
1	广西师范大学	40	40	95%
2	桂林理工大学	70	70	97.1%
3	桂林电子科技大学	40	40	92.5%
合计		150	150	95.33%

通过对预调研样本的人口学特征分析，可以得知：从性别上看，男生 74 人，占比 51.75%，女生 69 人，占比 48.25%；从民族上看，少数民族 41 人，占比 28.67%，非少数民族 102 人，占比 71.33%；从所属地上看，乡镇、农村 115 人，占比 80.42%，城市、县城 28 人，占比

19.58%；从政治面貌上看，中共党员（含预备党员）16 人，占比11.19%，共青团员 59 人，占比 41.26%，民主党派人士 2 人，占比1.4%，群众 66 人，占比 46.15%；从学历上看，专科 8 人，占比5.59%，本科 117 人，占比 81.82%，硕士及以上 18 人，占比 12.59%；从专业上看，文史类 37 人，占比 25.87%，理工类 94 人，占比65.73%，其它类型专业 12 人，占比 8.39%；从信仰上看，共产主义 94人，占比 65.73%，宗教 1 人，占比 0.7%，48 人没有明确信仰，33.57%。具体结果如表 3-3 所示：

表3-3　《新时代大学生家国情怀培育调查初始问卷》的人口学特征

名称	选项	频数	百分比（%）
性别	男	74	51.75
	女	69	48.25
民族	少数民族	41	28.67
	非少数民族	102	71.33
所属地	乡镇、农村	115	80.42
	城市、县城	28	19.58
政治面貌	中共党员（含预备党员）	16	11.19
	共青团员	59	41.26
	民主党派人士	2	1.4
	群众	66	46.15
学历	专科	8	5.59
	本科	117	81.82
	硕士及以上	18	12.59
专业	文史类	37	25.87
	理工类	94	65.73
	其他	12	8.39
信仰	共产主义	94	65.73
	宗教	1	0.7
	没有明确信仰	48	33.57
合计		143	100.0

二、探索性因子分析

探索性因子分析法是一项用来"找出多元观测变量的本质结构，把一些具有复杂关系的变量综合为少数几个核心因子的一种多元统计方法"。[1] 本书通过探索性因子分析来对前文中通过文献梳理、咨询专家、访谈内容所确定的大学生家国情怀构成要素进行旁证和修正。具体结果如下：

表 3-4   KMO 和 Bartlett 的检验

KMO 值		0.829
Bartlett 球形度检验	近似卡方	4134.927
	df	325
	p 值	0.000

按照公认的度量标准，我们首先对预调研数据进行 Kaiser-Meyer-Olkin 检验（以下简称 KMO）和 Bartlett 检验（以下简称球形检验）。KMO 可以用于比较变量间简单相关系数和偏相关系数的指标，球形检验借以检验各个变量之间的相关性程度。KMO 和球形检验可以检验数据是否适合做因子分析。通常情况下，若 KMO 值高于 0.8，则说明非常适合进行因子分析；如果此值介于 0.7—0.8 之间，则说明比较适合进行因子分析；如果此值介于 0.6—0.7，则说明可以进行因子分析；如果此值小于 0.6，说明不适合进行因子分析。如果球形检验对应 p 值小于 0.05 也说明适合进行因子分析。上表结果显示：KMO 为 0.829，大于 0.8，满足因子分析的前提要求，意味着数据可用于因子分析研究，并且数据通过 Bartlett 球形度检验（p<0.05），进一步说明总体的相关矩阵间有共同因素存在，研究数据适合进行因子分析。

---

1   戴钢书. 思想政治教育统计研究方法论 [M]. 北京：人民出版社，2005：182.

　　碎石图能比较直观地反映各个因子所包含信息多少的情况。从图3-1可以看到：从第5个因素以后，坡度线呈现平坦趋势。因此，本研究提取5个因子较为合适。

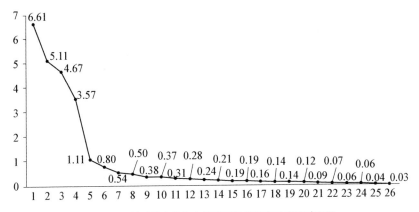

图3-1　新时代大学生家国情怀构成因素量表的碎石图

表3-5　第一次探索性因子分析结果

名称	因子载荷系数					共同度（公因子方差）
	因子1	因子2	因子3	因子4	因子5	
1. 我自己具有家国情怀。	0.918	0.003	0.018	0.042	0.050	0.846
2. 我认为家国情怀不仅在于爱家，还要爱自己的故乡、社会、国家和人民。	0.840	−0.003	0.030	0.007	0.166	0.735
3. 我认为家是最小的国，国是千万家。	0.938	−0.019	0.041	0.041	0.033	0.885
4. 我对所在家庭家风有较为清晰的认知。	0.904	−0.041	0.016	0.013	0.030	0.820
5. 我对故乡的历史发展有一定认知。	0.922	−0.004	0.033	0.017	0.030	0.853
6. 我对维护国家利益和荣誉的先进人物事迹有一定了解。	0.877	0.016	0.045	−0.025	−0.038	0.774

名称	因子载荷系数					共同度（公因子方差）
	因子 1	因子 2	因子 3	因子 4	因子 5	
7. 我热爱自己的家庭。	−0.053	0.895	0.013	0.017	−0.005	0.804
8. 我对乡土文化具有无限热爱的情感，对本土先民心怀崇敬，乡里乡亲成员之间尊重友爱。	−0.050	0.895	−0.012	−0.016	−0.070	0.808
9. 我有强烈的国家认同感和归属感。	0.073	0.956	0.030	0.019	0.032	0.921
10. 我为自己是一名中国人而感到无比骄傲和自豪。	0.017	0.971	0.048	0.006	0.030	0.946
11. 中华文化源远流长，我热爱和欣赏祖国的文化。	−0.013	0.964	0.097	0.032	0.042	0.941
12. 我立志为家族兴旺而努力奋斗。	0.078	0.040	−0.120	0.424	0.817	0.869
13. 我愿意与家乡荣辱与共。	0.107	−0.010	−0.057	0.411	0.804	0.831
14. 我愿意为中华民族伟大复兴贡献自己的力量。	−0.075	0.374	−0.039	0.573	0.322	0.580
15. 当生活中遇到困难挫折时，家国情怀激励我直面挫折、战胜困难。	0.129	−0.020	−0.021	0.424	0.824	0.876
16. 只要祖国需要，我会随时听候祖国召唤。	−0.004	0.040	−0.064	0.346	0.858	0.862
17. 我认为家国情怀对家庭和睦、国家和谐、世界和平具有重要意义。	0.042	0.022	−0.068	0.818	0.297	0.765
18. 我坚信可以处理好个人与家庭成员之间的关系，爱护、关心、帮助自己的家人，从而达到家庭关系和谐和睦。	0.057	−0.083	−0.036	0.872	0.347	0.892

名称	因子载荷系数					共同度（公因子方差）
	因子 1	因子 2	因子 3	因子 4	因子 5	
19. 我对故乡未来的发展充满美好向往和憧憬。	0.025	−0.005	−0.132	0.873	0.281	0.860
20. 我对中国特色社会主义道路、理论、制度、文化充满信心。	−0.006	−0.017	−0.132	0.879	0.208	0.834
21. 我坚信一定会实现中华民族伟大复兴的中国梦。	−0.102	0.068	0.515	0.057	−0.253	0.347
22. 我会自觉承担对于家庭的责任和义务。	0.049	0.060	0.770	−0.144	−0.040	0.622
23. 毕业后，我会为家乡的发展奉献力量。	0.076	0.007	0.903	−0.055	0.028	0.824
24. 我能做一个遵纪守法的好公民。	0.055	0.020	0.922	−0.109	0.022	0.865
25. 我时刻关注中国国情政策的变化。	0.047	−0.041	0.907	−0.067	−0.050	0.834
26. 当个人利益与国家利益相冲突时，我会以国家利益为重。	0.057	0.047	0.932	−0.063	0.000	0.879
特征根值（旋转前）	6.610	5.113	4.673	3.570	1.106	—
方差解释率%（旋转前）	25.421%	19.664%	17.974%	13.730%	4.254%	—
累积方差解释率%（旋转前）	25.421%	45.086%	63.060%	76.790%	81.044%	—
特征根值（旋转后）	4.949	4.551	4.299	3.996	3.276	—
方差解释率%（旋转后）	19.036%	17.504%	16.534%	15.369%	12.601%	—
累积方差解释率%（旋转后）	19.036%	36.540%	53.074%	68.443%	81.044%	—

以因子载荷数大于 0.6 作为划分依据，对 26 项因素进行维度的划

分，并进行共同度检验，如果有题项在 5 个因子中的因子载荷数均小于 0.6，应予以删除；在共同度检验中，如果有题项的共同度低于 0.4，说明该题项对应关系与预期严重不符，则可对该题项进行删除。从上表第一次探索性因子分析结果可以看到，第 14 题：我愿意为中华民族伟大复兴贡献自己的力量，该题在 5 个因子上的载荷数均小于 0.6，所以删除该项；第 21 题：我坚信一定会实现中华民族伟大复兴的中国梦，该项共同度小于 0.4，所以删除该项。

表 3-6　最终探索性因子分析结果

名称	因子载荷系数					共同度（公因子方差）
	因子 1	因子 2	因子 3	因子 4	因子 5	
1. 我自己具有家国情怀。	0.917	0.006	0.029	0.054	0.047	0.846
2. 我认为家国情怀不仅在于爱家，还要爱自己的故乡、社会、国家和人民。	0.841	−0.006	0.044	0.167	−0.007	0.737
3. 我认为家是最小的国，国是千万家。	0.938	−0.017	0.048	0.044	0.039	0.885
4. 我对所在家庭家风有较为清晰的认知。	0.902	−0.036	0.030	0.029	0.029	0.818
5. 我对故乡的历史发展有一定认知。	0.923	−0.004	0.036	0.047	0.006	0.856
6. 我对维护国家利益和荣誉的先进人物事迹有一定了解。	0.877	0.014	0.062	−0.051	−0.011	0.776
7. 我热爱自己的家庭。	−0.055	0.895	0.009	−0.006	0.008	0.805
8. 我对乡土文化具有无限热爱的情感，对本土先民心怀崇敬，乡里乡亲成员之间尊重友爱。	−0.051	0.898	−0.026	−0.057	−0.028	0.814
9. 我有强烈的国家认同感和归属感。	0.071	0.959	0.027	0.033	0.011	0.927

续 表

名称	因子载荷系数					共同度（公因子方差）
	因子 1	因子 2	因子 3	因子 4	因子 5	
10. 我为自己是一名中国人而感到无比骄傲和自豪。	0.015	0.972	0.045	0.030	−0.007	0.948
11. 中华文化源远流长，我热爱和欣赏祖国的文化。	−0.015	0.964	0.087	0.052	0.006	0.939
12. 我立志为家族兴旺而努力奋斗。	0.076	0.041	−0.110	0.855	0.354	0.875
13. 我愿意与家乡荣辱与共。	0.105	−0.007	−0.056	0.856	0.332	0.857
15. 当生活中遇到困难挫折时，家国情怀激励我直面挫折、战胜困难。	0.126	−0.020	−0.007	0.856	0.355	0.876
16. 只要祖国需要，我会随时听候祖国召唤。	−0.008	0.042	−0.048	0.880	0.284	0.859
17. 我认为家国情怀对家庭和睦、国家和谐、世界和平具有重要意义。	0.036	0.035	−0.073	0.367	0.787	0.762
18. 我坚信可以处理好个人与家庭成员之间的关系，爱护、关心、帮助自己的家人，从而达到家庭关系和谐和睦。	0.052	−0.074	−0.040	0.418	0.834	0.880
19. 我对故乡未来的发展充满美好向往和憧憬。	0.017	0.016	−0.132	0.345	0.868	0.890
20. 我对中国特色社会主义道路、理论、制度、文化充满信心。	−0.014	0.001	−0.125	0.260	0.887	0.871
22. 我会自觉承担对于家庭的责任和义务。	0.040	0.064	0.778	−0.077	−0.120	0.632

名称	因子载荷系数					共同度（公因子方差）
	因子1	因子2	因子3	因子4	因子5	
23. 毕业后，我会为家乡的发展奉献力量。	0.063	0.016	0.915	−0.009	−0.026	0.841
24. 我能做一个遵纪守法的好公民。	0.044	0.026	0.930	−0.014	−0.090	0.875
25. 我时刻关注中国国情政策的变化。	0.036	−0.031	0.909	−0.076	−0.044	0.836
26. 当个人利益与国家利益相冲突时，我会以国家利益为重。	0.046	0.053	0.936	−0.028	−0.048	0.884
特征根值（旋转前）	6.212	5.076	4.477	3.446	1.078	—
方差解释率%（旋转前）	25.884%	21.151%	18.655%	14.357%	4.493%	—
累积方差解释率%（旋转前）	25.884%	47.034%	65.689%	80.046%	84.539%	—
特征根值（旋转后）	4.921	4.423	4.088	3.527	3.330	—
方差解释率%（旋转后）	20.503%	18.431%	17.034%	14.695%	13.876%	—
累积方差解释率%（旋转后）	20.503%	38.934%	55.969%	70.664%	84.539%	—

剔除掉第14、21两个题项以后，对剩下的24个题项再次进行探索性因子分析，具体结果如上表：1—6题在第一个因子上有较大的载荷，可以归为一类，命名为家国认知因子；7—11题在第二个因子上有较大的载荷，可以归为一类，命名为家国情感因子；22—26题在第三个因子上有较大的载荷，可以归为一类，命名为家国行为因子；12、13、15、16题在第四个因子上有较大的载荷，可以归为一类，命名为家国意志因子；17—20题在第五个因子上有较大的载荷，可以归为一类，命名为家国信念因子。通过探索性因子分析可以了解到，结果与之前本书通过文献资料梳理、教师和学生访谈中所总结出的新时代大学生家国情怀构

成因素结构相符，说明本书的新时代大学生家国情怀量表具有合理性。

三、验证性因子分析

验证性因子分析（confirmatory factor analysis，CFA）是用于测量因子与测量项（量表题项）之间的对应关系是否与研究者预测保持一致的一种研究方法。与验证性因子分析（CFA）相对应的为探索性因子分析（EFA），二者的区别在于，验证性因子分析（CFA）用于验证对应关系，探索性因子分析（EFA）用于探索因子与测量项（量表题项）之间的对应关系。在验证性因子分析中，通常用卡方自由度比值（CMIN/DF）来评价一个模型拟合的好坏。一般来说，当卡方自由度比值小于 2 时，表示模型适配度较好。当比值介于 1—3 之间表示良好。增值适配指数（IFI）、非规准适配指数（TLI）、比较适配指数（CFI）均介于 0—1 之间，越接近 1 表示模型适配度越好。渐进残差均方和平方根（RMSEA）数值小于 0.05 则表明模型适配度非常好，在 0.05—0.08 之间表示适配良好。[1]

表 3-7　模型拟合指标

常用指标	χ^2	df	p	卡方自由度比 χ^2/df	IFI	TLI	CFI	RMSEA
判断标准	—	—	>0.05	<3	>0.9	>0.9	>0.9	<0.10
值	490.104	242	0.000	2.025	0.938	0.929	0.938	0.085

本书通过验证性因子分析来检验五因素模型的适配情况，从上表结果可知：五因素模型的卡方自由度、增值适配指数、非规准适配指数、比较适配指数、渐进残差均方和平方根均达到统计学上的标准。因此，本书认为大学生家国情怀的构成模型为五因素模型。

1　吴明隆. 结构方程模型——AMOS 的操作与应用 [M]. 重庆大学出版社，2009：40—48.

四、研究的信效度检验

（一）信度检验

在此次调查中，本书对问卷量表使用的信度分析方法为 α 信度系数法，即科隆巴赫信度系数法，用于评价问卷的内部一致性。A 取值范围为 $0 < \alpha < 1$，α 系数越高，信度越高，问卷的内部一致性越好，Cronbach'α 系数不仅适用于两级计分的问卷，还适用于多级计分的问卷，其计算公式如下：

$$\alpha = \left(\frac{k}{k-1}\right)\left(1 - \frac{\sum S_i^2}{S_x^2}\right)$$

其中，α 为信度系数，k 为测验题目总分，S_i^2 是某一题目得分的方差，S_x^2 是整个测验分数的方差。

在基础研究中，信度至少应达到 0.80 才可接受，在探索性研究中，信度只要达到 0.70 就可接受，介于 0.70—0.98 均属可接受信度，即表明这些题项具有良好的内部一致性和稳定性，从而反映出该量表具有较高的可靠性。而低于 0.35 则为低信度，必须予以拒绝。

表 3-8　新时代大学生家国情怀量表的信度检验结果

维度	总体	家国认知	家国情感	家国意志	家国信念	家国行为
Cronbach'α 系数	0.831	0.954	0.966	0.944	0.938	0.941

从上表可知，总体信度系数值为 0.831，大于 0.8，且分维度的信度系数值均大于 0.9，因而说明研究数据信度质量很高。

（二）效度检验

效度即有效性，它是反映测量工具能测出所要测量特质的程度，测量结果和要考察的内容越接近和吻合，说明效度越高，反之，效度就越低。本书从聚合效度、区分效度、结构效度和内容效度等方面进行检验。

1. 聚合效度

聚合效度可以验证强调本应该在同一因子下面的测量项，确实在同一因子下面。通常通过 AVE（平均方差萃取）和 CR（组合信度）用于聚合效度（收敛效度）分析；AVE 大于 0.5 且 CR 值大于 0.7，则说明聚合效度较高。

表 3-9　模型 AVE 和 CR 指标结果

Factor	平均方差萃取 AVE 值	组合信度 CR 值
家国认知	0.772	0.953
家国情感	0.851	0.966
家国意志	0.815	0.946
家国信念	0.794	0.939
家国行为	0.769	0.943

本次针对共 5 个因子，以及 24 个分析项进行验证性因子分析（CFA）。从上表可知，共 5 个因子对应的 AVE 值均大于 0.5，且 CR 值均高于 0.7，意味着本次分析数据具有良好的聚合（收敛）效度。

2. 区分效度

区分效度可以验证强调本不应该在同一因子的测量项，确实不在同一因子下面。通常通过 AVE 平方根值和相关分析结果对比得到，如果某因子 AVE 平方根值，大于该因子与其它因子的相关系数绝对值，并且所有因子均呈现出这样的结论，则说明具有良好的区分效度。

表 3 - 10　区分效度：Pearson 相关与 AVE 平方根值

	家国认知	家国情感	家国意志	家国信念	家国行为
家国认知	0.879				
家国情感	−0.014	0.922			
家国意志	0.131	0.025	0.903		
家国信念	0.059	−0.007	0.685	0.891	
家国行为	0.092	0.057	−0.124	−0.183	0.877

通过上表的区分效度分析结果可知，针对家国认知，其 AVE 平方根值为 0.879，大于因子间相关系数绝对值的最大值 0.131，意味着其具有良好的区分效度。针对家国情感，其 AVE 平方根值为 0.922，大于因子间相关系数绝对值的最大值 0.057，意味着其具有良好的区分效度。针对家国意志，其 AVE 平方根值为 0.903，大于因子间相关系数绝对值的最大值 0.685，意味着其具有良好的区分效度。针对家国信念，其 AVE 平方根值为 0.891，大于因子间相关系数绝对值的最大值 0.685，意味着其具有良好的区分效度。针对家国行为，其 AVE 平方根值为 0.877，大于因子间相关系数绝对值的最大值 0.183，意味着其具有良好的区分效度。综合来看，各因子之间具有较好的区分效度。

3. 结构效度

结构效度一般指测量结果反映的所要测量的理论结构和特质的程度，体现实验和理论之间的一致性。通常采用因子分析方法，需要从用于测量的所有题项中提取公因子。提取出的公因子会与题项中的某些变量存在较高的相关度，通过验证，这些公因子就是量表的基本结构。通过前文的验证性因子分析结果显示，大学生家国情怀构成要素的五因素模型具有良好的结构效度。

4. 内容效度

由于对大学生家国情怀构成要素的研究还处于进行时状态，作者通过查阅国内外参考文献，尚未发现有对大学生家国情怀构成要素进行系统分析的理论，或者直接对大学生家国情怀构成要素进行测量的成熟量表。因此，在研究的过程中，本书作者通过咨询专家学者、访谈思想政治理论课教师、思想政治教育管理者、大学生等，并查阅了大量与"家国""情怀""家国情怀培育"等相关的文献资料，从不同视域和主体角度出发，对大学生家国情怀构成要素提出理论构建、问卷编制、小范围预调研、正式施测，通过对预调研的数据进行探索性因子分析、验证性因子分析和信效度检验等，从而使正式施测的题目和预测内容能保持最大限度的一致性，使问卷内容能有效反映本研究的测试目标。

五、新时代大学生家国情怀构成要素模型

本书从实证的角度验证了大学生家国情怀主要构成要素的合理性，认为家国情怀是一个二阶五因子结构，即一阶因子为"家国情怀"，二阶五因子为"家国认知、家国情感、家国意志、家国信念、家国行为"。

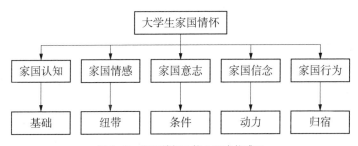

图 3-2 家国情怀的核心要素构成图

第二节 新时代大学生家国情怀培育的问卷调查设计分析和案例分析

关于实证研究，目前学界常用的研究方法大致有文献研究法、访谈法、观察法、问卷法、试验法等，每种方法各有优缺点。针对一个研究

问题，选择合适的研究方法至关重要。本书以新时代大学生家国情怀培育状况为主题开展实证研究，涉及的学生范围较广，覆盖面较大，因此，采用了文献法、访谈法和问卷法，对大学生家国情怀现状进行了调研，分析新时代大学生家国情怀总体状况，并对新时代大学生家国情怀具体案例进行了剖析。

一、问卷设计及调查的基本情况

本书通过查阅文献资料，收集国内外关于家国情怀培育方面的有效资料；通过访谈法，了解思想政治理论课教师、思想政治教育管理者和新时代大学生关于家国情怀培育的相关看法；通过问卷法，在全国高校中选择部分高校大学生进行实证调研，了解大学生家国情怀培育的第一手资料，为总结新时代大学生家国情怀培育存在的突出问题、成因和对策分析奠定数据基础。

（一）调查问卷的类型选择

调查问卷是以问题的形式记录调查内容的一种方式。调查问卷的类型，可以有多种划分方式。通常按照对问题答案的区别划分，可以分为结构式问卷、开放式问卷和半结构式问卷 3 种方式。

结构式问卷又被称为封闭式或者闭口式问卷。这种问卷方式是指问卷中每道题目都设置了选项答案，被调查者结合自身理解和实际，从备选答案中选择合适的答案即可。这种调查问卷的优点在于回收率高，便于量化和分析统计，填答方便，节省时间和精力，在实际生活中应用范围较为广泛。但是因为答案事先预设，因此被调查者自由发挥的空间容易受到限制，获得的调查资料不够深入和详尽，而且问卷调查质量会对调查结果产生部分影响。

开放式问卷又被称之为开口式问卷。这种问卷方式不设置固定答案，被调查者可以根据自身对题目的理解，给出自己的回答。

这种调查方式可以充分发挥被调查者的主观能动性，帮助调查者发现深层次的问题。但是对于被调查者给出的答案，统计分析的时候，很难进行量化统计，需要调查者具备较强的归纳、分析和判断能力。

半结构式问卷介于结构式问卷和开放式问卷两者之间。问卷的题目有两种形式，部分有固定选项，这部分题目通常占的比重较多；部分没有固定选项，可以让被调查者自由发挥，这部分类型的题目占的比重较小，通常是一道或者两道题目。这种问卷方式吸取了封闭式问卷和开放式问卷的长处，既便于统计分析，又能深入对问题的研究，在日常学术研究中，被广泛应用。

综合以上三种调查问卷方式的优缺点，本书设计的《新时代大学生家国情怀培育调查问卷》（附录5）采用了半结构式问卷。经过文献资料分析、征求专家意见、访谈教师和学生、初始调查问卷再修改，最终完成用于正式调查的问卷。

（二）　调查问卷的设计

为保证调研数据达到预期的调查效果和目标，作者在进行深入文献资料研究、征求马克思主义理论专家建议、访谈思想政治理论课教师、思想政治教育管理者和在校大学生的基础上，提出了家国情怀构成要素的五因素模型，形成了《新时代大学生家国情怀培育调查初始问卷》。初始问卷进行了小范围的预调研，通过对预调研数据的探索性因子、验证性因子、效度和信度分析，验证构成要素模型的合理性，并在此基础上，对《新时代大学生家国情怀培育调查初始问卷》进行了删减和语言表述上的修改。再结合专家建议和访谈记录，形成了最终用于正式调研的《新时代大学生家国情怀培育调查问卷》。正式问卷设计包含三大部分内容：一是被调查者的基本情况和个人信息，包含7道题目；二是关于大学生家国情怀的量表调查，通过24道题目摸清楚大学生家国情怀现状；三是关于大学生家国情怀培育调查，通过21道题目调研大学生家国情怀培育存在的问题、影响因素和有效路径。

（三） 调查方法的确定

根据教育部网站中公布的《2023 年全国教育事业发展基本情况》显示，"全国共有普通高等学校 3074 所（含独立学院 164 所），其中，本科院校 1242 所，高职（专科）院校 1547 所。各种形式的高等教育在学总规模 4763.19 万人。"[1] 不同高校的性质、投资主体、功能等各不相同，对于大学生家国情怀培育问题，如果仅选择其中的一所，缺乏代表性，但是如果将全国高校都纳入其中，超出了作者的时间、精力和能力范围。因此，出于调查研究周期、资料丰富程度和调研经费等问题的综合考量，本书采取抽样调研方式，从东、中、西部的高校大学生总体样本中随机抽取 1500 名学生进行调研，并对调研数据进行综合分析处理。

二、调查的实施

"新时代大学家国情怀培育研究"将研究对象界定在大学生这个青年群体。因此，本书的研究对象是全日制高校就读的大学生，包含专科生、本科生和硕士研究生。

本书的正式问卷调查样本采取随机抽取的方式，兼顾高校的地区、层次、学生学历、性别、民族、政治面貌、专业等具体因素进行抽样调查。我国根据政策上的划分，将全国划分为东中西部三大经济区。1986年，全国人大六届四次会议通过的"七五"计划正式公布，将全国划分为东部，中部和西部三个地区，这一划分，既不是地理位置上的划分，也不是行政区域划分，而是据地理位置（包括地形和风俗特点）和经济发展水平进行的政策上的划分。本书的具体调查高校样本的选取有东部地区的浙江大学（985 和 211 高校）、上海大学（211 高校）、江西师范

---

1   教育部发展规划司. 2023 年全国教育事业发展基本情况.

大学；中部地区的武汉大学（985 和 211 高校）、中国地质大学（武汉）、河南师范大学；西部地区的贵州大学（211 高校）、新疆大学（211 高校）、广西师范大学、桂林理工大学、南宁职业技术学院。在学校层次上涵盖了 985 高校、211 高校、普通本科高校和专科院校在内的专科生、本科生和部分硕士研究生作为调查样本。按照之前确定的调查问卷发放原则，委托各高校从事思想政治教育工作的管理者和教学者协助发放和回收问卷。调查对象覆盖了全国各地区高校类型和学生层次，具有一定的代表性。

此次调查通过委托我国东部、中部和西部的 11 所高校的思想政治理论课教师和辅导员等相关人员，问卷发放对象是 11 所高校的 1500 名在校大学生。共发放问卷 1500 份，回收 1470 份，回收率为 98％。具体发放回收情况如表 3－11 所示：

表 3－11　《新时代大学生家国情怀培育调查问卷》发放、回收情况

序号	学校名称	发放问卷	回收问卷	有效率
1	浙江大学	200	193	96.5％
2	上海大学	100	99	99％
3	江西师范大学	100	98	98％
4	武汉大学	100	96	96％
5	中国地质大学（武汉）	200	196	98％
6	河南师范大学	100	96	96％
7	贵州大学	100	97	97％
8	新疆大学	100	98	98％
9	广西师范大学	200	200	100％
10	桂林理工大学	200	200	100％
11	南宁职业技术学院	100	97	97％
合计		1500	1470	98％

三、调查基本数据的描述性统计

通过对回收的 1470 份问卷进行筛选，剔除多选或漏选题项等无效问卷 3 份，最终保留 1467 份有效问卷，有效率为 97.80%。

在调查样本中，从学校分布看，东部学校 390 人，占比 26.6%，中部学校 388 人，占比 26.4%，西部学校 689 人，占比 47%。从性别上看，男生 680 人，占比 46.35%，女生 787 人，占比 53.65%。从民族上看，少数民族 413 人，占比 28.15%，非少数民族 1054 人，占比 71.85%。从所属地上看，来自乡镇、农村 1058 人，占比 72.12%，来自城市、县城 409 人，占比 27.88%。从政治面貌上看，中共党员（含预备党员）72 人，占比 4.91%，共青团员 1191 人，占比 81.19%，群众 204 人，占比 13.91%。从学历上看，专科 461 人，占比 31.4%，本科 824 人，占比 56.2%，硕士及以上 182 人，占比 12.4%。从专业上看，文史类 622 人，占比 42.3%，理工类 683 人，占比 46.5%，其他类型专业 162 人，占比 11.04%。从信仰上看，共产主义 1109 人，占比 75.60%，宗教 6 人，占比 0.41%，352 人没有明确信仰，占比 23.99%。其人口学特征如表 3-12 所示：

表 3-12　调查问卷的人口学特征

名称	选项	人数	百分比（%）
学校	东部	390	26.6
	中部	388	26.4
	西部	689	47
性别	男	680	46.35
	女	787	53.65
民族	少数民族	413	28.15
	非少数民族	1054	71.85

续　表

名称	选项	人数	百分比（%）
来源地	乡镇、农村	1058	72.12
	城市、县城	409	27.88
政治面貌	中共党员（含预备党员）	72	4.91
	共青团员	1191	81.19
	群众	204	13.91
学历	专科	461	31.4
	本科	824	56.2
	硕士及以上	182	12.4
专业	文史类	622	42.3
	理工类	683	46.5
	其他	162	11.04
信仰倾向	共产主义	1109	75.60
	宗教	6	0.41
	没有明确信仰	352	23.99
合计		1467	100.0

四、新时代大学生家国情怀总体状况

我们通过对 1467 名高校大学生的问卷调查，从他们的视角了解新时代大学生家国情怀的总体状况。根据表 3 - 13 分析数据显示，被调查的高校大学生，家国情怀的总体得分为 4.692 ± 0.560，处于偏上水平。而家国情怀的其它 5 个维度的平均得分也均高于"4"，它们的评分值分别为家国认知（4.553 ± 0.608）、家国情感（4.762 ± 0.547）、家国意志（4.689 ± 0.639）、家国信念（4.753 ± 0.580）、家国行为（4.703 ± 0.590）。表明新时代大学生的家国情怀整体状况是呈现良好态势的。

表3-13　新时代大学生家国情怀总体情况描述统计分析结果

名称	平均值	标准差	排序
家国认知	4.553	0.608	6
家国情感	4.762	0.547	1
家国意志	4.689	0.639	5
家国信念	4.753	0.580	2
家国行为	4.703	0.590	3
家国情怀	4.692	0.560	4

　　从表3-14的分析结果可知，对大学生家国情怀量表中的各个条目做描述统计分析，24个题目平均分都超过"4"分。其中，平均分最高的前三个条目依次是："10. 我为自己是一名中国人而感到无比骄傲和自豪""11. 中华文化源远流长，我热爱和欣赏祖国的文化""22. 我能做一个遵纪守法的好公民"。排名最后的三个条目依次是："4. 我对所在家庭家风有较为清晰的认知""6. 我对维护国家利益和荣誉的先进人物事迹有一定了解""5. 我对故乡的历史发展有一定认知"。表明新时代大学生对对国家的认同感还是很强的，对中华优秀传统文化较为认可，坚决拥护和支持中国特色社会主义事业，愿意成为遵纪守法的好公民。但对家庭和故乡的认知和了解有待进一步深化。

表3-14　新时代大学生家国情怀量表具体条目的描述统计分析结果

名称	平均值	标准差	排序
1. 我自己具有家国情怀。	4.656	0.681	18
2. 我认为家国情怀不仅在于爱家，还要爱自己的故乡、社会、国家和人民。	4.756	0.625	9
3. 我认为家是最小的国，国是千万家。	4.765	0.626	6
4. 我对所在家庭家风有较为清晰的认知。	4.481	0.786	22
5. 我对故乡的历史发展有一定认知。	4.225	0.913	24

名称	平均值	标准差	排序
6. 我对维护国家利益和荣誉的先进人物事迹有一定了解。	4.436	0.770	23
7. 我热爱自己的家庭。	4.761	0.633	7
8. 我对乡土文化具有无限热爱的情感，对本土先民心怀崇敬，乡里乡亲成员之间尊重友爱。	4.618	0.726	20
9. 我有强烈的国家认同感和归属感。	4.759	0.614	8
10. 我为自己是一名中国人而感到无比骄傲和自豪。	4.838	0.536	1
11. 中华文化源远流长，我热爱和欣赏祖国的文化。	4.834	0.542	2
12. 我立志为家族兴旺而努力奋斗。	4.678	0.702	16
13. 我愿意与家乡荣辱与共。	4.680	0.711	15
14. 当生活中遇到困难挫折时，家国情怀激励我直面挫折、战胜困难。	4.662	0.723	17
15. 只要祖国需要，我会随时听候祖国召唤。	4.736	0.648	12
16. 我认为家国情怀对家庭和睦、国家和谐、世界和平具有重要意义。	4.789	0.597	4
17. 我坚信可以处理好个人与家庭成员之间的关系，爱护、关心、帮助自己的家人，从而达到家庭关系和谐和睦。	4.719	0.660	13
18. 我对故乡未来的发展充满美好向往和憧憬。	4.718	0.673	14
19. 我对中国特色社会主义道路、理论、制度、文化充满信心。	4.788	0.589	5
20. 我会自觉承担对于家庭的责任和义务。	4.746	0.634	10
21. 毕业后，我会为家乡的发展奉献力量。	4.569	0.794	21
22. 我能做一个遵纪守法的好公民。	4.827	0.557	3
23. 我时刻关注中国国情政策的变化。	4.635	0.714	19
24. 当个人利益与国家利益相冲突时，我会以国家利益为主。	4.739	0.645	11

具体分析，新时代大学生的家国情怀总体情况如下：

（一）家国认知方面

家国认知是产生家国情怀的前提和基础。新时代在校大学生，大部分是"00"后，他们生长在文化、价值多元的时代，经历了中国发展和进步最快的历史阶段，充分享用改革开放成果。思想活跃，自信张扬，学习能力较强，接受新鲜事物能力强是当今大学生的普遍特点。

根据调查数据显示，新时代大学生对家国情怀具有一定的认知和理解。在评价"我自己具有家国情怀"时，76.7%的大学生认为完全符合，20.6%的大学生认为比较符合。当问及"我认为家国情怀不仅在于爱家，还要爱自己的故乡、社会、国家和人民"时，82.2%的大学生认为完全符合，13.5%的大学生认为比较符合。但是研究数据显示，部分大学生对家国情怀的具体内容，例如对家国关系的理解不够清晰。在评价"我认为家是最小的国，国是千万家"时，有12.8%的大学生选择不确定、比较不符合、完全不符合。13.6%的大学生认为"我对所在家庭家风有较为清晰的认知"不确定、比较不符合、完全不符合。23.3%的大学生认为"我对故乡的历史发展有一定认知"不确定、比较不符合、完全不符合。13.8%的大学生认为"我对维护国家利益和荣誉的先进人物事迹有一定了解"不确定、比较不符合、完全不符合。由此可见，新时代大学生受家庭教育和社会环境的导向影响，再加上生活阅历不深，缺乏社会实践的锻炼，尽管整体综合素质较高，兴趣广泛，但部分大学生会以自我为中心，强调个人主观感受，对复杂事物的认识不足，对家国情怀的具体内容和丰富内涵的认知有待进一步深入化和系统化。这也是高校加强大学生家国情怀培养方面的重要内容。

（二）家国情感方面

2021年是中国共产党成立100周年。100年来，中国共产党带领中国人民经历腥风血雨，前仆后继，顽强奋斗，给近代以来久经磨难的中华民族带来了实现中华民族伟大复兴的美好前景。尤其是中国特色社会主义进入了新时代以来，国家发生了翻天覆地的变化，开展了深层次、根本性变革。随着我国国强民富战略的逐步推行，我国成为全球第二大经济体、世界经济发展的领头雁，国际影响进一步提升。全国上下同心、尽锐出战、精准务实、开拓创新，取得了脱贫攻坚战的全面胜利，我国实现了从温饱不足到总体小康再向全面小康迈进的历史性跨越。今天的中国，昂首挺胸、阔步前行。惊天动地、举世瞩目的辉煌成就的取得使中国人民的民族自信心、自豪感、认同感不断增强，激发了大学生对家和对国的强烈情感。

调查结果显示，98.5％的大学生认为"我为自己是一名中国人而感到无比骄傲和自豪"完全符合、比较符合，87.3％的大学生认为"我有强烈的国家认同感和归属感"完全符合。表明新时代大学生对国家民族认同总体水平较高，爱国热情强烈，具有较强的归属感。从一定程度上讲，"归属就是情感认同"。[1] 但还有极少数的学生对国家的认同和归属感不强，需要继续强化。大学生不仅具有浓郁的爱国情感，对中华优秀传统文化也具有较强情感。中华优秀传统文化久经历史和现实的洗礼，是家国情怀的重要载体，是中华民族独特的精神标识和宝贵的精神矿藏。调查数据显示，89.07％的大学生认为"中华文化源远流长，热爱和欣赏祖国的文化"。表明新时代大学生对中华优秀传统文化的热爱和传承方面，总体积极向上，重视、热爱和欣赏祖国优秀文化。同时，大学生对家庭和故乡也有深厚情感。在问卷调查中，89.16％的大学生热爱自己的家庭，82.12％的大学生选择"我对乡土文化具有无限热爱的情感，对本土先民心怀崇敬，乡里乡亲成员之间尊重友爱"完全符合，但是也有8.3％的大学生对故乡缺乏情感，这也是大学生家国情怀培育方面需要加强和完善的部分。

1　李清先. 社会主义核心价值体系认同机制与路径研究——兼论当代大学生社会主义核心价值体系认同的教育策略［M］. 北京：教育科学出版社，2012：136.

（三） 家国意志方面

中国共产党是在内忧外患中诞生，在攻坚克难中成长壮大的。百年的中国共产党历经风霜而风华正茂，饱受磨难而生生不息，因为中国共产党有坚强不屈的意志。正是一代又一代中国共产党人坚强的革命意志，勇于牺牲的英雄气概，才使我们克服了前进途中的无数艰难险阻，创造了举世惊叹的人间奇迹。尤其是近年来，我国在应对诸如国际金融危机、汶川大地震、新疆反恐斗争、新冠肺炎疫情等重大突发事件中彰显的大国责任和担当，获得了新时代大学生的高度赞誉和充分肯定，也激励着新时代大学生不断增强家国意志。在意志上，绝大多数新时代大学生具有家国情怀的强烈意愿，并形成克服困难、不断涵养家国情怀的行为动力。

如表3-15调研数据所展示，大部分大学生对自己的家庭、故乡和国家未来充满希望，体现出了坚持不懈的精神意志，并愿意为之而努力奋斗。家庭是社会生活的基本单位，是组成国家的最小细胞。家庭对大学生的影响至关重要，89.73％的大学生立志为家族兴旺而努力奋斗，对家庭具有强烈的责任感。同时，90.07％的大学生在调研中选择愿意与家乡荣辱与共。防控疫情，青春先行。在抗击新冠肺炎疫情中，大部分返乡的大学生们没有闭关打游戏、刷屏追剧，而是主动向所在社区或村委会报到，听从统一领导和调度，就近参加疫情防控青年志愿者组织、青年突击队等，在疫情防控点值班值守、做好体温测量、排查登记来往人员和车辆进行、宣传抗疫小知识、登记采购生活物资等。大学生以实际行动亮身份树形象，当好"战斗员""宣传员""保障员"，彰显了大学生的精神面貌和责任担当，让青春在疫情一线接受"洗礼"，为家乡抗"疫"阻击战奉献自己的青春力量。而且大学生平时也注重参加社会实践和志愿服务活动，利用自己所学，发挥自己的专业特长，服务家乡、建设家乡，为家乡发展贡献光和热。

表 3 - 15　新时代大学生在家国意志方面的选择体现（％）

名称	完全符合	比较符合	不确定	比较不符合	完全不符合
我立志为家族兴旺而努力奋斗	77.23	12.50	5.29	2.82	2.16
我愿意与家乡荣辱与共	77.51	12.56	4.75	2.82	2.36
只要祖国需要，我会随时听候祖国召唤	81.05	12.25	4.07	1.55	1.09

在问及"只要祖国需要，我会随时听候祖国召唤"时，93.3％的大学生选择完全符合、比较符合。表明新时代大学生具有强烈的家国意志，并不断增强思想自觉和行动自觉。近年来，部分大学生积极响应国家号召，投笔从戎，应征入伍，保家卫国。在就业中，部分大学生坚定意志，选择到基层、到西部、到山区，扎根边疆和基层，为西部建设和边远山区发展注入不竭力量。在提及"当生活中遇到困难挫折时，家国情怀激励我直面挫折、战胜困难"时，76.41％的大学生表示完全符合，但是仍有12.3％的大学生选择了不确定、比较不符合、完全不符合。因此在家国情怀培育中，要加强引导大学生，使其明白越是在危难时刻和紧要关头，越要坚守患难与共的家国情怀，激励自己勇毅前行，经受住考验和挑战。

（四）家国信念方面

党的十八大以来，以习近平总书记为核心的党中央高瞻远瞩，统筹国内国际两个大局，总揽战略全局，以"大手笔"的气概、气质、气势，带领中国人民乘风破浪、迎难而上、砥砺前行，抓改革、促发展、惠民生、强党建，不断开创党和国家事业发展新局面。特别是面对新冠肺炎疫情的严重冲击，中国人民在中国共产党的坚强领导下，万众一心，迅速反应，打赢了疫情防控总体战、阻击战，交出了令人民满意、世界瞩目的优秀答卷，充分展现了中国力量、中国精神、中国速度。尤其是在举步维艰的 2020 年，在面临严峻挑战的形势下，我国成为世界上唯一经济正增长的主要经济体，综合国力、经济实力、科技实力和人民生活水平取得众多标志性成就。这些实践成果彰显了中国共产党的执政能力、中国特色社会主义制度的显著优势，也体现了习近平新时代中国特色社会主义思想的实践伟力。调查表明，新时代大学生坚定对中国共产党的信任，对中国特色社会主义道路充满信心。如图3-3所示，93％的大学生坚定对中国特色社会主义的道路自信、理论自信、制度自信、文化自信，这也激励大学生努力学习专业知识，用实际行动将爱国之情、强国之志、报国之行融入到实现中华民族伟大复兴的奋斗之中。

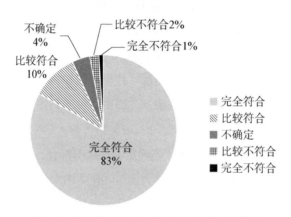

图3-3　新时代大学生对"四个自信"的认同现状

祖国的快速发展，体现在人民生活的方方面面，使人们的幸福感、获得感、安全感大幅度提升。"民以食为天"，随着时代的发展，人们在饮食方面，从"想吃饱"到"吃得好"；在穿着方面，从"单调简单"到"穿出个性"；在出行方面，从出行不便到一日千里；在住房方面，从"有的住"到"住得好"，充分体现了人民共享经济、政治、文化、社会、生态等发展成果。生活水平提高的同时，人们的家园意识更加强烈。在问卷调查中，问及"我坚信可以处理好个人与家庭成员之间的关系，爱护、关心、帮助自己的家人，从而达到家庭关系和谐和睦"时，79.8％的大学生选择完全符合。在谈及"我对故乡未来的发展充满美好向往和憧憬"时，80.16％的大学生选择完全符合，表明大部分大学生认可自己的家庭和故乡，对家庭和故乡充满爱，充满期待，对家庭和故乡的未来有美好憧憬，希望家园更好，愿意为建设家园努力奋斗。

（五）家国行为方面

据调查显示，大部分大学生能自觉弘扬家国情怀，并能在行动上有所体现，体现知行合一。

根据调查数据分析，如图 3-4 所示，93.54％的大学生表示，当个人利益与国家利益相冲突时，会以国家利益为重，体现大部分大学生能顾全大局，有较强的政治意识、大局意识和责任意识，坚持国家利益至上，能认识到没有国家利益便没有个人利益。但仍有少部分大学生没能正确处理个人利益和国家利益之间的关系，需要进一步引导和加强，使其认识到国家利益和个人利益在本质上是一致的。维护个人的正当利益无可厚非，也是人的天性使然。同时也要认识到现实的人是社会性的生物，社会主义的国家利益就是最广大人民群众的根本利益，个人利益寓于国家利益之中，个体在履行义务时，要主动维护国家利益，以国家利益为重。

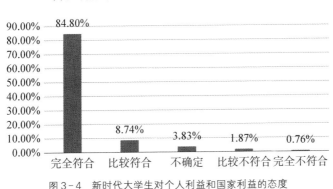

图 3-4　新时代大学生对个人利益和国家利益的态度

　　对于问及"我时刻关注中国国情政策的变化"，92.23%的大学生选择完全符合、比较符合，表明新时代大学生在纷繁复杂的国内外形势下，能自觉主动关注世情和国情的变化，聚焦热点问题，了解国内外的形势与环境，从而坚定信念，努力学习，报效祖国。92.59%的大学生表示，能在生活中践行家国情怀，力争做遵纪守法的好公民，做对社会有用，能发光发热的人。

　　如图3-5所示，93.6%的大学生表示会自觉承担对于家庭的责任和义务。这表明从整体上讲，作为各自家庭中的一部分，绝大多数大学生对家庭的责任感较强，具有一定的家庭担当。同时，有87.39%的大学生明确表示，毕业后会为家乡的发展奉献力量，体现大部分大学生具有毕业后投身家乡建设的决心，愿意为家乡的发展奉献自己的青春和热血。但是仍有部分大学生对家庭和故乡的责任感缺失，有一定的提升空间，需要进一步加以引导。通过家国情怀培育，要鼓励学生感受家庭的温暖，分享、发现家乡的美，增强大学生的家庭和家乡归属感、责任感。

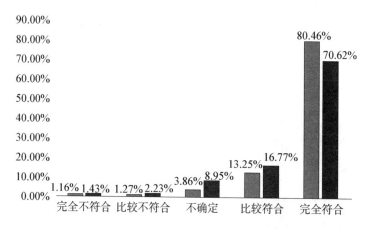

图3-5　新时代大学生对家庭和家乡的责任感

五、新时代大学生家国情怀具体案例分析

大学生的家国情怀是一个复杂的生成过程，具有自身独特的规律性。矛盾具有普遍性和特殊性。在对新时代大学生家国情怀的现状进行研究时，除了普遍的实证调研之外，还要结合具体的实际个性案例加以分析，才能更加全面地把握新时代大学生家国情怀的现状。

（一）新时代大学生家国情怀浓厚的案例分析

从以上的问卷调研可以看出，当前大部分大学生具有较为浓郁的家国情怀。新时代大学生是民族的希望和祖国的未来，是实现中国梦最关键的一代，也是实现第二个百年奋斗目标的中坚力量。在新时代，无数大学生效仿先辈，为了祖国的发展鞠躬尽瘁，有责任、敢担当、讲奉献，饱含深厚的家国情怀。

案例1：最美奋斗者

黄文秀，出生于百色革命老区的偏远乡村——田阳县巴别乡，也是北京师范大学2016届硕士毕业生，22岁时就加入中国共产党。黄文秀在毕业之时放弃在大城市工作的机会，跟随内心做出坚定的选择，以一名广西选调生的身份义无反顾地回到养育自己的大山。2018年3月，黄文秀主动请缨，来到脱贫攻坚的硬骨头百坭村，担任村扶贫第一书记，也是村里的第一位女性书记。黄文秀扎根基层，奋战在脱贫攻坚的第一线。尽管初来乍到，被村民质疑，被老百姓排斥，黄文秀仍默默在日记中反省自己"我还不够勇敢"；雨靴、草帽、运动装是她日常的穿着，黄文秀一步一个脚印，积极走访脱贫户，细致分析各家各户致贫的原因，针对性提出脱贫方案；黄文秀时刻挂念群众所需，种植砂糖橘、建立电商服务站……，她以实际行动带领当地村民脱贫致富。黄文秀的努力没有白费，在看到脱贫户的生活条件得到极大改善后，黄文秀十分欣

喜，曾在生前的日记中写道"贫困户住房和饮用水问题都达标了，十分开心"。黄文秀勤俭节约，平易近人，经常自掏腰包关心关爱村里的老人和留守儿童，为村里考上大学的贫困生争取相关政策支持。

2019年6月16日晚，年仅30岁的黄文秀在暴雨中开车返回百坭村，途中遭遇山洪，因公牺牲。黄文秀用自己的实际行动践行和传扬着伟大扶贫精神。黄文秀牺牲后，被追授"时代楷模""全国脱贫攻坚模范"等荣誉称号。2021年，她荣获"全国脱贫攻坚楷模"称号，获得"七一勋章"。青春是用来奋斗的，人生的幸福、生命的出彩，都要通过奋斗来实现。[1] 黄文秀身上体现出的青年大学生的责任、担当和奉献，对党和国家的忠诚不悔令人动容。黄文秀的事迹在全国范围内得到广泛宣传，影响着无数有志青年将青春和热血播撒在祖国基层的大地上。

案例2：大学生志愿者的战疫心声

2020年，新冠肺炎疫情席卷全球，严重危害着国人的生命健康。一场没有硝烟的战争，在全国迅速打响。在抗击疫情的过程中，白衣天使等各行各业的人奔赴前线，辞别亲友，勇敢逆行，舍小家为大家，全力以赴抗击疫情。战疫队伍中，有无数的大学生志愿者，有自己的爱心、责任和担当，为抗击疫情贡献力所能及的力量。他们说，"抗疫一线就是我们的课堂"。[2]

大学生志愿者1：来自武汉传媒学院的肖同学，是一位"00后"。寒假原本已经返乡的他，在新闻中时刻关注着武汉的疫情，如坐针毡的他依然踏上逆行之路，在武汉市第三医院从事志愿工作。一连十几个小时，不停卸货、分类、搬运、安置从各地紧急调拨来的防疫物资。身穿防护服的他全身被汗浸湿，但他坚持"疫情不止，志愿不停"，他说，"抗击疫情是给自己最好的成长礼"，"疫情也是一次人生的考验"。

---

1   扶贫路上　青春绽放 [N] 人民日报，2021-07-30 (20).
2   倾听大学生志愿者的战疫心声——"抗疫一线就是我们的课堂" [N]. 人民日报，2020-02-26 (10).

大学生志愿者2：来自武汉大学第一临床医学院的赵同学，是一名博士研究生。2020年的春节期间，他向学院"请战"，先后在武汉大学人民医院和武汉大学人民医院东院（光谷院区）从事志愿者工作。从第一次穿防护服时的无所适从，到不停息地上手各项工作。在一线，他积极给医生打下手，一起查房，询问病情，并协助搬运氧气瓶。"我们既是'准医生'，也是共产党员，此时此刻我们更加义不容辞。"做医务志愿者，他接过了老师的接力棒。

案例3：携笔从戎守疆土

刘同学，2016年考入西南石油大学。2017年9月，刚读经济学专业一年的刘同学，主动请缨，应征入伍到艰苦边远的新疆军区当义务兵。刘同学认为男子汉应该到祖国最需要的地方去，也应该到祖国最艰苦的地方去磨炼自己的体魄与意志。成为边防战士是他对20岁年华岁月最好的回顾，也是刘同学给予青春最好的献礼，更是刘同学爱国的最好证明。初到新兵连，面对高强度的训练、严格的军事管理、干燥的气候，刘同学用一股"牛劲"咬紧牙关，克服水土不服带来的不利影响。在被誉为"军事奥运会"的"国际军事比赛-2019"中国代表队队员选拔中，刘同学凭借顽强的军人作风，从众多候选者中脱颖而出，在与其他国家的较量中，勇夺三枚金牌，为国家和军队赢得重大荣誉。[1] 但在备赛期间，刘同学的爷爷奶奶相继去世。面临忠孝两难，为了国家的荣誉，刘同学用永不言弃的钢铁意志，舍小家为大家通过了严峻的"魔鬼式训练"。刘同学本来是被分到了师保障油库的后勤单位，但怀揣特种兵的初心和梦想，刘同学用上万字的申请信打动了师政委，如愿进了侦察营，成为义务兵传奇。在服役期间，刘同学荣立一等功，是全国高校中唯一一名在校大学生获得一等功的退役义务兵。

如今，重返校园的他，继续用他的个人经历感染、激励着身边人。

1　立一等功的义务兵，退伍了［N］．人民日报，2020-10-31.

他积极投身到征兵宣传、爱国主义教育活动等工作中去，他将个人在部队所学毫无保留地与身边同学分享，通过现身说法，激励一批批青年学子参军报国，鼓励更多年轻人投身国防事业。像刘同学一样参军入伍、报效祖国的青年大学生还有很多，他们都用个人的行动实实在在地证明着青年的使命与担当，这种浓浓的爱国情怀是与生俱来、融入血脉的，是赓续传承、充分彰显的。2021 年 4 月，刘同学被授予"四川青年五四奖章"个人奖荣誉。2021 年 12 月，刘同学被授予全国"最美大学生"（全国仅有 10 位）荣誉称号。

从以上四位大学生的身上，我们可以深深感受到大学生浓郁的家国情怀。他们不惧困难，不惧牺牲，心系家国，用自己的实际行动奔赴在脱贫攻坚战和抗击疫情保卫战中，用身躯守护祖国边境安全，彰显了深厚的家国责任、强烈的家国担当。把青春和生命献给脱贫攻坚事业的黄文秀，她和我们大多数大学生一样，有着爱和追求。但是面临人生十字路口时，她选择放弃繁华的城市，回到自己的家乡奋斗，她比同龄人更多了一份不一样的执着和坚守。黄文秀的家庭并不富裕，2016 年才刚刚脱贫。她的父亲和母亲身体状况都不好，父亲身患肿瘤，母亲下肢残疾，患有先天性心脏病。黄文秀的父亲一直教导她，不用钱多，但要做一个干干净净的人民公仆。黄文秀的父亲还婉拒了政府的慰问金，让把这些钱拿给更需要的人。当黄文秀获得全国脱贫攻坚模范、全国青年五四奖章、"时代楷模"等这些荣誉时，她的父亲说：文秀做了她该做的事！我为她骄傲！从她父亲身上，我们感受到了知恩图报、奋进、坚强的品质。这使我们不禁感叹：优秀的孩子源于好家风的家庭！黄文秀在父亲耳濡目染的教育下，传承良好家风，怀着感恩、奋进的心回到基层工作，她用生命践行了在入党申请书中所写的"要用自己的力量为国家、为民族、为社会作出贡献"。她为民服务，舍小家为大家的奉献精神是优良家风的体现，也是她"初心"的起始点。正是对这份初心的坚守，使她用坚强的毅力克服扶贫工作中的重重困难，取得有口皆碑的工作成绩。爱国爱家，此生无悔的黄文秀引发我们思考，爱国爱家不一定是惊天动地的，贵在抉择、贵在坚守。

在疫情防控中，涌现出的像肖同学、赵同学一样的大学生志愿者们，不胜枚举。青年学子作为疫情防控的见证者与亲历者，尽管他们不能像医生、护士一样战斗在最前线，但是却能身体力行，用自己力所能及的事情为抗疫作贡献。疾风知劲草，烈火见真金。在抗疫中，全国上下的大学生思想上迅速成长成熟，他们所展现出来的勇敢、担当、责任和作为，令人动容。从这些志愿者身上，折射出了中国青年的身影。有着一等功骄人战绩的刘同学，被誉为大学生"兵王"。刘同学打小就有军人梦，所以在军事理论课老师的启发后，通过报名、体检和政审，顺利进入军队。在服兵役期间，刘同学思想政治素质过硬，军事技能突出，依靠的是自己坚强的毅力。在"军事奥运会"中，他之所以能代表中国队参赛，凭借的是坚持不懈的训练。从手捧课本到紧握钢枪，再到重拾书本重踏"求知之路"，不管是在军队，还是在学校，刘同学对祖国的赤子之心从未改变。一直坚守在一线的刘同学，不畏艰难、坚忍不拔，将对祖国炽热的爱刻在自己心底。坚毅的决心、爱国的衷心，向我们诠释了有理想、有本领、有担当、有情怀的新时代青年人。

（二）　新时代大学生家国情怀淡薄的案例分析

从问卷分析数据可以看出，少部分大学生的家国情怀稍显淡薄，依然需要继续加大培育力度。当前，在世界百年未有之大变局形势下，国内外发展形势严峻，多种文化思潮并行，冲击着国人的思想价值观念。家国情怀也需要理性自觉。大学生的"三观"尚未完全形成，如果不能正确看待家国之间的关系，受到国外不良文化思潮的影响，极易反噬家国情怀，做出不理智的行为。

案例 1：网络散播"不爱国"言论——以"贵州省省草王英俊"为例

2018 年 9 月 19 日凌晨，一网名为"贵州省省草王英俊"的学员，在网络微博上发表"这辈子都不能爱国""当大学生了还爱国主义,我看你都是蠢货"等言语。经当地相关主管部门和学院的进一步核实后,查实当事人为湖南某高校的土木工程专业大一学生。2018年9月22日,湖南城市学院在官网首页"通知公告"栏目发布了对"贵州省省草王英俊发布辱国言论"事件的处理消息:该校决定取消涉事学生王同学的入学资格。[1]

据调查,王同学对他所发错误的网络言论作出了供述,并表示从9月入学开始就曾多次在学校宿舍发布辱国言论,并对他的同寝室同学爱国言行冷嘲热讽。事件曝光之后,立刻引起了网民们的强烈抨击,纷纷指责道"一个连国家都可以侮辱的人还有什么人格"。高校撤销了王同学的入学资格并剥夺他学习的权利,这听起来很"过分"但却无比正确。高校是教书育人的地方,学校不是教育"辱国"学生的地方,国家给了你舒心的生活环境,安全的社会环境,没有战争,也没有暴力,所有的一切都是由国家在幕后支撑,一旦脱离国家的后盾他将是一无所有,可为何要对国家不感激反而发出辱国言论呢?一名非常不尊敬国家、不敬畏党的新时代大学生,就算再培养又如何能实现为国谋福利,为社会作奉献呢?

案例2:诋毁国家形象——美国的空气都是"香甜"的

杨同学,1993年4月出生于云南昆明,曾是留学美国的大学生。2017年5月21日,在夏季马里兰大学毕业典礼中,她代表中国留学生进行发言。为了谄媚美国,她不惜当众撒谎说在自己的故乡出门不戴口罩就要得病。她在演讲时说:"五年前,我乘坐中国的飞机抵达美国,……但当我呼吸到美国的第一口空气后,我摘下了口罩。这里的空气是如此地香甜清新,显得格外地奢侈。……我在中国的一座城市长大,在那里我只要出门就必须戴口罩,不然我可能会生病"。她演讲的

1　高校新生发辱国言论被网友举报,校方:取消入学资格![N]. 人民日报,2018-09-23.

视频流传至中国后引发国人热议。作为中国留学生上台发言本来是一件值得祖国为她骄傲的事，但她的诋毁和谄媚，不仅让自己身陷舆论漩涡，更让祖国因此被抹黑。事实上，毕业后她也没有因为这番言论得以留在美国或让美国人对她高看一眼，在美国待不下去的她后来又跑到韩国，结果情况差不了多少，她只能在一些小企业打工，勉强维持着生活。[1] 轻易诋毁国家和民族的人，注定不会得到尊重，缺失了家国情怀的人，注定丢人现眼，沦为笑柄。虽然这类人只是极少数，但是我们也应反思出现这些问题的深层原因。

以上是两个大学生中家国情怀淡薄，需要继续加强教育的反面例子。不管是王同学还是杨同学，他们都属于精致的利己主义者。作为土生土长的中国人，他们的成长和教育，占用的都是中国的资源。但他们没有丝毫爱国爱家之情，并在网络上传播负能量，在国外公开场合诋毁祖国。从法律层面上看，尽管每个人都有言论自由，但这种自由必须是不触犯法律和违背道德的。公民在公共网络空间和公共场合的一切言行，都不能逾越法律这条底线，不能损害民族尊严，不能扰乱公共平台秩序。从道德层面看，天下兴亡匹夫有责！爱国是每一个国人最基本的道德、最起码的素养，也是社会主义核心价值观中个人层面的基础要求。作为一个有血有肉的中国人，应当把爱国无条件放在第一位，这也是中华民族源远流长的传统美德。有国才有家，有家才会有你我。一个人如果连生他养他的家和国都不爱，还何谈德行。从情感层面看，在网上和公开场合发表辱国言论、抹黑祖国，是对公众情感的伤害，是在占用和扰乱公共资源。一个连自己国家都不爱的人，不懂感恩的人，他又如何在社会上立足，去爱周边的人。他们的行为任性且不通情理。从教育层面看，他们都是受过高等教育的人。因此学历并不代表素质，学历

1　吹捧美国空气香甜的留学生杨舒平，签证被撤销后，如今过得怎样？https：//cj.sina.com.cn/articles/view/6437599746/17fb5fa0200100zjlf.

高的人素质并不一定就很高，关键还要看自身本来的素质。

这两个案例也促使我们思考，在当今多元文化思潮泛滥的时代，教育必须将立德树人摆在第一位。在家国情怀培育中，家庭教育和学校教育同等重要，都要教会学生先成人，后成绩，最后才是成功。人只要缺德，就很难成功。高校的立德树人必须落实在每个环节和每个学生身上。爱国主义教育不容缺位，要开展爱国主义教育和社会主义核心价值观教育，谨防出现高分低素质的畸形人才的出现。同时，要加强校园普法教育，强化法律意识。要加强对学生的"四史"教育，引导大学生明白"四史"中的主线是党始终如一对中国革命事业的领导，从中汲取历史智慧，历史是最好的教科书、营养剂和清醒剂，学会尊重历史事实和历史规律，反对历史虚无主义，提高历史思维能力。习近平总书记在同北京大学全体师生座谈时寄语青年人"乘新时代春风，在祖国的万里长空放飞青春梦想"，并对广大青年提出"爱国、励志、求真、力行"等几点希望。青年最富有朝气、最富有梦想，更应不负时代，不负韶华，用自己的实际行动彰显家国情怀。天津外国语大学将《强国一代有我在》制作成多语种版，传递中国青年的青春理想和家国情怀，"让世界更多地方听到中国青年的声音"，这是家国情怀的真挚表达。爱家爱国是我们必有的道德情操，也是未来接班人必须坚定的思想信念，身为中国公民如果连国都不爱，又如何担当得起国家赋予的重任。

在实证调研和案例分析的基础上，我们可以从总体上把握大学生家国情怀现状。当前大多数大学生有强烈的家国情怀，能够清醒地认识到家国一体关系，在大是大非面前能自觉维护国家形象和利益，有对祖国强烈的认同感、责任感和归属感。但少部分同学个人利益至上，对家国关系认知不足，对家国的情感不浓郁，发生扭曲的家国行为。这些促使高校思想政治教育工作者认真思考，如何全方位有效提升大学生家国情怀培育的实效性，从而更好引导学生从历史和现实的角度理解爱家、爱国的重要性。

第三节　新时代大学生家国情怀培育现状

家国情怀既传承了中华优秀传统文化，又展现着时代精神，是强大的精神力量，使得中华民族历经考验而不衰。当前，我国正处于两个一百年的历史交汇点，大学生作为社会主义现代化强国的建设者和接班人，需要更深沉的家国情怀。近年来，党和国家大力弘扬厚植家国情怀，大学生家国情怀培育取得一定成效，但也存在不足之处，亟待分析和解决。

一、新时代大学生家国情怀培育所取得的成效

中华优秀传统文化中有着悠久的家国文化基因，中国共产党人将为中国人民谋幸福、为中华民族谋复兴奉为矢志不渝的初心和使命，散发着炽热浓浓的家国情怀基因。随着近年来我国经济的快速发展和社会的全面进步，高校教育改革充满活力。党和国家高度重视思想政治教育工作，大学生的家国情怀培育工作在理论研究和实践效果上都取得了一定的成绩，总体呈现出良好的态势，取得的成效主要体现在以下四个方面：

（一）大学生家国情怀培育工作得到重视

在全社会弘扬家国情怀对个人发展、社会进步和民族复兴具有重要价值，有助于提高社会文明程度，厚植家国意识，践行社会主义核心价值观，画好民族复兴同心圆。青年是祖国的希望和未来，青年与国家、民族同呼吸、共命运，要培养有本领、有责任、有担当的社会主义建设新人，实现中华民族伟大复兴的中国梦，离不开家国情怀的涵养。党和国家一直高度重视大学生家国情怀培育工作，制定并颁发了一系列指导性文件。1994 年 8 月，中共中央印发《爱国主义教育实施纲要》，提出

爱国主义教育的重点是青少年，并对爱国主义教育的基本原则、主要内容、教育途径等方面进行了明确要求，对大学生家国情怀培育工作具有重要指导意义。2014 年 3 月，教育部印发《完善中华优秀传统文化教育指导纲要》，明确指出要以家国情怀教育、社会关爱教育和人格修养教育为重点，开展中华优秀传统文化教育。2019 年 11 月，中共中央、国务院印发了《新时代爱国主义教育实施纲要》，提出实现中华民族伟大复兴的中国梦，要"厚植家国情怀，培育精神家园，引导人们坚持中国道路、弘扬中国精神、凝聚中国力量"，[1] 为新时代大学生家国情怀培育工作提供了政策指导。

党的十八大以来，习近平总书记多次在重要场合强调家国情怀。2019 年 5 月 4 日，习近平总书记在纪念五四运动 100 周年大会上指出，中国青年是有深厚家国情怀的青年。习近平总书记在"3·18"重要讲话中强调思想政治理论课教师情怀要深，涵养家国情怀。习近平总书记在 2016 年春节团拜会上指出，家庭对于建设和谐社会、推动国家发展的重要支点作用。2019 年，习近平总书记在春节团拜会上强调，要在全社会大力弘扬家国情怀。这些文件和重要讲话精神为教育行政部门和高校开展大学生家国情怀培育工作提供了指针和方向。同时，党和国家不断加强高校思想政治理论课教师、辅导员、宣传者、管理者等高校思想政治教育工作队伍的建设，出台相关配套文件和政策，在师资培养、经费保障、职称评定、学历提升等方面给予充分保障，为推动大学生家国情怀培育工作提供了有力支撑。

在党和国家的大力倡导和支持下，作为大学生家国情怀培育工作的主阵地，各高校也积极推进和重视大学生家国情怀培育工作，取得良好效果。在问卷调查中，提及"您认为您所在高校家国情怀培育氛围如何"时，如图 3 - 6 所示，有 795 人认为氛围浓厚，占比 54.19%；536 人认为氛围良好，占比 36.54%；119 人认为氛围一般，占比 8.11%；

1　新时代爱国主义教育实施纲要 [M]. 北京：人民出版社，2009：2.

17 人认为氛围淡薄，占比 1.16%。从选择结果上看，绝大多数高校的大学生家国情怀培育工作氛围初步形成，有实质性的推展和进步。

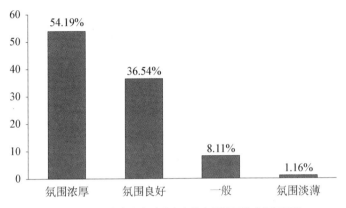

图3-6　新时代大学生对所在高校家国情怀培育氛围评价

　　高校作为大学生社会化的重要场所，对大学生的影响是全面、系统和深刻的，对大学生涵养家国情怀至关重要。在问卷调查中，提及"您如何评价当前高校在大学生家国情怀培育中发挥的作用"时，如图 3-7 所示，有 777 人认为非常满意，占比 52.97%；522 人认为比较满意，占比 35.58%；152 人认为一般满意，占比 10.36%；5 人认为不太满意，占比 0.34%；11 人认为非常不满意，占比 0.75%。从选择结果上看，多数大学生对所在高校进行的家国情怀培育工作是较为满意的，说明了大部分高校重视家国情怀培育工作，取得了一定成效。

　　与此同时，全社会也处处奏响爱家爱国的奋进旋律。在各大媒体和大街小巷，"家国"成为高频词语。很多文艺作品，例如诗歌、电视节目、影视作品等蕴含着丰富的家国情怀，播洒引领世道人心的正能量。自 2002 年起，《感动中国》节目每年通过投票等多种方式，从社会各行各业中推选出 10 位年度最震撼人心、令人感动的人物和团队，被称为中国人的年度精神史诗。感动中国人物和群体的先进事迹温暖着中国，感动着我们，他们也用实际行动诠释了中国精神气脉中最本真的家国情

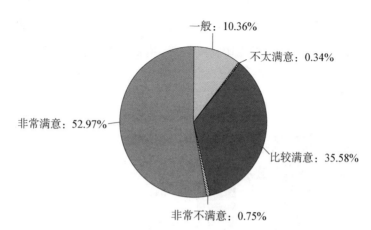

图3-7　新时代大学生对所在高校家国情怀培育工作满意度

怀，让人们直观感受到家国情怀的实际内涵。《希望的田野》《鸡毛飞上天》《人民的名义》《奋进的主旋律》等电视剧，高票房影片《我和我的祖国》《建党伟业》《建军大业》《建国大业》《战狼》《红海行动》等，都充分展示了中华民族从站起来、富起来到强起来的伟大飞跃。在这一伟大进程中，离不开中国人民爱家爱国的家国情怀、家国责任和家国实践。2020年，突如其来的新冠肺炎疫情在全世界蔓延，14亿中华儿女闻令而动、向疫而行，自觉投入抗击疫情的人民战争，团结奋进、和衷共济，以敢于斗争、敢于胜利的大无畏气概，同时间赛跑、与病魔较量，凝聚起抗击疫情的磅礴力量，打赢了疫情防控阻击战，铸就了"生命至上、举国同心、舍生忘死、尊重科学、命运与共"的伟大抗疫精神。在这场没有硝烟的战争中，每个人都感受到了"有了强的国，才有富的家"的道理，坚定了"国与家连在一起，创造地球奇迹"的信念，展现了中国人民的责任担当、举国同心的家国情怀。

（二）大学生对家国情怀培育的重要性认知明晰

家国情怀内涵丰富，既是爱家爱国的真情实感，也是对国家对人民的深情大爱，把爱家、爱国乃至爱世界统一起来。马克思认为"动物和自己的生命活动是直接同一的……人则使自己的生命活动本身变成自己意志的和自己意识的对象"。[1] 人作为有意识和自主能动性的生命体，在一生之中会不断追求自身生命价值的升华，追求个人的全面发展。在人的全面发展过程中，精神世界全面发展是重要的一部分内容。培育大学生的家国情怀，有助于大学生从情出发，以情致怀，增加对国家和民族的认同感、责任感和使命感，将个人梦、家庭梦融入到民族梦和中国梦之中，涵养正确大局观；有助于大学生继承和发扬中华优秀传统文化，学会尊重历史、致敬经典，与现实结合挖掘其时代价值，总结历史经验，解释历史规律，培养科学历史观；有助于大学生深刻理解社会主义核心价值观在国家层面、社会层面和公民个人层面的价值准则，把立志、立德和立身相统一，使个人价值目标与国家发展目标同向同行，为践行社会主义核心价值观提供内在支撑力，也使社会主义核心价值观成为有源之水、有本之木。

家国情怀和人的全面发展成正比，人的家国情怀越浓郁，家国意识越强烈，社会责任感越强，人的发展的动力就越足，发展空间就越广阔，全面发展的程度就越高。尤其是进入 21 世纪以来，中西文化激荡，社会思潮多元化发展。在百年未有之大变局下，心性尚不够成熟的部分大学生，更容易受到复杂世界环境和多元社会文化冲击。因此，厚植家国情怀是促进大学生自由全面发展的迫切需要，只有将"个人"与"国家"相结合，心中装着国家和人民，才能立足实践，奋力拼搏，立足新时代，肩负新使命，经受住诱惑和挑战，成为德才兼备，不负时代、国家和人民所托的时代新人。

为深入了解新时代大学生对家国情怀培育重要性的认知，在问卷调查中，当提及"您认为在当今社会背景下，大学生需要家国情怀这种品质吗？"，在被调查的 1467 名大学生中，有 1283 人认为非常需要，占比87.46％；156 人认为比较需要，占比 10.63％；21 人认为一般需要，占

1　马克思恩格斯选集（第 1 卷）［M］. 北京：人民出版社，2012：56.

比 1.43%；3 人认为不太需要，占比 0.20%；4 人认为完全不需要，占比 0.27%。如图 3-8 所示，通过对新时代大学生的调研可以看出，绝大部分大学生对家国情怀的重要性有认同感，认为在新时代条件下，对大学生进行培育家国情怀是十分必要的。

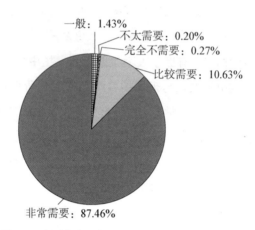

图 3-8　新时代大学生对家国情怀培育工作重要性的认识

　　当提及"您是否会主动参加以家国情怀为主题的活动"时，如图 3-9 所示，83.8% 的大学生表示会主动参加以家国情怀为主题的活动，16.2% 的大学生表示不会主动参加以家国情怀为主题的活动。这说明大部分同学对于家国情怀的活动还是具有积极主动性的，能自觉参加培育活动。

　　在调查问卷中，当问及"您认为新时代大学生家国情怀的内容有哪些"时，如图 3-10 所示，大部分大学生一致选择爱家庭爱故乡、爱国家爱人民、爱文化和信任党和政府的领导。这表明，通过学校、家庭、社会三方合力，共同培育大学生家国情怀，在营造爱家爱国、和谐团结的氛围中，大学生普遍对家国情怀内容有所了解，但了解深浅程度有待进一步深入考证。厚植家国情怀首先要对家国情怀的内涵有所认知，大学生对家国情怀内容和重要性的理解，为其涵养深沉的家国情怀提供了前提条件。

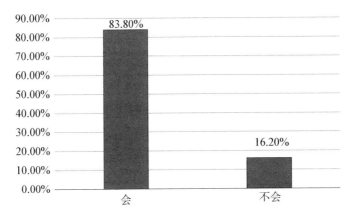

图 3-9　新时代大学生是否会主动参加以家国情怀为主题的活动

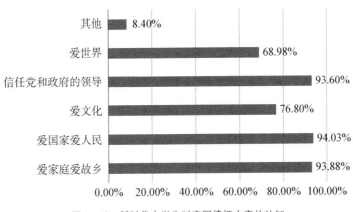

图 3-10　新时代大学生对家国情怀内容的认知

（三）大学生家国情怀培育载体与方式得到推进

通过问卷和访谈得知，当前高校大学生学习家国情怀有关内容的方式和途径，大部分主要是高校思想政治理论课开展理论和实践教学，还有学校或者社会组织的活动、家庭父母言传身教以及自己在网上查阅相关资料，表明大学生获得家国情怀内容的途径和方式较为广泛，学校和家庭教育在培育大学生家国情怀方面发挥了积极作用，尤其是发挥了高校思想政治理论课的主渠道作用。大部分大学生对家国情怀的兴趣较强，愿意主动关注和学习家国情怀相关内容。

十八大以来，在国家的大力倡导下，多数高校积极行动，结合各高校和大学生的实际情况，不断加大和强化对大学生的家国情怀培育力度，积极探索出很多行之有效的培育载体与方式。为充分发挥思想政治理论课的育人作用，全国高校掀起了一场"思政风"，不断推进思想政治理论课改革、创新，在此过程中，也不断加强思想政治理论课在大学生家国情怀培育中的作用。据对全国 200 多所高校、近 15 万大学生的调查研究数据显示："2020 年大学生对思想政治理论课的满意度超过90%，比 2015 年提高了 18 个百分点。"[1] 高校积极发挥思想政治理论课的主渠道作用，在"思想道德与法治"等课程教学中，融入习近平新时代中国特色社会主义思想、爱国主义教育、社会主义核心价值观等和家国情怀相关的重要内容，为提升大学生的家国情怀提供丰富养料。2020年 6 月，据调查显示："习近平新时代中国特色社会主义思想'三进'工作取得突出成效，98.3% 的学生认为思想政治理论课教师能够自觉用习近平新时代中国特色社会主义思想铸魂育人。"[2] 教育部设立了"周末理论大讲堂"、全国高校思想政治理论课教师网络集体备课平台等共享平台，提高思想政治理论课教师培育大学生家国情怀的教学能力。开展全国大学生同上一堂思政大课，使大学生深化理论认知、强化情感认同、坚定价值认同。高校还通过第二课堂等校内外活动的方式，在大学生的日常思想政治教育管理中进行家国情怀培育活动。有的高校在校内开展"在国旗下讲话"、爱国主题演讲、与名师对话、榜样事迹分享等活动，来渗透家国情怀的培育内容；在校外通过社会实践、志愿者服务等活动，引导学生亲身感受改革开放伟大成就，加强对学生的红色革命教育等，在一定程度上帮助大学生厚植家国情怀。

---

1   思政课受追捧"十三五"期间大学生满意度大幅提升 [EB/OL] http：//www. moe. gov. cn/fbh/live/2020/52717/mtbd/202012/t20201203 _ 503286. html. 2020 - 12 - 3.

2   思政课受追捧"十三五"期间大学生满意度大幅提升 [EB/OL] http：//www. moe. gov. cn/fbh/live/2020/52717/mtbd/202012/t20201203 _ 503286. html. 2020 - 12 - 3.

（四）大学生家国情怀培育理论研究成果日益丰富

史书万卷，字里行间渗透和蕴含着"家国"二字。家国情怀传承了家国天下的精神基因，是维系家国一体的情感纽带，体现了中国人民自古以来对家国共兴的价值追求。弘扬家国情怀，有助于建构家国一体的社会共识，实现中华民族伟大复兴，促进时代新人全面发展，对个人发展、社会进步和国家发展都具有重要价值。因此，培育家国情怀，既是对中华优秀传统文化的传承坚守，也是现实社会发展的必然需要，更是应对时代挑战和机遇的重要课题。随着党和国家对家国情怀的重视，家国情怀从历史传统和现实生活走进学术领域，成为学术界理论研究的热点，专家学者不断加深对家国情怀的理论和实践研究力度，研究成果也逐渐丰富。

在中国知网-中国学术期刊网络出版总库中输入题名"家国情怀"进行检索，通过数据分析得知，从 2003 年到 2011 年，关于家国情怀的研究成果比较少，9 年间，共有期刊论文 27 篇，没有相关的学位论文研究。如图 3-11 所示的关于家国情怀的研究趋势表明，从 2012 年开始，关于家国情怀的学术研究氛围愈来愈浓，研究成果成倍增长，呈现迅猛发展态势。从 2012 年到 2024 年 6 月，虽然只有 12 年时间，但是关于家国情怀的期刊论文数量增加了 30 多倍，学位论文的数量增长了 100 多倍。学者们结合社会现实和时代发展需要，从家国情怀的概念、特征、

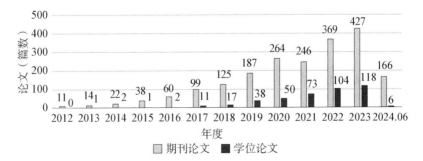

图 3-11　关于家国情怀的研究成果统计

具体内容、生成逻辑、时代价值、实践路径等角度进行系列研究，取得丰硕成果，在一定程度上体现了家国情怀的研究现状、动态和路向。尽管研究还有待完善和深入的方面，但是为进一步推进家国情怀研究奠定了扎实基础，为实践研究提供了理论指导。

在推进家国情怀的研究过程中，部分学者聚焦大学生青年群体，着重加强对大学生家国情怀培育的研究。在中国知网-中国学术期刊网络出版总库中输入题名"大学生家国情怀"进行检索，通过数据分析，从下图 3-12 得知，关于大学生家国情怀的研究成果，多为期刊论文，学位论文较少。从 2017 年开始，关于大学生家国情怀的期刊论文和学位论文数量呈逐年增加趋势。学者们围绕大学生家国情怀的重要意义、现状、成因、途径；习近平总书记家国情怀对大学生家国情怀的影响，思想政治理论课对大学生家国情怀的作用等方面进行理论和实践研究，为大学生群体传承和弘扬家国情怀，实现国家富强、社会和谐、家庭幸福的理想目标，提供了理论基础和实践指导。

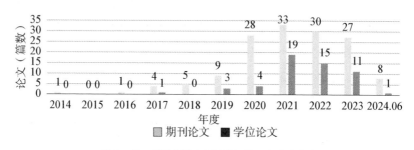

图 3-12　关于大学生家国情怀的研究成果统计

二、新时代大学生家国情怀培育存在的突出问题

（一）大学生家国情怀培育力量有待整合加强

大学生家国情怀培育是一项复杂的系统性工程，高校是大学生家国

情怀培育的主要阵地。在问卷调查中，当问及"您认为高校开展大学生家国情怀培育工作中，哪些队伍发挥的作用较大"时，如图 3 - 13 所示，89.34％的大学生选择了思想政治理论课教师，87.45％的大学生选择了辅导员、班主任队伍，72.89％的大学生选择了党政干部和共青团干部，47.32％的大学生选择了其他专业课教师，41.33％的大学生选择了其他教师。

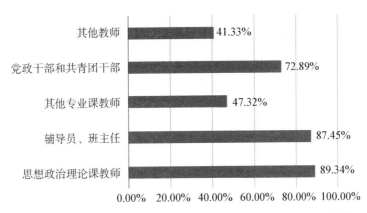

图 3 - 13　高校开展大学生家国情怀培育工作中，哪些队伍发挥的作用较大

由此可见，当前大多数高校对大学生家国情怀培育的主要力量是思想政治理论课教师。思想政治理论课教师通过课堂对大学生进行家国情怀培育，是当前高校对大学生进行家国情怀培育的主渠道。

但是由于高校缺乏关于家国情怀的系统教材体系、没有关于家国情怀的独立课程、思想政治理论课教师的专业倾向不同、对家国情怀的内容理解有区别等各种主客观因素交织的影响，当前高校思想政治理论课教师在大学生家国情怀培育方面的作用还是有待进一步提升。在问卷调查中，当问及"您认为思想政治理论课教师对家国情怀的讲解情况如何"时，如图 3 - 14 所示，88.07％的大学生认为老师对家国情怀的讲解清晰、系统、深刻，11.45％的大学生认为老师讲解得不够清晰、系统和深刻，还有 0.48％的大学生认为老师对家国情怀有关内容讲解很少。因此，思想政治理论课教师在大学生家国情怀培育中的力量需要进一步强化。高校也要加强对思想政治理论课教师关于家国情怀方面的系统培训，使思想政治理论课教师厚植家国情怀，提升情怀素养，从而更好立德树人，培养学生，锻炼学生，使大学生增强家国情怀。

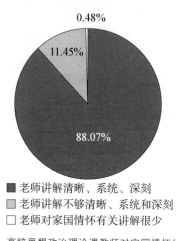

图 3-14　高校思想政治理论课教师对家国情怀的讲解程度

　　大学生的家国情怀培育是当前高校思想政治教育工作的重要内容，也是引导学生树立正确的世界观、人生观和价值观的重要途径，这项任务不是一蹴而便能完成的，也不是单靠思想政治理论课教师的课堂授课就能实现的，它是一个循序渐进的持续过程。大学生的家国情怀培育系统工程的实施，不能单靠思想政治理论课教师"一家独唱"，而是需要形成全员育人合力，在高校内做到"百花齐放"。如前图 3-13 所示，除了思想政治理论课教师外，87.45％的大学生选择了辅导员、班主任这支队伍。众所周知，高校辅导员工作任务繁冗复杂，工作职责广泛而又艰巨，要负责大学生的思想理论教育和价值引领、党团和班级建设、学风建设、学生日常事务管理、心理健康教育与咨询工作、网络思想政治教育、校园危机事件应对、职业规划与就业创业指导等，在工作之余，还要开展理论和实践研究，不断升华完善自己。高校辅导员在学生工作第一线，往往疲于完成既定行政和事务性工作任务，没有过多的时间和精力对大学生进行家国情怀培育，培育方式大多通过班会等形式进行，在一定程度上影响了大学生家国情怀的培育效果。高校班主任大多为专业课教师或者职能管理部门教师，他们更多注重对学生专业成绩的培养，往往会忽视对大学生家国情怀的培育。因此，需要辅导员和班主任队伍有效引导学生，正确认识自身的责任和担当，发挥家国情怀的价值和作用，进而努力学习专业技能。

　　培育大学生家国情怀应是全校教职工共同的职责，但是目前在部分高校，教职工并未形成教书育人、管理育人、服务育人协同发展的思想共识，没能在专业教学、管理服务等方面融入家国情怀的相关内容，学校还未形成全员育人的良好局面，各部门还存在步调不一致、不协调的现象。

　　当问及"您所在学校是否形成了管理、服务、教育教学部门协同培育大学生家国情怀的格局"时，如图 3 - 15 所示，60.8％的大学生认为完全形成，25％的大学生认为基本形成，但是仍有 14.2％的大学生选择了不清楚或者尚未形成。在一些高校中，凡是涉及和学生相关的，比如出现心理问题、就业问题、学风懒散、宿舍矛盾、拖欠费用、人际交往等问题时，往往都要由辅导员到场参与解决，而并不是发现问题时教职

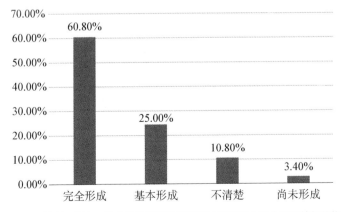

图 3 - 15　管理、服务、教育教学部门是否形成协同培育大学生家国情怀的格局

工在第一时间协同解决。因此，高校关于大学生家国情怀培育，要形成系统性的培育理念，需要各个部门，全校教职工的参与和协作，例如要通过大力推进课程思政、对职能管理部门人员进行培训等方式，形成教育合力，通过教师的严于律己、言传身教，提升大学生家国情怀培育效果。

中华民族自古以来就重视家庭，家庭是人生的第一所学校。家庭在大学生家国情怀培育中，也是一支不可忽视的力量。在问卷调查中，当提及"您的父母是否会主动和老师联系，以了解你的在校表现"时，如图3-16的占比所示，只有62.6％的大学生选择"经常联系"，占比21.7％的大学生选择"偶尔联系"，13.2％的大学生选择"没有联系"，2.5％的大学生选择"不清楚"。由此可见，从幼儿园到小学、初中和高中，家长和教师联系紧密，便于双方互相了解学生情况和动态。但是到了大学后，大部分同学离家较远，家长和老师的联系也随之减少。在大学生"三观"形成的关键时期，家校之间联系的断档，会在无形中减弱学生的家国情怀。因此，需要学校与家庭之间加强联系，衔接好优良家风和校风，引导学生从爱家开始，逐步爱学校、爱老师、爱同学，进而

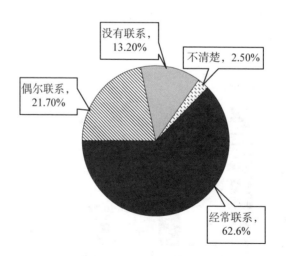

图3-16　您的父母是否会主动和老师联系，以了解您的在校表现

达到爱社会、爱国家、爱民族的大爱。同时，父母也要认识到家庭在大学生家国情怀培育中的重要地位，注重形成优良家风，树立正确的家庭教育观念，不能仅仅看重孩子的学习成绩和专业排名，要加强对孩子道德方面的教育，用自己的一言一行、温馨和谐的家庭氛围熏陶孩子，促进家国情怀的培育。

（二）　大学生家国情怀培育内容有待系统完善

每个高校都会根据大学生的专业方向以及市场需求，合理设置大学生大学期间课程。目前各高校按照教育的要求，开设了"习近平新时代中国特色社会主义思想概论""思想道德与法治""马克思主义基本原理""毛泽东思想和中国特色社会主义体系概论""中国近现代史纲要""形势与政策"等思想政治理论课相关课程，或者人文素质类的通识课程，但是很少有高校专门开设关于家国情怀的专业课程。尽管思想政治理论课为大学生家国情怀培育提供了有利平台，大学生可以通过中华优秀传统文化、形势与政策、马克思主义理论等相关理论的学习，了解到部分关于家国情怀的内容，但是所能学习到的家国情怀的内容缺乏系统性、针对性和目标性。如图 3-17 所示，从对"您如何评价您所在高校家国情怀培育内容"这一问题的调查数据分析结果来看，有 63.7％的大学生认为自己所在高校的家国情怀培育内容已形成完整体系，22.9％的大学生认为自己所在高校的家国情怀培育内容一般，11.3％的大学生认为自己所在高校的家国情怀培育内容不够完善，还有 2.1％的大学生选择了不知道。由此可见，尽管党的十八大以来，国家高度重视思想政治理论课教材的完善和丰富，出台实施了《新时代马克思主义理论研究和建设工程重点教材建设规划》《习近平新时代中国特色社会主义思想进课程教材指南》等指导性文件，将习近平新时代中国特色社会主义思想、中华优秀传统文化、社会主义核心价值观、劳动观、总体国家安全观等内容融入思想政治理论课教材，拉近了思想政治理论课和大学生家国情怀的距离，提升了大学生的国家、民族意识和社会责任感，取得了长足的进步和发展，但是部分高校的大学生家国情怀培育内容完善性还有待继续提升，还没有形成系统的理论课程体系和优秀的教辅材料。大学生家国情怀的教育内容需要教师在现有教材内容的基础上进行深入挖掘和提炼方能获取，而部分高校只是将家国情怀内容作为思想政治理论课的备用资源。有的即使开设了相关课程，很多学生也只是为了修满学分。培育内容的不完善和不系统，在一定程度上影响了将家国情怀内化于学生之心，实现情感内化的进程。因此，要加大家国情怀资源在高校思想政治理论课教学中的开发利用，不断完善家国情怀培育的内容，提升家国情怀培育质量。

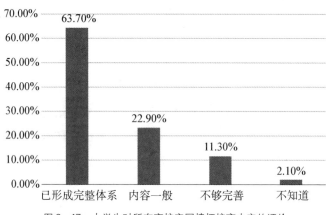

图 3-17　大学生对所在高校家国情怀培育内容的评价

如图 3-18 所示，当问及"您所在学校思想政治理论课的教学内容与家国情怀的相关性"时，认为思想政治理论课教学内容与家国情怀培育内容很相关的大学生占比 80.3％，9.4％的大学生认为"教学内容平铺直叙，深入分析后能感受到家国情怀"，10.3％的大学生认为思想政治理论课教学内容对家国情怀的体现有些牵强、难以彰显家国情怀、没有相关内容。而且，在与学生访谈过程中，将近 28.72％的大学生认为教师讲授的家国情怀内容不够新颖，吸引力不强。因此，当前思想政治理论课的教学内容和大学生家国情怀培育内容的关联度、相关性还不够，需要继续加强。

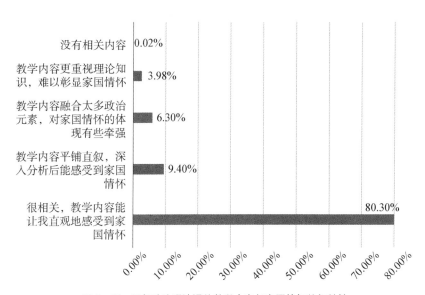

图 3-18 思想政治理论课的教学内容与家国情怀的相关性

恩格斯曾说："每一个时代的理论思维，从而我们时代的理论思维，都是一种历史的产物，它在不同的时代具有完全不同的形式，同时具有完全不同的内容。"[1] 思想政治理论课的教学内容要与时俱进，结合时代和社会发展步伐及时更新，将习近平总书记的系列讲话精神融入其中，运用最新的时事政治和热点事件对大学生进行家国情怀培育，才能使培育内容具有生命力。要深入挖掘思想政治理论课教学当中和家国情怀相关的内容，将知识传授和价值引领相结合，使大学生能简明扼要获得家国情怀的内容，并自觉指导实践活动，增强对中国特色社会主义的信心，提升国家认同感。

（三）大学生家国情怀培育方式有待创新多元

大学生家国情怀培育渗透在课程教育、文化涵育、日常生活教育、

---

[1] 马克思恩格斯选文集（第9卷）[M]．北京：人民出版社，2009：436．

实践教育等多方面。在大学生家国情怀的培育方式上，应根据不同学生群体的思想行为特点、具体目标、教育教学实际等因素进行创造性设计。在问卷中提及"您所在高校通过何种方式进行家国情怀培育"时，如下图 3-19 所示，大学生的选择按照占比从高到低的排序依次是：开设以家国情怀为主题的相关课程；开展以家国情怀为主题的实践类活动；讲座培训、读书交流会、竞赛等主题教育活动；新媒体平台宣传；主题宣传展示，建设文化长廊，加强氛围营造。小部分同学在补充内容部分选择通过校内广播、线上线下的爱国主题活动和有关家国情怀主题的调研活动等开展家国情怀培育。因此，可以看出，多数高校结合各个高校和大学生的实际情况，不断加大和强化对大学生的家国情怀培育力度，积极探索出很多行之有效的培育载体与方式，包含了课程教育、实践教育、线上教育、线下教育。但是大部分同学选择了课程教学、讲座培训、读书交流会、竞赛这些常规性的活动方式和手段，表明当前大学生家国情怀培育方式在情感体验、实践体悟等方面存在明显不足，还是停留在一般传统层面，缺乏更加具体层面的创新。

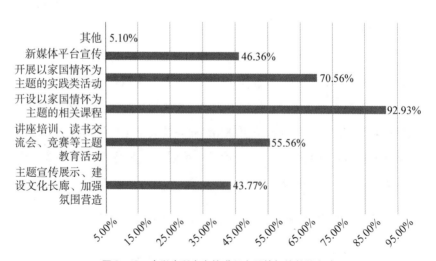

图 3-19　大学生所在高校进行家国情怀培养的方式

　　实践观点是马克思哲学的首要观点，实践在认识活动中具有决定作用。在大学生家国情怀培育方式中，要注重实践活动对提升大学生家国情怀素养的重要性。在访谈中，部分学生表示，学校组织开展的关于家国情怀的社会实践活动较少。有时候即使开展，能够参加活动的学生数量也有限制。部分学生表示，教师更多是对学生进行家国情怀的理论知识灌输，不太注重启发学生思考，未能充分激发学生的情感。所以部分学生在上理论课的时候，觉得教学内容过时、枯燥乏味，未能对所学知识形成价值共识，没有情感付出和提升，对家和国的热爱之情不够强烈。而且，大学生的主要生活空间依然是在学校，深入社会亲身感受家国情怀的机会有限，这对大学生更好践行家国情怀造成局限，影响培育效果。尤其是在新媒体背景下，大学生的思维比较活跃，思想观念和价值观也更容易受到多元文化的影响，这时候对大学生家国情怀的培育，如果过分注重理论灌输，过多停留在理论层面，缺乏趣味性和生活性，会影响大学生的关注和兴趣，甚至使之产生逆反心理。

　　时代在发展，社会在进步，家国情怀培育对象的大学生群体特征也在发生变化。对大学生家国情怀的培育方式不能局限于传统方式，而要适时革新，有所发展和创新。大学生家国情怀的培育不仅仅是知识的传授，更要通过各种方式使学生得到家国文化的熏陶，在情感体验的基础上内化为自身的价值理念，并落实在具体的家国行动上。因此，高校要在深入把握大学生思想行为新特点的基础上，贴近大学生生活和需求，与时俱进地创新教育教学方法，注重运用新颖有趣的方式进行宣传教育，加强理论灌输与实践教学相结合，组织丰富的实践活动，激发大学生的参与热情，提升实践育人功能和学生的家国情怀获得感，增强学生对国家和民族的认同。同时，由于在网民规模中大学生群体占比较高，其上网时间比较多，高校要根据新时代特征，充分运用新媒体平台，注重学生主观能动性的发挥，运用微电影、艺术创造等新的方式，采用启发式教学和网络育人模式，在紧跟时代步伐的同时吸引学生，满足大学生的心理需求，发挥网络的宣传作用，引导学生将家国情怀转化为自觉行动，提高培育实效。

（四）大学生家国情怀培育环境有待优化提升

"所谓环境，是指周围所存在的条件，一般分为自然环境与人文环境，对不同的对象和学科而言，环境的内容也有所不同。"[1] 大学生家国情怀培育环境是影响大学生家国情怀培育思想、行动和效果的外部因素的总和。马克思曾说环境的改变和人的活动或自我改变的一致，说明环境对人的影响是巨大的。大学生家国情怀培育虽隶属于大学生思想政治教育的重要范畴，但仅仅依靠理论教学和实践教学远远不够，还需要环境的烘托和浸润。优良的培育环境对大学生家国情怀的培育具有重要作用。大学生家国情怀的培育环境主要体现在高校环境、家庭环境、社会环境和网络环境。当前大学生家国情怀培育环境整体良好向上，但也有些不良因素需要优化改变。

高校作为大学生思想政治教育的主要场所，是大学生家国情怀的主阵地。良好的高校氛围对大学生家国情怀培育有事半功倍的作用，是大学生家国情怀培育的涵养源；反之，营造不出良好校园氛围，则会起到事倍功半的负面作用，将不利于大学生家国情怀培育工作的实施和推进。目前，很多高校在党中央的号召下，形成了一定的家国情怀培育氛围，但多数高校的氛围营造主要采用线上线下结合的方式。线上主要通过新媒体推动。线下主要包括横幅、宣传栏等形式，通过喊口号、讲故事的方式呈现家国情怀，这些方式对大学生来说司空见惯，长久过时的营造方式已经使大学生麻痹，甚至产生"抗体"，自动将这些信息排除在外，因而无法直击大学生的内心深处，无法引起大学生的共鸣和反响。此外，部分高校虽然营造了一定的家国情怀培育的校园氛围，如在特殊时间节点，例如：中秋节、国庆节、建党节、重阳节等，通过一定

1　《思想政治教育学原理》编写组. 思想政治教育学原理 [M]. 北京：高等教育出版社，2016：317.

的方式号召大学生为国庆生，为家奉献，但一旦过了时间节点的热度，氛围开始暗淡，无法保持常态化和持续化。校园家国情怀氛围营造的浓度若不能继续加强，将导致部分大学生缺乏相应的浸润环境，在一定程度上影响大学生家国情怀培育效果。

家庭是大学生成长的首要和重要场所，家庭环境对大学生品德和行为的塑造和家国情怀的培育有至关重要的作用。在问卷调查中，问及"您在家庭教育过程中接受过家国情怀教育吗"时，如图 3‐20 所示，有 78.26％的大学生选择了经常接受，21.34％的大学生选择接受过，但次数很少，还有 0.4％的大学生在家庭中没有接受过家国情怀教育。这表明家庭在大学生家国情怀培育中的功能发挥还不够，需要进一步加强。一个家庭中，良好的氛围即优良的家风是影响大学生成长的重要因素。部分家庭的家风传承出现日趋淡化的倾向，"目前大多数家长认为家庭教育非常重要，但是普遍关注子女的知识获取和学习成绩，对子女的道德教育关注较少，家庭德育意识不够强。"[1] 家庭德育功能的弱化反映出原有的家风传承方式逐渐被摒弃。有些家庭对孩子过分放任自流或

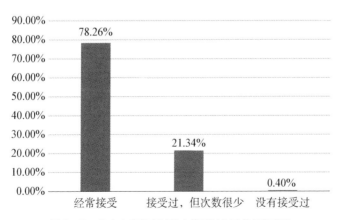

图 3‐20　您在家庭教育过程中接受过家国情怀教育吗

1　王志强. 当代中国家庭道德教育研究［M］. 杭州：浙江大学出版社，2013：176.

专制严苛或溺爱过度，忽视言传身教，这种环境使大学生懒惰任性、环境适应能力差，为人处世从个人利益出发，以自我为中心，对家庭和国家缺乏热爱，这样不利于大学生家国情怀的培育。

大学生是社会性的人，处在一定的社会关系网中。大学生行为习惯的养成和家国情怀的培育，离不开社会这个大环境。当前社会环境中存在的一些不良现象，造成了恶劣影响。腐败被世界公认为"政治之癌"。尽管党的十八大以来党中央重拳出击，加大了反腐力度，但是社会上的腐败现象依旧存在，腐败问题和不正之风交织，腐败方式多、腐败领域广，反腐败斗争形势严峻复杂。一些腐败官员把党性抛之脑后，忘记了党的初心和使命，大权独揽、独断专行，拉帮结派立"山头"，用权力满足自己的政治野心，进行官商勾结、官官勾结、权权交易、权钱交易，严重破坏了党风政风社风，影响了党的先进性和纯洁性。腐败事件侵蚀公民利益，对整个社会成员尤其是大学生造成了负面影响，削弱了大学生对党的信服度，对国家的认同度和情感，弱化了大学生的家国情怀。随着西方国家的强势殖民扩张，在社会中"西化"思潮暗流涌动。2017 年，一名美国马里兰大学的中国留学生在毕业演讲中，鼓吹美国的空气"又甜又鲜""感受到了自由"，当众抹黑自己的祖国和家乡，说家乡又脏又差，没有自由可言。在社会中还有很多人认为"外国的月亮比较圆"，故意丑化中国，辱国辱民，宣称"中国人有劣根性""中国社会很差劲"……社会上的崇洋媚外、利欲熏心思想，在一定程度上冲击着中华优秀传统文化，对大学生家国情怀培育产生消极影响。

随着信息时代的快速发展，新媒体、互联网、大数据无时无刻不在影响着大学生的学习方式和生活方式。在"互联网＋"的作用下，人们接受信息更加广泛，开始自发地去探寻不同的世界、不同的生活、不同的文化。伴随着电子支付、网上购物、外卖等新行业兴起，人们足不出户便能满足所需。网络给我们生活带来便利的同时也产生了许多弊端。一些媒体毫无道德底线，在利益的驱使下，为了博人眼球，大肆宣扬、炒作"星文化"，利用明星的花边新闻和丑闻劣迹吸引观众，传递奢华、特权、攀比、炫富等和社会主义核心价值观相悖的理念，影响大学生的价值取向，导致部分大学生盲目追星。"泛娱乐"文化在一些影视作品中泛滥，粗制滥造的电影、泡沫偶像剧、虚假科幻剧频繁上演，有的甚至扭曲传统文化和红色经典故事，诋毁民族英雄和消解民族精神，严重损害了国家形象，为大学生家国情怀的培育带来了一定阻力。在开放性的社会环境下，网络是各种言论汇集交锋的平台，加上对网络舆论引导的缺失，大学生容易受到网络不实信息的影响，被恶意分子当枪使。一些别有用心之人利用网络平台，刻意神化鼓吹西方的政治体制、生活方式和价值观念，发布恶意攻击和诋毁中国共产党的言论。大学生好奇心强，自身甄别真假信息的能力有限，容易盲目相信网络中的谣言等虚假信息，以讹传讹，陷入西方人权和民主的陷阱，这对家国情怀的培育带来了较大的冲击。

第四章　新时代大学生家国情怀培育存在问题的成因分析

马克思认为："人是环境的产物，人的思想的形成和发展离不开一定环境的影响。"[1] 新时代大学生家国情怀培育是教育者主导、受教育者参与、多方面因素协同作用的教育实践活动。增强新时代大学生家国情怀培育效果，不能只寻求某一环节或某一方面的因素，而要多方位、宽领域、深层次的挖掘、探索和分析。综合而言，新时代大学生逐步向以"00"后为主的方向靠拢，有的大学生自我意识强、责任意识弱；学习能力强、实践能力弱；内心情感丰富、心理承受能力较弱。他们的经济独立意识和抗挫折能力有待提升，同时，他们还存在着严重的网络依赖症。[2] 基于此，全面、系统地分析造成新时代大学生家国情怀培育效果不理想的社会因素、高校因素、新媒体因素、家庭因素及个人因素，是提升新时代大学生家国情怀培育实效的重要环节，更为加强大学生家国情怀培育的具体实施路径提供了方向和思路。

1　马克思恩格斯选集（第1卷）[M]. 北京：人民出版社，2012：92.
2　刘湘顺，李梅. 大学生思想变化的新特点及教育对策 [J]. 学校党建与思想教育，2018（22）：66—68.

第一节　纷繁复杂社会环境的影响

马克思认为："人们的意识，随着人们的生活条件、人们的社会关系、人们的社会存在的改变而改变。"[1] 同样，大学生家国情怀培育受到复杂社会大因素的影响。社会环境的影响是一把双刃剑，良好社会因素会营造出浓烈的社会文化氛围，从而推进大学生家国情怀的培育；反之，一旦社会因素出现破碎或存在负面因素，则会对大学生家国情怀培育工作起到阻碍作用。当前，复杂的国内外局势使社会因素具有多元化、复杂化的发展趋势，在不断演变发展过程中，某些不良社会因素给大学生家国情怀培育带来了严峻挑战和考验。

一、全球化对大学生家国情怀的消解

全球化是社会生产力发展和科技革命的必然结果，是当下不可阻挡的经济发展趋势，但它是一把双刃剑，给我们带来经济发展机遇的同时，引发诸多挑战，也影响着大学生家国情怀的培育进程。

（一）全球化对发展中国家主权的挑战

全球化背景下，各国经济深度互嵌，贸易往来频繁，全世界成为不可分割的"地球村"，相互依存程度加深，进一步突破了国与国之间的疆域、民族和文化边界。在全球生产力快速提升的同时催生了很多跨国公司和有影响力的国际组织。跨国公司大多集中在发达国家，遍布世界各个角落。跨国公司利用全球各地的优势组织生产，以标准化的生产方式进行管理，促进各种生产要素在全球的流动和国际分工。跨国公司在国家合法允许的情况下存在，在一定程度上参与了国家经济主权范围内

1　马克思恩格斯选集（第 1 卷）［M］. 北京：人民出版社，2012：419—420.

的事务。部分跨国公司利用在行业内的垄断优势地位，在取得巨额经济利润的同时，对所在国政治和文化方面施以干扰，加速分流主权国家的资源和权威。例如用政治贿赂影响和参与发展中国家在政治方面的一些影响和决策，从而达到对发展中国家主权的制约，对发展中国家主权意识的政治基础产生冲击风险。同时，全球化意味着全球性问题责任共担。例如生态环境污染、毒品交易、人口贩卖等问题的解决，需要国家与国家之间联合完成，从而应运产生了联合国、世界贸易组织、国际货币基金组织等大型国际组织。虽然这些国际组织不具备国家主体资格，但组织内的成员国之间实力存在差异，发达国家利用自己的强权地位主导制定解决政策，在一定程度上影响国际组织的公正性。埃及学者马哈丁尖锐指出："全球化体系具有一种将人类从土壤中连根拔起的离心力，社会组织因此而动摇松散。"[1] 而在全球性问题的治理中，一旦无法有效解决问题，会使大学生对国家的治理能力和治理体系产生疑虑，忽视本国治理能力，以致缺乏对自己国家的认同感。因此，全球化在一定程度上对国家主权、民族国家意识、民族精神造成冲击风险。

（二）全球化对公民身份的扰乱

公民身份的认同，是对国家认同和归属的一种体现。全球化促进了全球范围的商品和资本流动，扩大了人们的交际范围，加速了全球人员的流动，使世界各国不同的思想观念和行为方式交织在一起，与民族主权国家的排他性发生激烈的碰撞。一个国家的公民可能工作和生活在几个不同国家，"在频繁辗转奔波于不同的国家、地区或城市的过程中……人们身份认同的原有'意义空间'被打破且发生了变化"。[2] 再加上跨国婚姻，也动摇了家国一体的传统观念，松动了家和国之间的纽带。这种情况下，有些人的国籍意义淡化，甚至为了个人利益的发展，

---

1 [埃及] 侯赛因·卡米勒·巴哈丁. 朱威烈，王有勇译. 无身份世界中的爱国主义——全球化的挑战 [M]. 上海：上海外语教育出版社，2001：39.

2 马润凡. 全球化与爱国主义认同 [J]. 中州学刊，2019 (08)：9—15.

放弃原有国籍加入其他国家的新国籍。西方很多国家借助全球化浪潮，不断向我国输入各种商品、观念，鼓吹"无国界"论，淡化人们的家国责任意识、国家身份和归属感。对大学生而言，他们身处这样一个纷繁复杂、色彩斑斓且具有广泛性、复杂性和多样化的世界，面临着民族情怀、国家身份认同、家国情怀的挑战，这就给新时代高校大学生家国情怀培育工作的开展带来更大的难度。

（三）　全球化对主流文化的挤压

全球化对文化的冲击体现在西方强势文化对东方弱势文化的入侵和吞并。每逢带有严重西方色彩的 2 月 14 日情人节、圣诞节、万圣节等节日时，校园里鲜花成堆、各式奇装异服成群，节日氛围极其浓厚，但到了端午节、中秋节、清明节等中国传统节日时，有些大学生们的热情却并不高涨、兴趣也不浓厚，校园气氛与西方节日到来时相比也黯然失色。饮食上，随着"快"时代的到来，大学生们逐渐热衷于汉堡、薯条、鸡肉卷等西方食物，而对中国菜系的研究和喜爱逐步减少。电影选择上，有些同学认为国产电影呈现的内容、表达的含义、制作的技术等都处于落后地位，一味追捧好莱坞大片而吐槽国产电影。这些现象的出现，实质上是西方强势文化伴随经济全球化的步伐对弱势文化的国家和地区的经济制度、政治制度、意识形态和价值观的输出和入侵的结果，其目的就是通过视觉感官的冲击以洗礼甚至掌控大学生的精神世界，从而降低大学生对传承民族文化的热情，减弱大学生对国家、民族的认同、淡化理想信念。这种伴随经济发展而进行的文化入侵，容易使大学生疏远对国家、民族、家庭的亲切感和认同感，侵蚀大学生的家国情怀，甚至会使家国利益和尊严受损。

二、不良文化思潮对大学生家国情怀的干扰

每一种文化都有其存在的社会基础和现实价值，不同的社会孕育不

同的文化，从而在大范围内形成多样化和多元化的局面。新时代，文化多元并存，在发展本国优秀文化的基础上，对各种外来文化包容并蓄。正如费孝通先生所说："各美其美，美人之美，美美与共，天下大同"。这十六字箴言强调：我们除了要尊重、传承、培育本民族文化，还要尊重其他民族的文化，承认其他民族文化的存在和发展，这样才能促进全世界文化的共同繁荣昌盛。作为时代新人，新时代大学生就必须要承担起这一重任，不断提高自身素质，争做有作为的社会主义建设者和接班人。经济全球化是文化多样化的前提和基础，经济全球化对大学生家国情怀消解的同时，也会使其在培育过程中受到不良文化思潮的干扰。西方形形色色的消极、错误的文化思潮互相吹捧、沆瀣一气，以各种名义，散播不利于党的领导和中国特色社会主义的言论，企图动摇中国特色社会主义事业的根基，影响新时代大学生的家国情怀，给新时代大学生的家国情怀培育工作的开展带来阻力。

（一）极端个人主义淡化了部分大学生的集体主义价值观念

大学生的家国情怀并不是单纯的对家庭和国家的情感，而要始终坚持党的领导，坚持中国特色社会主义道路。在社会主义国家，国家、集体和个人的根本利益是一致的。西方推行的极端个人主义思想，宣扬个人利益至上，甚至牺牲他人的和社会的利益满足自身的需求，是赤裸裸的利己主义人生价值观。马克思、恩格斯曾批判施蒂纳的极端利己主义，指出这种思想是通过别人受损而使自身获得利益。这种极端个人主义价值观的宣扬和冲击，无形之中会促使部分大学生产生功利心理，淡化家国责任意识，从而导致个体家国意识淡漠，甚至走上背离中国特色社会主义的歪路。

（二）历史虚无主义解构了部分大学生对历史文化的认同感

随着中国发展势头的猛增，一些历史虚无主义思想沉渣泛起，它们假借学术探究和反思历史之名，美化反面历史人物、丑化英雄人物，歪曲历史现实、诋毁党的革命领袖，把党史和国史描绘成权斗史和阴谋史。习近平总书记明确指出，历史虚无主义的"根本目的就是要搞乱人心，煽动推翻中国共产党的领导和我国社会主义制度。"[1] 历史虚无主义思潮本质上就是披着"学术研究"的外衣，假借"还原""重评"和"反思"历史的幌子，虚构历史人物，否定既定史实，否定中国共产党的领导和中国特色社会主义，最终是为了实现"灭史亡国"的政治图谋。部分大学生未能树立科学的历史观和大局观，对中国的历史文化知识了解有限，容易受到这些臆测曲解、虚构杜撰出的"历史真相"的迷惑而产生错误认知，进而对中华优秀传统文化失去认同感和责任感，质疑中国特色社会主义道路，弱化民族认同和文化自信。

（三）"普世价值"动摇了部分大学生对马克思主义的信仰

马克思曾说资产阶级"为了达到自己的目的不得不把自己的利益说成是社会全体成员的共同利益。"[2] 西方借助强势霸语话权，宣扬反映西方资产阶级核心价值观念的"自由""民主""人权"等是人类共同追求的"普世价值"，是放之四海而皆准的价值体系，并以此，对非西方国家进行意识形态的渗透，甚至对非西方国家的价值观念进行"道德绑架式"的修订，用西方价值观洗礼非西方。"普世价值"实质上是披着欺骗性的外衣的政治手段，隐藏着当代资本主义野心，反映了资产阶级的利益诉求，主要目的是推行文化霸权和资本垄断，推销西方所谓的"民主国家体系"和"自由体制"，为其进行意识形态渗透提供借口。花哨的"普世价值"，无论被包装得多么华丽，都掩盖不了其否定中国特色社会主义道路、诱导中国走资本主义道路、抹杀中国主流价值特殊性的险恶政治企图。在"普世价值"思想的冲击下，部分大学生不明其真实意图，被其蒙蔽性和虚伪性蛊惑，将"普世价值"和社会主义核心价值

1　中共中央文献研究室. 十八大以来重要文献选编：上［M］. 北京：中央文献出版社，2014：694.
2　马克思恩格斯选集（第1卷）［M］. 北京：人民出版社，2012：180.

观混为一谈，价值观错位，动摇了马克思主义信仰，日渐遗忘中华民族优秀传统文化，有的甚至演变成资产阶级意识形态的代言人。

（四）新自由主义思潮消减了部分大学生对中国特色社会主义的信心

近年来，新自由主义思潮在我国甚嚣尘上。新自由主义思潮是在英国亚当·斯密古典自由主义思想基础上建立的，起初是为了解决资本主义国家的经济滞胀危机，其经历了从经济学理论到意识形态理论的演变历程。1989 年"华盛顿共识"的出笼，使新自由主义从学术思潮嬗变为意识形态。"华盛顿共识"是美国的国家意识形态和主流价值观念，指的是"以市场经济为导向的一系列理论，它们由美国政府及其控制的国际经济组织所制定，并由它们通过各种方式进行实施。"[1] 新自由主义价值观推崇个人自由，主张"个人主义"，宣扬个人利益优先，社会利益为后，先个人再集体，个人优先于国家和社会。个人的自由权利神圣不可侵犯，个人权利是评判一切社会行为得失成败的尺度。在经济上主张"三化"思想，即绝对自由化、彻底私有化和完全市场化，反对公有制。认为经济自由最重要，是其他一切自由的基础；私有制是资本主义经济协调发展运行的基础；相信市场万能，认为市场经济是唯一能实现资源合理配置的经济制度。在政治上实施所谓"民主"，宣扬西方宪政民主，将西方的主权在民、三权分立等政治观念"意识形态化"，反对社会主义政治制度。在国际战略上推销"全球一体化"，实行美国模式的世界经济一体化。所以，新自由主义的本质上是和马克思主义意识形态相对立的，是为了维护资本主义的私有制，抨击社会主义和公有制，是西方资本主义国家试图颠覆社会主义的思想武器。新自由主义的传播会误导部分大学生淡化马克思主义的倾向，丧失公共意识，忽视他人的感受和

1　[美]诺姆·乔姆斯基. 徐海铭，季海宏译. 新自由主义和全球秩序 [M]. 南京：江苏人民出版社，2000：4.

公共利益，淡漠对优良社会公德的认同感，弱化核心价值观，过度追求物质消费，扭曲消费观念，产生资本主义制度优越于社会主义制度的错误思想，动摇对中国特色社会主义的信心。

三、市场经济负面效应对大学生家国情怀的冲击

改革开放以来，我国逐步实现从社会主义计划经济体制到社会主义市场经济体制的转变。随着社会主义市场经济的加速发展，我国政治、经济、文化等各方面取得丰硕成就，综合国力越来越强，在国际社会中赢得了更多的话语权和主动权，人民生活水平也大幅度提升。总体上讲中国的经济总量、结构、效益都取得了巨大的变化，人民生活水平有质的提升。习近平总书记在庆祝中国共产党成立 100 周年大会上，庄严宣告我国全面建成了小康社会。市场经济是一柄"双刃剑"，在发展社会主义市场经济的过程中，市场经济能引入市场、竞争、效益、公平等观念，激发人们的创新、进取精神，但同时，市场经济的趋利性、自发性和滞后性，容易滋生一些不良社会风气，并影响人们的思想观念，产生市场经济负面效应。

（一）个人价值主义兴盛

传统社会注重社会的整体性和系统性，个人融入集体之中。但是现代社会，个人被日趋原子化、分散化和孤立化。马克思曾在《政治经济学批判》导言中论述："只有到 18 世纪，在'市民社会'中，社会联系的各种形式，对个人说来，才表现为只是达到他私人目的的手段。"[1] 这里的市民社会，其实就是追求利益最大化的市场经济。在市场经济条件下，市场和政府双重鼓励，在计划经济时代被压制的"个人利益"快速崛起，市场经济中的"经济人"致力于追求个人利益的最大化，在一定

1　马克思恩格斯文集（第 2 卷）［M］．北京：人民出版社，2009：684.

程度上会增进社会公共利益，但个人利益的过分凸显必然会损害集体利益。尤其是在市民社会中，人与自己的类生命相分离使人性获得解放，个人成为个体性的私人存在，每个人都关注于自身利益的实现，价值个体主义倾向日益凸显，带来了个体本位观念。个人本位是"在市场经济的自主性原则下，经济上的独立和自主，使人们发展个性、追求个人利益的愿望日益强烈。"[1] 个人利益被置于共同利益之上，个人利益保持优先地位，个人利益成为衡量成败的标准，有些人为了实现个人利益，甚至不择手段、违法乱纪，无视人的良心和道德底线。这种个人本位的价值取向会影响新时代部分大学生价值观的形成，使部分大学生忽视家庭、社会和他人，夸大个人价值和个人利益，缺失家庭责任感和社会责任感，与担当奉献精神相悖，与强调共同体意识的家国情怀相斥。

（二）功利主义泛化

市场经济的驱动机制是利益原则和竞争关系。在市场经济的浪潮中，逐利是人们从事经济活动的根本动力。利益驱动一方面可以有效促进生产发展，另一方面也刺激了人们的物欲膨胀，在工具理性统治下，人们依赖以货币为媒介进行交换维持生存发展，陷入物、金钱奴役之中，过度追求利益最大化导致功利主义泛化，将行动的效果、利益作为道德是非判断标准。因此，市场经济的经济利益、不同的利益主体、收入分配的差距，为功利主义提供了肥沃土壤。在物化逻辑笼罩下，原有的伦理道德规范光环慢慢褪去，功利主义价值思潮渗透到学生当中。部分大学生在学习方面功利化，在专业选择上，喜欢选择金融、会计等"钱景"光明的热门专业，对语言学、历史学、考古学等专业热衷度较低。他们在学习上，忽视选修课、基础课等内容的学习，分数第一、实用性第一，将大部分时间花费在各类证书的考取上，只注重眼前利益，忽视终身学习的观念。部分大学生的入党动机世俗化，有明显的功利考

1　石书臣. 现代思想政治教育主导性研究 [M]. 上海：学林出版社，2004：120.

量，将入党作为就业的敲门砖，认为入党可以提高自己在就业中尤其是在公务员或者国企中的竞争力，党员比非党员吃香，入党很实惠。有些同学为了入党，请客吃饭、送礼，甚至拉帮结派为自己拉票，完全从利己主义出发，忽视了党的宗旨是全心全意为人民服务，缺乏政治理论素养和政治信仰，弱化了政治认同和政治责任感，也弱化了家国情怀。部分大学生在交友方面，利字当头，利益纽带替代了感情纽带，将对自己是否有用作为择友标准。有的同学为了让老师"特殊照顾"，将送礼作为和老师交往的方式。有的同学想尽办法去结交"官二代""企二代"，认为他们可以在未来就业中为自己提供便利；在选择恋爱对象时，热衷于寻找所谓的"白富美""高富帅"，对于不能给自己产生实效性的人，不予交往，物质功利主义色彩浓郁。在择业方面，有的同学热衷于到国外、沿海、赚钱多的地方去。首选去北上广等发达城市，宁愿在大城市里"蜗居"，也不愿意去中西部或者偏远落后地区，就算去了基层，也是抱着"镀金""跳板"的想法。在岗位选择上，他们热衷于金融、IT、地产等高薪行业，只考虑薪资待遇，不考虑是否和自己的兴趣爱好或者精神需求相匹配。公务员被认为是旱涝保收的工作，越来越成为大学生倾慕的职业。部分大学生择业态度急功近利，妄想一步到位，忽视长远职业规划。浓厚世俗色彩的功利主义影响大学生形成集体主义观念、自觉维护公共利益，不利于大学生身心健康成长，会使部分大学生家国意识淡薄，缺乏社会责任感，不能有效将个人理想规划和民族远大理想相结合。

（三）诱发拜金主义思想

市场经济以利润最大化为根本目的，误导部分社会成员出现金钱至上、唯利是图倾向，产生拜金主义思想。拜金主义是指将金钱作为一切行为的出发点，用金钱作为衡量价值的标准。大学生个性张扬，不喜欢受到约束。到了大学之后，大学生远离父母的管束，具有较强的自主选择性。但是他们的正确价值观念尚未真正形成，辨别是非能力还不强，人生阅历不深，自我控制能力较差，极易受到周边不良思想的影响，陷入拜金主义的泥潭。部分大学生受到外界灯红酒绿的诱惑，信奉金钱是万能的，"有钱能使鬼推磨""一切向钱看""人为财死、鸟为食亡"的金钱逻辑在他们中间大行其道，他们幻想一夜暴富，追求生活高档，将追求金钱作为人生的全部意义，人生价值标准扭曲。有些大学生灵魂被物欲吞噬，为了金钱利益，不惜通过非法手段谋利，或偷盗抢劫，或卖淫、裸贷获得金钱，甚至出卖国家安全情报，用自己的专业知识制造假钞，以满足自身虚荣心和物质欲望。拜金主义与社会主义主导价值观相违背，人与人之间的关系被物化，会使部分大学生集体意识淡薄，漠视人生奋斗，忽视精神需要，把道德情操、理想信念等商品化，阻碍社会主义核心价值观内化，削弱家国情怀。

（四）诱发社会上的道德失范现象

社会道德习惯，也称社会道德行为习惯，是大学生家国情怀培育的重要内容，是与大学生家国情怀培育的社会道德需要、社会道德倾向具有一定联系的行为方式。[1] 因此，树立大学生社会道德行为习惯的意向是大学生家国情怀培育有效性的基本前提和重要保障。大学生树立了强烈的社会道德行为习惯意向，他们就会主动了解家国情怀的道德榜样示范，自觉在社会行为习惯中表现出道德的行为举止。意愿是实施的前提和基础，大学生具有了强烈的社会道德行为习惯意愿，就能对大学生家国情怀培育起到良好的推进作用。反之，大学生社会道德行为习惯意向的黯淡，则代表大学生并无肩负社会责任、胸怀家国情怀的强烈愿望。而社会上的道德失范现象时有发生，则极不利于大学生家国情怀培育的深入和落实，并使大学生对家国情怀的培育工作产生抗拒感。如经济领域里，部分商人偷税漏税，拖欠农民工工资；某些群体恶意炒作哄抬物价，导致"蒜你狠""姜你军""煤超疯"等现象；"三鹿毒奶粉"事件、

1　张楠. 厚植新时代少数民族大学生的家国情怀［J］. 贵州民族研究，2020（03）：190—194.

校园"毒跑道"到"毒校服"等等系列典型性事件，都体现了急功近利，以道德沦丧换取经济利益。在政治领域里，部分领导干部政治立场不坚定，以权谋利，讲官场关系，摆场面，对人民敷衍塞责，官僚主义和形式主义大行其道，"贪腐父子兵""夫妻共同腐"时有发生，污染了我国的政治生态环境，影响了中国共产党人在人民心中的地位和权威。这些不良现象严重影响大学生对国家的热爱和认同感。在贪腐家庭中成长的孩子，更加容易生活腐化堕落、攀比之风盛行，行为甚至越过法律和道德底线，不惜肆意妄为、嚣张跋扈、违法乱纪。在思想文化领域里，"键盘侠"现象时有发生，唯恐天下不乱，恶意炒作、传播低俗视频；有些学者则学术造假，师德师风败坏。这些情况的存在，严重影响着新时代大学生的思想观念和行为习惯。"小悦悦事件""保姆纵火案"、厦门大学研究生田佳良辱华事件、赴美留学生许可馨辱华事件、娱乐圈的吴亦凡、张哲瀚事件等等，反映出部分社会人的道德滑坡、社会责任感缺失、爱国意识淡薄，也威胁着社会的全面发展进步，使部分大学生对国家政策、国情和国内政治民生发展更加漠不关心，没有忧患意识，缺乏责任和担当意识，家国情怀淡薄，这在一定程度上也阻碍了新时代大学生家国情怀培育工作的顺利开展。

四、社会变迁引发的社会问题对大学生家国情怀的弱化

生产力决定生产关系。改革开放以来，在社会主义现代化进程中，我国处于社会转型的关键时期，改革开放是社会转型的原动力。改革开放不是对原有体制细枝末节的修补，而是对束缚生产力发展的政治、经济体制等的根本变革，涉及人们生活的各个领域。政治体制改革，解决了很多历史遗留问题，人民代表大会制度等逐步完善，保障了人民当家作主的权利，社会主义法治国家建设取得重大进展，人权事业全面发展。经济体制改革，促进了全方位开放，有效改善了民生问题，根本改变了以往的经济短缺状况。全方位的改革使经济结构更加合理，社会主义制

度充满活力。这种全方位的变革引发了生产关系和上层建筑的巨大变化，也引发了人们在生产方式、行为习惯、价值观念方面的深刻变化。

（一）社会形态变迁改变了人们的生活和交往结构

社会转型期的一个突出表现，就是社会形态变迁。中国从传统的农业、封闭半封闭的社会转向了工业、城镇和开放的现代型社会，从"一元社会"向"多元社会"变迁与发展。中国由总体性社会转变为分化程度较高的社会。国家与社会逐渐分离，社会自主性增强；家庭、社会组织等社会结构基本要素形成了结构力量。[1] 尤其是中国从重地缘血缘关系的乡土"熟人社会"，逐步转向了开放的、流动的、包容性强的"陌生人社会"。很多人从古朴的农家小院走进了耸立的高楼大厦、车水马龙的林荫大道、繁华喧嚣的大都市。熟人圈子向陌生人社会的转型，使人们对乡土性信任模式，这种熟人之间的联结纽带，呈现出严重的不适应。人们之间的交际关系更多受到社会契约的约束，而非传统伦理道德。这种转变对家庭共同体情感造成一定的冲击，人们的家庭共同体意识和宗族观念淡化。同时，也对传统的婚姻家庭观念和模式造成了影响。人们的家庭观、择偶观、生育观、亲子观、代际观和孝亲观念随之发生改变，家庭结构由四世同堂的大家庭趋于核心化和小型化，家人之间的联系沟通减少，感情交流有限，个人的社会孤独感增加。我国家庭模式呈现多元化形式，催生了空巢家庭、离异家庭、单亲家庭、丁克家庭等，这些家庭的数量日益扩大，引发了很多家庭矛盾问题。传统家庭所承担的生产、生育、教育、消费及养老等功能在社会转型期也发生了变化，有些功能减弱，有些功能得到加强。例如，生育的目的不再是传宗接代，养儿防老，"一夜情""借腹生子"等现象也偶有发生。加上经济竞争压力加剧，家庭养老的压力增大，养老模式多元，家庭养老功能

1　路丙辉. 社会转型期我国家庭伦理变化及道德建设研究 [M]. 北京：人民出版社，2016：27.

逐渐弱化。家庭结构、家庭模式和家庭观念的变迁，引发了家庭的一些不和谐现象。离婚率持续上升，家庭责任淡化、婚外恋现象不断增加，家庭暴力问题日益增多；尊老不足，"孝亲"观念淡化，滋生了"啃老族"；厌老崇幼，过分溺爱和关注孩子而忽视老人，对老幼的关注不平衡，人口老龄化，老人赡养问题突出，等等。这些问题和矛盾在一定程度上弱化了家族成员间的情感维系根基，淡化了家庭情感价值，冲击着现有家庭和谐，影响着人们爱家思想的产生和优良家训家风的形成与延续。

（二）社会结构转变引发部分人心态失衡

社会结构是社会转型的主体，是指一个国家或地区占有一定资源和机会的社会成员的组织方式和关系状态，主要包括人口结构、家庭结构、就业与职业结构、城乡结构、社会组织结构、阶层结构等诸多方面。[1] 社会阶层结构随着社会流动的不断加强，继续向橄榄型的现代社会结构方向发展。原来的工、农、商、学、兵的社会阶层不断分化重组，不同行业人员逐渐分流。工人队伍壮大，农民工成为主体，农业劳动者比重减少，日益老龄化。现在从事农业生产的大多为中老年人，大部分农村青壮年都转移到了非农产业就业。非公有制经济快速发展，民营企业家和个体经营者数量逐渐增多。同时，随着社会发展和人民就业观念变革，产生了大量的新社会基层和社会群体。例如私营企业的管理人员、技术人员；律师、会计师、评估师等社会组织人员；自由职业者；电商人员、外卖员、网络写手、网约车司机等等。据统计，2016年，全国新阶层人士有 5000 多万人。[2] 党的十九大科学判断了我国社会的主要矛盾，提出在新时代条件下，随着世情、国情、党情、社情、民

1　龚维斌. 我国社会结构：变化、特点及风险［J］. 中国特色社会主义研究, 2019 (08)：69—77.
2　李培林等. 当代中国阶级阶层变 1978—2018［M］. 北京：社会科学文献出版社, 2018：8—9.

情的变化，我国社会主要矛盾转化为人民日益增长的美好生活需要和不平衡不充分的发展之间的矛盾。我国社会生产力有了巨大发展，经济实力、综合国力大幅提升，人民生活水平有了极大提高，人民对美好生活需要日益广泛。但是，发展不平衡不充分问题日益凸显，发展存在各类短板。不同人群因职业、层级差距，个人的收入差距明显，大量财富掌握在少数人手中。高层次职业人群的收入越来越多，有的甚至通过不正当手段聚敛财富，大量中低层次人群收入无明显改善，有些低层次收入人群仅能维持基本生活水平，不同收入人群的思想和生活状况反差较大。由于自然、历史、资源分布等现实因素的影响，城镇和农村、东部和西部在发展过程中呈现不均衡、不协调、不可持续状态，资源分配不均，在就业、教育、医疗、居住、养老等方面都存在很大差距，发展落差明显。当前社会出现"富二代""官二代""星二代"等阶层，与"漂族""蚁族""鼠族"形成鲜明的对比。劳资、医患、官民、民商矛盾等的存在会引发很多社会问题，部分弱势群体存在诸多不满情绪，产生了仇富、仇官、失信、急功近利、意气用事、冲动冒失、浮躁喧嚣、患得患失、佛系等不良的、非理性的社会心态。这些心态失衡不利于人们正确价值观的形成和树立，会使部分人丧失对社会公平的信任，降低对改革的认同感，甚至质疑国家的制度和体制，降低对国家的信赖与认同，使政府和执政党的公信力下降，进而危害国家的长治久安。这些对大学生的家庭认同、国家认同、政治认同会产生不良影响，对构筑理性爱国情感基石、厚植家国情怀形成掣肘。

（三）城镇化弱化了人们的故土情怀

据《中华人民共和国 2020 年国民经济和社会发展统计公报》数据显示：截至 2020 年底，我国城镇化率已经达到 60.6%，部分一二线甚至超过 70%，达到发达国家的水平，其间的 15 个城市已然超过 80%。[1]

1　新华网. 中华人民共和国 2020 年国民经济和社会发展统计公报 [EB/OL]. 2021 - 03 - 01.

农村城镇率的不断提高，不仅仅是人口从农村涌向城市，也是经济发展、社会进步的重要标志，概言之，城镇化是人才、技术和资金的大集合。这是对包含大学生在内的庞大迁移人群故乡情怀的一次大解构，同时也给大学生家国情怀培育列出了难题。一方面，城镇化是对农村人口乡村情怀的消减。城镇化率的不断提高，代表着城市化建设的步伐在逐步扩大，需要的劳动力和人才也越来越多，这就导致越来越多的农村人口涌向城市，其中不仅仅包含农民工，也有在城市求学的大学生。这些大学生经历了城市的喧嚣和繁华，适应了城市"快"节奏的生活方式，对农村自给自足、无欲无求的生活方式逐渐丧失兴趣，失去留守或建设农村的信心和勇气，在毕业前纷纷做好坚守城市的准备和打算，逐渐模糊对乡村的记忆，丧失乡土情节和继承民风民俗的信念和决心。另一方面，城镇化的迅速发展影响大学生的传统观念。随着城镇化的不断发展，城镇人口的不断增多，城镇的生活习惯、行为方式等持续冲击着农村传统生活方式，对城市生活的认同和向往在大学生观念中愈演愈烈，甚至出现盲目追求高消费、快节奏、高压力生活模式的现象，这更加强化了大学生对城市生活模式的认同感以及对农村生活模式的排斥感，出现了各式各样所谓的"乡愁日记"和"乡愁记忆"，继而导致大学生家国情怀的减弱和降低，从而构成大学生家国情怀培育过程中的挑战和困难。

第二节　高校培育存在的瓶颈制约

高校作为大学生成长成才的主阵地，是实施立德树人育人理念的主场域，肩负着把大学生培育成为社会主义现代化建设者和接班人的主要责任，承担着推进大学生德智体美劳全面发展的重要任务。大学生家国情怀培育是高校思想政治教育的重要组成部分，是培育大学生国家认同感、民族认同感、社会责任意识、家庭认同感、个人认同等的重要途径，基于此，高校理应重视大学生家国情怀的培育，将第一课堂、第二课堂有效串联起来，从而营造浓烈的家国情怀氛围。从目前情况来看，大学生家国情怀培育工作已取得很大成效，仍然存在不足之处。

一、家国情怀培育系统性不够完善

新时代大学生家国情怀培育工作，是一个系统性的过程。培育前的思想认知、培育过程中的方案制定和实施，以及培育保障工作都要充分到位。当前部分高校的大学生家国情怀培育工作系统性还不够全面和完善。

（一）大学生家国情怀培育意识尚需加强

我国大学主要可以分为综合类大学、理工类大学、师范类大学、政法类大学、医药类大学等，应用性和研究性特征明显，理论知识和技术培养"双管齐下"。虽然当前我国的教育已经是大众化模式，但是受传统教育思想的影响，"唯考试论""一考定终身"的观念依旧深入人心。大学生家国情怀培育作为高校思想政治教育的重要组成部分，培育的周期长、效果偏隐性，需要耗费大量人力、物力、财力。如图4-1所示，在问及"您所在的高校，教师更加注重您的哪些方面"时，有45.88%大学生认为教师更加关注个人综合素质，31.59%的大学生认为教师更加关注学习成绩的好坏，22.1%的大学生认为教师更加关注道德品行，0.43%的同学选择了其他。由此反映，有些高校在传统教育理念的束缚下，依旧过分偏重对学生专业知识的培养，强调英语四六级通过率、考研率、就业率等，而轻视对学生人文素养、理想信念和思想道德观念的培育，家国情怀培育可能被边缘化。在评奖评优中，过分看重学生的学业成绩和学术成果占比，对学生的思想政治素质水平要求不高。这种教育方式导致部分同学"不问学问之有无，唯争分数之多寡"，成为知识结构单一、缺乏情感的学习和考试机器。为了取得高分急功近利，不愿主动去学习关于家国情怀的知识、参加关于家国情怀的活动。高校在提高学生专业技能和水平的同时，应重视人文学科教育的重要性，培养大学生的道德品质、社会责任感和爱国主义情感，从教师到学生，都要提升对家国情怀培育工作重要性的认识。

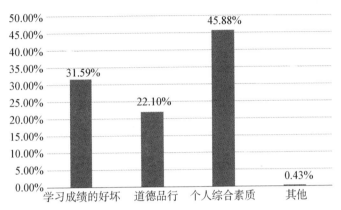

图 4-1　您认为所在的高校，教师更加注重您的哪些方面

（二）大学生家国情怀培育过程稍显简单化、片面化

虽然目前全社会都在大力弘扬家国情怀，但是部分高校在大学生家国情怀培育方面，培育工作理论体系尚不健全，培育目标还不够清晰明朗，培育方案不够明确具体，培育内容还不够科学化和系统化。在培育过程中，对家国情怀的内涵、生成规律和原则等基础理论把握不精准，未能及时、全面把控学生的思想状况，对大学生的思想动态、关注的焦点和热点问题分析研判不足，忽视培育群体内部的差异性特征，缺乏问题导向意识，未能根据不同学生的教育层次、专业特点、年龄层次、心理特点和个体差异，分类别、分层次，有针对性地进行培育，培育存在发散性和碎片性，出现无具体目标的"一刀切、一锅煮"混乱现象，在一定程度上造成培育内容的重复性，使大学生家国情怀培育工作收效甚微。

（三） 大学生家国情怀培育工作的领导和协调机制稍显不足

大学生家国情怀培育工作，不是单独依靠某个队伍、某个部门的力量就能全部完成的，它是一个系统化、复杂化的大工程，需要高校各部门、各队伍协同配合完成，形成育人合力，也需要充足的经费投入和基础设施等方面的支持和保障。部分高校在大学生家国情怀培育方面，还缺乏统一领导和协调机制，未能调动各部门之间相互配合的力量。有些管理职能部门对大学生家国情怀培育工作的要求理解不够深刻，认为大学生家国情怀培育就是思想政治理论课教师和辅导员队伍的工作，与职能部门关系不大。因此，有些高校在培育工作中，仅有部分教师发挥实际培育作用，培育的整体氛围不够浓厚。从资金投入方面来看，很多高校的经费来源是中央财政或者省、市统一的公共预算拨款，拨付标准和在校学生人数、开展教学科研情况等挂钩。经费的使用均是按照学校总体计划安排进行管理支出，预算用途主要有教育经费、科研经费、人才引进和其他相关费用，教育经费基本占到了整个经费开支的85％以上，学生活动经费所占比例较小。大学生思想政治教育所需经费隶属于学生经费，所占比例较小，有时候无法满足大学生思想政治教育的刚性需求。经费不够充足，不利于开展专项的大学生家国情怀教学活动和实践活动。

（四） 培育的协同合力有待提高

大学生的家国情怀培育不是一朝一夕便能完成的，它是一个需要不断加强教育的持续性过程。从调研结果看，大学生家国情怀培育需要高校、家庭、社会、政府通力配合，提供一个健康的大环境。从访谈结果得知，部分高校尚未形成全员合力育人局面。有些家长认为大学生进入高校后，所有的教育任务都应该由学校来完成，缺乏和学校思想政治教育管理者、教师的沟通，与学校基本没有互动，不能及时了解学生的思想状况、日常表现、学习情况等。社会层面的价值引领有时候和学校教育衔接不上，大学生参与的社会实践活动，往往时间较短，有些活动只是参观式的"面子工作"，并未达到增强大学生家国情怀的实效。因此，有些高校在大学生家国情怀培育中，和家庭、社会的链接不够紧密，尚缺乏一种良性的互动，未形成时时育人、处处育人、人人育人的良好局面，协同育人的效果不理想，培育力量有待整合加强。

二、家国情怀理论教学创新不足

理论教学是推进大学生家国情怀教育的基础教育形式。因此，理论教学必须紧跟时代的脚步，保持与大学生身心发展特点和实际情况相协调的步伐，努力通过潜移默化和"润物细无声"的方式将家国情怀的相关知识和理论浸入大学生的头脑和行为方式中。从实证研究分析结果来看，部分高校在理论教学中，所选择的教学内容、推进的教学过程、运行的教学载体等稍显简单，不能满足新时代大学生家国情怀培育的要求。

（一）教学内容和培育内容需求不完全匹配

从实证调研中得知，当前高校推进大学生家国情怀培育的理论教学，主要依托"习近平新时代中国特色社会主义思想概论""思想道德与法治""马克思主义基本原理""毛泽东思想和中国特色社会主义体系概论""中国近现代史纲要""形势与政策"等思想政治理论课相关课程。思想政治理论课不是一门简单的理论讲授课程，也不是一项单纯实践技能的教学课程，而是潜移默化培育大学生世界观、人生观和价值观的关键课程，浇花浇根、育人育心，触动心灵的教育才是最好的教育。习近平总书记曾在学校思想政治理论课教师座谈会上提出，思想政治理论课是"关键课程""不可替代"的课程。家国情怀既是一种民族大义，也是一种精神坐标。十年树木、百年树人，家国情怀的培育需要长时间的熏陶和浇灌，才能实现春风化雨、润物无声。思想政治理论课使用的是国家统编的马克思主义理论研究和建设工作重点教材，是全国优秀专家在深入调研的基础上，集体研讨、反复修订的智慧学术精品，反映了马克思主义中国化最新成果。在教材中，并没有单独设置大学生家国情怀专题内容，只是在某一门课程中的某一部分和章节略微提及家国情怀，所涉及的家国情怀内容深度、广度、向度都不是太深。而且，通过访谈，有些高校的思想政治理论课教师只注重"口头讲述教材"，照本宣科，空洞说教，单纯讲述理论，不愿意去主动深入挖掘教学中蕴含的家国情怀内容。例如在"中国近现代史纲要"中，教材中的一些历史场景和历史人物，彰显了中华儿女浓郁的家国情怀，这就需要思想政治理论课教师深入挖掘，扩充知识，声情并茂讲述出来，和学生在共情中感受家国情怀的力量。并要结合时事热点，挖掘其中学生感兴趣的，隐含的家国情怀素材，反映鲜活的现实社会生活，与时俱进地补给家国情怀教学内容，使家国情怀培育具有生命力和说服力。

（二）教学过程中未有效处理好教师主导与学生主体统一的关系

目前，全国上下高校纷纷开展思想政治理论课教学改革创新，但部分高校思想政治理论课改革的效果尚不明显。如图4-2所示，当问及"您所在学校，思想政治理论课教师在授课过程中如何"时，74.9%的同学认为教师授课有趣生动，和学生进行良好互动，23.88%的同学认为教师会设置问题，偶尔互动。这表明大部分教师的授课方式能满足学生口味，学生比较喜爱。但仍有1.22%的教师会注重理论灌输，和学生极少互动。由此反映，有些高校的部分思想政治理论课教师还是采用以教师为主的灌输式教学方式，方法呆板、简单重复，没有关注学生的价值需求、情感目标、情感期待，缺乏课堂互动和创新，"居高临下"满堂灌，不能吸引学生的注意力，未能让学生全身心投入，出现了"抬头率"低、"低头率"高、学生的参与度和积极性较低等现象，影响着思想政治理论课的"入脑率""走心率"，以致大学生家国情怀培育效果大打折扣。在新媒体时代，网络信息技术发达。大学生获取知识的途径丰富，他们有较强的自我意识，有自身的情感倾向，渴望在课堂教学中能结合教学内容表达自己的观点，倾诉自己的情感理念，更希望获得老师和同学们的认可和关注。因此，在课堂教学中，涉及家国情怀培育的内容，教师要创新授课方式，利用好新媒体教学载体，在探索中创新，多与学生互动，坚持"教师主导，学生主体"，用学生喜闻乐见的方式，激发大学生情感升华，让学生更好参与课程，产生情感共鸣。

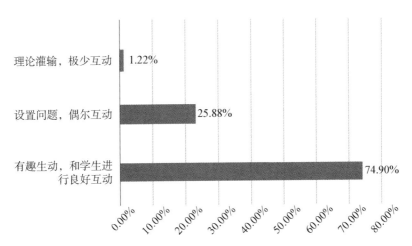

图4-2 您对所在学校思想政治理论课教师授课过程的评价

（三）部分教师对家国情怀的理解不够深入完善

家国情怀的培育和专业课、理论课有区别，不是专门的一门课程，而是散落在其他课程的知识点中。在家国情怀培育中，不仅需要教师有扎实的专业知识，而且要有较强的知识、案例整合分析能力，并在课堂教学中投入自己的热情和同理心，体现出对中华优秀传统文化的认同、对家庭的热爱，对国家的高度认同归属和责任担当。在课堂中，教师传授给学生的不仅仅是知识，更有自己的情感和情怀。但在实际教学中，部分教师由于自身对家国情怀基础理论把握不够深入，掌握不够系统，在课堂上缺乏感情投入，只是简单提及家国情怀，而对家国情怀的内涵、体现和价值未进行深入解读。有个别教师甚至认为家国情怀只能意会，不能言教，只摆出案例或者播放视频让学生自己体会。作为专任课教师，要深刻明白自身的定位，熟知思政课程和课程思政同向同行的要求，深化自身家国情怀；要通过加强理论学习，提升对家国情怀的认知，深刻理解家国情怀的本质内涵，研究家国情怀相关的前沿理论，并强化自身的情感认同，在教学活动中投入自身的热情和体悟，不断厚植自身家国情怀，并将这种情怀及时传递、渗透到学生当中。

三、家国情怀实践教学效果欠佳

大学生家国情怀培育，是"知情意信行"层层递进的过程，大学生的家国情怀最终要落实到行动中。实践教学是理论教学的延伸和扩充，是对课内教学理论的检验和验证，同时也是对课内教学内容的落实和巩固，两者一内一外，相辅相成，共同保障大学生家国情怀培育的稳步实施和推进。但由于各种主客观因素的影响，有些高校的实践教学在方式、组织、效果反馈等方面还存在些许问题。

（一）教学组织不够规范

课外实践教学是一个复杂教学环节，需要学院管理部门、教务部门和学生管理部门等多个部门之间及时沟通，校内和校外做好协调，形成联动机制，方能正常组织和运转。访谈显示，部分高校的课外实践教学缺乏系统规划。在教学过程中没有明确的教学目标，形式空洞且没有实质性内容。有的高校缺乏实质性明确文件的指导，实践教学的时间、地点、内容和形式安排，都由任课老师自行决定，存在很大的随意性和盲目性。选择合适、恰当的教学内容是课外实践教学的基础，重点突出、特色明显是教学内容所必备的特征和要求。但很多典型、极具特色的家国情怀培育内容，当地高校无法全面开发、利用其中的家国情怀培育元素，实践资金的短缺不允许将之作为长期实践场域，节选出来的内容往往构不成一个完全的整体，因而严重滞后了大学生家国情怀培育的连贯性和连续性。可见，部分高校缺乏一个长期、固定且合适的培育场域。

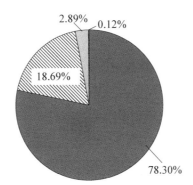

图4-3　您如何评价学校开展的思政课实践教学活动的效果

　　在实践教学过程中，有些大学生怀揣"旅游"的心思参与其中，一贯的认知均是先参观，后写观后感，但观后感可以采用抄袭、瞎编乱造的方式予以解决。所以，在实践过程中出现"走马观花""敷衍了事"的行为方式，没有真正领悟到教学内容的含义和精神。从实践教学的效果是否达到预期目标主要依靠效果的反馈显示，目前部分高校缺乏系统的效果评价机制，在课程总评成绩时，一般是平时成绩加上期末成绩，实践教学成绩仅占少部分比重，导致教学效果无法得到有效的评估，影响实践教学的可持续开展，妨碍家国情怀培育的实效性。如图4-3所示，当问及"您如何评价学校开展的思想政治理论课实践教学活动的效果"时，还有18.69%的同学认为思想政治理论课实践教学效果一般，有2.89%的同学认为效果不明显。因此，实践教学从活动组织、开展到考评都应形成系统机制，以确保实践教学效果。

（二）　部分教师的实践教学经验欠缺

　　教师在实践教学中占据主导地位，他们是活动的组织者、实施者和参与者。但是有些教师没有正确认识到实践教学的重要性，过分注重课堂理论授课，对于理论课教学得心应手，对于实践教学这一新事物则表示"吃不消"，或认为实践教学可有可无，开展实践教学的热情度和积极度不高。有些基础课教师教学任务重，授课班级多，教师疲于备课、上课、批改试卷、录入成绩，再加上科研的压力和要求，他们不愿花费过多的时间和精力去策划和组织实践教学。良好的实践教学需要带学生长途跋涉，深入到农村、企业、红色革命纪念地等处开展教学活动，需要提前和相关机构沟通协调好才能进行。在教学过程中还要认真负责学生的安全问题，这些繁琐的实践任务考验着教师的组织、协调、沟通、管理和应对突发事件的能力，也加重了教师的工作压力，需要教师进行课前培训，不断积累实践经验，才能游刃有余地开展实践教学。面临这些情况，有些教师认为开展实践教学过于繁琐，再加上自身缺乏实践教学经验，他们对开展实践教学心有余而力不足，影响了大学生家国情怀培育工作的效果。

四、教师家国情怀示范引领不强

高校的立身之本是立德树人。教师是立校之本。师者，所以传道授业解惑也。教师只是一个职业称谓，但只有德才兼备的教师才是真正意义上的教师，"德"在"才"前，方可谓师者。师德师风是一个学校教育之魂。在大学生家国情怀培育中，高校教师是大学生最好的示范者、引领者，教师的言行举止会对大学生产生重要影响。当前，从整体上看，大部分高校教师师德师风较好，具有较强的责任心和敬业精神，为了教育事业无私奉献、以身作则、严于律己、言行一致，成为学生学习知识的教授者和思想价值引领者，是学生的良师益友。但有个别教师存在师德师风问题，愧对人民教师的称号。例如，湖北大学文学院退休教授梁某，履历可谓光鲜亮丽。但作为一名中共党员，作为一名高校教师，她在社交网络平台上多次发布、转发不当言论，蔑视国人，支持港独，诋毁南京大屠杀 30 万殉难者，对于国人难以忘却的血泪史，她进行了令人匪夷所思的歪曲解读。上海震旦职业学院东方电影学院教师宋某在授课的时候，发表错误言论，公然否定南京大屠杀遇难者人数，称"30 万是没有数据支持的"。青岛大学教师高某无视民族伤痛，在网络上公开为日本军国主义招魂。还有网络报道的某高校教师性骚扰学生、论文抄袭造假；某高校教师私自收取并侵占学生费用问题；某高校教授同时交往多名女学生，关系混乱；某高校教授在指导学生论文过程中言语不当、辱骂学生……这些教师触碰道德底线和红线的违规违纪行为，违反了教师职业道德规范，损害了国家利益，损害了学生和学校合法权益，也极大损害了教师形象。作为教师，尊重历史，爱护国家，政治立场坚定，传输给学生正确的价值观和历史观，这是最起码的道德要求。高校个别教师中存在的政治意识不强、抹黑诋毁国家历史和人民、科研学术不端、廉洁自律不严等师德失范问题，影响了大学生正确价值观的形成和全面成长成才，不利于大学生家国情怀的培育。教师应始终不渝地心怀"国之大者""教之大计"，有大视野、大格局、大境界，心无旁骛地用党的创新理论培根铸魂，用家国情怀涵养立德树人的初心使命，潜心从教、躬身育人，为学生扣好人生第一粒扣子。

第三节　家庭教育局部偏差的阻碍

习近平总书记指出："家庭是社会的基本细胞，是人生的第一所学校。"[1] 这句话明确指出了家庭对一个人成长成才的重要作用。在中国传统文化中，家庭占据着重要地位。家庭教育对大学生而言，是开启人生篇章的起点。在访谈中，大多数人将家庭、家教看作是影响大学生家国情怀培育的重要因素。家庭对大学生的成长成才有潜移默化和

1　习近平. 在 2015 年春节团拜会上的讲话［N］. 人民日报，2015 - 02 - 18（01）.

持久的影响，家庭成员的一言一行都会对大学生的家国情怀培育产生关键作用。

一、家庭的家国情怀培育理念存在认知误区

第一，新时代中国家庭结构的弊端。1979 年，为了使人口增长与经济发展水平相适应，我国实行了计划生育政策。随着政策的实施，人口生育率下降，家庭规模减小，我国的家庭结构也有了明显变化，出现了较多的"四二一"家庭结构。"四二一"家庭是指由一个子辈，父亲和母亲两个父辈，以及爷爷、奶奶、外公、外婆四个祖辈共同组成的倒金字塔形家庭结构。根据中国产业信息网的数据显示：截至 2020 年，中国独生子女家庭数已经达到 2.04 亿，同年增长率为 16％左右，甚至到 2050 年独生子女家庭数会突破 3 亿。[1] 新时代大学生多数是"00"后，大多数都是生活在独生子女家庭中。在这种家庭结构中，他们在六位长辈的呵护中长大，从小就集"万千宠爱于一身"，处于家庭运转轴的中心。为了传递亲情，他们的各种需求都会得到满足，很少参与家庭事务和建设。有的孩子，极易以自我为中心，养成自私、骄横的心理特征，对家庭和社会缺失责任感，对家人缺少感恩和回馈。同时，作为家里的独苗，家庭把所有期望都寄托在他们身上，长辈对子女的期望值过高，"望子成龙"，"望女成凤"，希望通过学习，将来有更大成就。家长为了不让孩子输在起跑线上，为了教育倾尽所有。为了能让子女就读好的"重点"学校，有好的学习氛围，很多家庭不顾经济条件，想尽办法购买重点学校学区房，从而催生了"天价学区房"购买潮，学区房价格一涨再涨，使很多家庭承受了巨大经济压力，使子女心理压力增大。有些家长对孩子过度保护，以"爱"的名义束缚孩子的成长，认为孩子只要

1　2020 年中国人口数量、总人口预测、独生子女人数及失独家庭数量统计分析［EB/OL］，中国产业信息网，2020－11－29.

心无旁骛地认真学习，对孩子的其他事情大包大揽，忽视了孩子非智力因素的培养，使孩子成为只知道学习的机器，不谙世事，扼杀孩子成长中许多自然的、自发的因素，不利于孩子形成完善的品德素质，影响了他们家国情怀的形成。

　　第二，部分家庭重智轻德的教育理念。受应试教育影响，在中国传统教育的大环境下，容易形成成绩是王道的思想共识。如图4－4所示，在家庭教育中，46.8％的同学认为家长只关注自己的学业成绩，20.02％的同学认为家长关注自己的道德品质，19.31％的同学认为家长关注自己的日常行为习惯，仅有13.87％的同学认为家长关注自己的情感需求。这反映了在当前家庭教育中，部分家长溺爱孩子、重智轻德，过度关注子女的学习成绩，忽视对孩子错误行为的及时引导，注重孩子的学业，将学习成绩、专业排名、升学作为评判孩子是否优秀的唯一标准，疏于对孩子德性的教育和培养。部分家长认为只有成绩好，将来在社会上才有一席之地，生活才有价值和意义，丝毫不重视孩子家国情怀素养和道德品性的培养。他们不是送孩子去学校学习，就是将孩子送去各种兴趣班，培养孩子才艺特长也以考级加分为目标。这些家长在平时生活中，很少与孩子交流、交心，忽视孩子的情感需求，一味地督促他们学习进步，争取考上更好的大学。

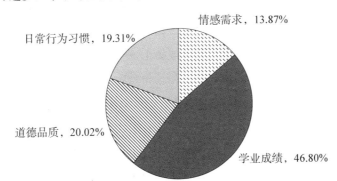

图4－4　在您的家庭教育中，父母及亲友关注您哪方面的成长最多

上述这种"高分就是硬道理，成绩就是 GDP"唯成绩论的教育培养理念，一方面导致部分大学生在中小学阶段很少接触家国情怀的相关内容，从小缺乏应有的人文关怀，对家庭、社会和国家情感淡薄，为高校的家国情怀培育增加了压力和困难；另一方面会让部分大学生认为成绩决定一切，极易出现心理问题，产生以个人为中心的思想，与他人交流、相处的能力薄弱，集体主义、奉献意识、民族主义、国家大义的观念很难形成，进而影响其家国情怀的培育。轰动全国的云南大学"马加爵事件"、西安音乐学院药家鑫撞人伤人事件、郭力维校内杀人事件、上海复旦大学的投毒案等恶性案件的发生，引人深思和反省。

二、家庭的家国情怀培育环境正向激励不够

这方面的问题主要表现在：

一是家长对孩子的情感关注缺乏。美国著名心理学家马斯洛提出的需求层次理论，将人的需求从低到高划分为生理需要、安全需要、社交需要、尊重需要和自我实现需要五个层次。当人的基本需求得到满足后，会产生更高层次的需求，希望达到自我实现。部分家庭仅仅是只能满足孩子的生理需求和安全需求，关乎孩子在物质层面的需求。由于现代社会竞争激烈，很多家长疲于工作，只希望能为孩子和家庭提供更好的物质条件，但是忽视对孩子家国情怀、综合素质和思想情感的培育。有的家长认为，平时把孩子送去学校，或者把孩子送到寄宿制学校，工作日由学校教师负责教育，休息日也有培训班教师负责教育，家长只需做好孩子的后勤保障即可。殊不知，孩子有更多精神层面的需求要得到满足。这种缺乏情感对话的家庭环境，使孩子和家长之间平时缺乏思想交流沟通，孩子对家庭和家庭成员的感情淡漠，在面对集体利益、社会利益、国家利益与个人利益冲突时，他们不懂得舍小利成大义，更无法承担起照顾家庭、回馈社会、报效祖国的责任和义务，而这些均是家国情怀素质的具体体现。2015 年，震惊全国的北大学子吴谢宇弑母悲剧，让人更加

反思，在家庭教育环境中，情感投入和沟通有多重要。只有良好的心理素质、健全的人格品质、责任担当意识，才能经受住成长路上的种种考验。

二是部分家庭成员关系不和谐影响学生健康成长。家庭是孩子健全品格、科学价值观念形成的摇篮。良好的亲子关系，是家庭教育的前提。但是有的家庭缺乏和谐家庭观念，孝道缺失、人际关系冷漠，人际交往讲求功利，出现了"啃老族""弃老族"等不良现象。有的父母未能妥善处理家庭关系，整个家庭关系不和谐，经常会因为小事争吵，甚至拳脚相加，使用家庭暴力；对孩子的教育也是专制、简单、粗暴。与邻里和亲戚关系不和谐，凡事斤斤计较，将"远亲不如近邻"的古训抛诸脑后，社交圈极度萎缩，亲戚、邻里关系淡化。有的家庭迫于经济压力，逐步陷入丧偶式教育状态。家庭中只有父母单方一人参与子女的教育和管理，另外一方基本不参与或者很少参与。"搬起砖头没法抱你，放下砖头没法养你"的网络语随之流行。父母的陪伴和教育对孩子的成长至关重要。长期"失陪"的丧偶式家庭教育会导致子女人格不健全，甚至产生心理问题。因此，家庭环境的不和睦，负面情绪过多，会造成家庭成员关系紧张，导致亲子关系不和谐，大学生对家庭缺乏安全感和归属感。这样不利于对大学生仁爱之心、家国情怀的养成，其严重后果会使子女守不住道德和最起码的人性底线，弱化担当意识，更谈不上对国家和家庭的热爱，对社会的责任感。

三、家庭成员对家国情怀的言传身教不突出

著名教育家克鲁普斯卡娅说过："父母是天然的教师，他们对孩子的影响最大。"[1] 家庭是大学生成长的第一环境，家长是大学生的第一位教师。父母是榜样和基石。孩子出生的时候，心灵是一张白纸，白纸上能演绎出什么场景，离不开父母的教育和引导。家长良好的示范行为和

1　王恒生. 家庭伦理道德［M］. 北京：中国财经经济出版社，2001：235.

优良的家风，影响着孩子的思维方式和行为习惯，对孩子家国情怀这一优秀品质的养成，具有润物细无声的效果和作用。但是有些家长在家庭教育中，忽略言传身教的影响，未能对大学生起到良好的示范榜样作用。例如，有些家长在公共场合不注意自己的言行举止，带着孩子闯红灯、随处扔垃圾、脏话粗话脱口出、不按秩序排队等等，未能很好践行基本道德和社会主义核心价值观。有的家长没有以身作则涵养家国情怀，尽管嘴上经常教育孩子要爱家、爱祖国，但是在实际家庭教育中，从小就给孩子自觉或不自觉地灌输崇洋媚外的思想，认为"西方的月亮比中国的月亮圆"，过度美化西方国家和教育，盲目推崇国外所谓的"民主、自由、公平"，认为只有出国深造，孩子才能成长成才。日常生活消费追求国外名牌、蔑视国货，认为只有带孩子去国外旅游，才能开阔眼界、增长见识。在职业选择上，希望自己的孩子选择稳定的、轻松的、赚钱多的行业，出国工作更加有面子。有的父母，未能有效履行赡养长辈的义务，或者对长辈恶言相对，或者不管不问他们的日常起居，未能给子女树立尊敬长辈的榜样。父母这些不好的思想、观念和行为会影响子女正确价值观的形成，不利于大学生了解自己的祖国并树立"伟大中国"的形象，影响大学生对祖国产生热情和认同，会让大学生滋生攀比、自私的不良习气，不注重家庭情感，忽略自己对国家、对社会的应有责任，由此对新时代大学生家国情怀培育造成困难和阻碍。

第四节　网络媒体传播弊端的冲击

伴随着数字技术的飞速发展和移动终端设备的快速普及，当今时代已然进入了网络媒体时代。大学生是时代的"弄潮儿"，他们成为了网络媒体时代的"主力军"，在学习、工作、生活和娱乐中享受着网络媒体带来的红利的同时，也深深地受到网络媒体传播中包含的弊端带来的冲击。大学生家国情怀的培育是一个长期、艰难的过程，而他们正处在世界观、人生观和价值观塑形的关键时期，受网络媒体传播弊端的冲击很容易导致家国情怀培育效果大打折扣。

一、网络媒体的随性传播弱化主流价值

网络媒体传播是把"双刃剑"，有其非常明显的特征。一方面是传播快速、搜索方便、互动及时，深受青年大学生的喜爱，极大地满足了新时代大学生追求生活便利、高效的特性；另一方面是网络媒体传播的随性化，由于网络信息的传播不受时间、空间的约束而产生多点、交叉、匿名传播，这些随性传播的特点也满足了大学生追求刺激、新鲜、多样的特性。但是，网络媒体的随性传播极易导致管控真空，致使一些负面的、消极的、非主流的思想泛滥，进而在一定程度上弱化了主流价值。新时代历史方位中，无论是网络空间还是现实社会，尊崇的是社会主义核心价值观，倡导的是全体中华儿女凝心聚力为实现中华民族伟大复兴而不懈奋斗的主流社会价值。在网络媒体时代，对网络资源的控制权决定着实际话语权。一直以来，西方发达国家依仗自身的技术优势对其他国家的网络资源进行控制和干扰，并且通过网络控制不断宣扬西方社会制度、文化和价值观念，以期达到文化扩张和渗透，进而控制意识形态主导权的目的。网络媒体传播的随性化给西方的价值输出提供了可乘之机，他们利用网络媒体大肆传播西方国家所谓的先进社会制度、优越生活方式、民主自由开放的价值观念，以及欧美中心主义的意识形态，这些文化输出往往是"裹着糖衣的炮弹""披着神圣的外衣"，其本质是肮脏的文化侵略扩张，对当今中国社会的主流价值产生着一定的冲击。这些不良的文化思潮相互裹挟，以"美丽且诱人的话语陷阱"干扰大学生对中国发展的正确认识，降低大学生的民族认同、文化认同，冲击大学生的理性国家观和正确历史观，离散和弱化大学生的家国情怀。年轻大学生思想单纯、涉世未深，畅游在网络媒体世界，对各种新鲜事物感到新奇的同时，不能够快速辨别其良莠，容易被信息的表面现象所

迷惑，进而导致自身的价值观受到影响。培育新时代大学生的家国情怀，就是要倡导社会主流价值观，让大学生这个群体发自内心地爱国，用自己的实际行动支撑起中华民族伟大复兴，真正成长为社会主义事业的建设者和接班人。某些西方国家利用其网络主导权大肆对其他国家进行文化扩张渗透，主要目的就是西化、分化中国，打击中国人民的爱国热情、毁灭中国人民的家国情怀。所以，网络媒体的随性传播弱化主流价值在一定程度上影响了大学生家国情怀培育。

二、网络媒体的负面内容混淆正确视听

网络媒体传播往往是靠流量致胜，靠"新、奇、特"来博取受众眼球，为了达到这个目的，诸多网络传播内容便时常以扭曲和夸大事实、黄色暴力、低俗恶搞、重口味等形式粉墨登场，以期满足大众口味，这些内容很容易凭借其强大的诱导力、渗透力和劝说力混淆人们的视听，主导人们的道德观念、道德选择和行为方式。网络媒体上传播的这些内容属于大众文化，这些文化往往是很容易被大众认可和推崇的，是符合大多数人的情感需求的，但是这些大众文化并非主流文化。它缺乏一定的科学依据和实证检验，从表面上看其内容容易被大众接受并且似乎是正确的，但是经过缜密的逻辑分析后会发现很多大众文化的内容是站不住脚、是经不起推敲的、是错误的。大学生长期生活在校园，他们对校园外的事物常常抱有新奇的心理，伴随着手机、电脑等移动终端设备在大学生群体中的普及，网络媒体便成为他们了解校园外部世界的主渠道，网络媒体传播的内容便成为他们认知外部世界的主构成。一些网络媒体为了获取经济利益，在网络平台监管缺位的情况下，丧失伦理底线，异化为追逐经济利益的"工具"。这些网络媒体的负面内容中夹杂着低级、荒诞、赤裸裸鼓吹利己主义、冷血拜金主义等内容，严重污染着大学生的精神世界，使得一些大学生丧失信念、迷失理想和奋斗目标，更有甚者使得大学生失去道德感，失去做人的最起码准则。新时代

大学生一旦沉迷于这些网络传媒负面内容，就会大大减少社会交往和获取社会知识的机会，就会消磨意志、腐蚀品质、摧毁自制力，进而变得更加颓废，迷失自我，丧失社会责任感。由于大学阶段的大学生正处于塑造价值观的关键期，他们的独立价值观尚未完全确立，当面对这些负面的大众文化影响时，容易丧失辨别良莠的能力，被低级的情绪煽动而降低独立思考和科学审视的能力，以至不知不觉地被泛道德主义绑架。

三、网络媒体的意识陷阱诱发思想偏差

网络媒体传播信息速度快、包含内容宽泛、搜索信息方便等特性深受广大青年大学生的喜爱。由于其信息传播的"低门槛"，在网络媒体时代，人人都是信息传播者，人人也都是信息接受者，任何人都可以在网络上发表自己的观点和想法，但并非所有的观点都是正确的，错误的思想是客观存在的。人对整个社会的认知和价值观的形成是一个长期且递进的过程，是一个从低级向高级演进的过程，并且需要持续不断地学习才能达到稳定。学习的过程是一个相对艰难而持续的过程，所以很多人更加倾向于简单的思考和片面的学习，这就导致了一部分人容易成为低端的极端主义者。这种低端的极端主义主要体现为价值观的绝对性和武断性。在绝对性方面，绝对性表达的价值更为直接和简单，更容易被人们所接受，所以更具有煽动性，更能够让人们产生崇拜和信仰；在武断性方面，主要是对其他评判思想的否定，人们往往愿意去选择自己认为是正确的内容而否定其他内容，之所以人们会产生武断性的极端主义，主要是武断性的评判更容易因群体聚集而产生心理安全感和群体归属感。而这种绝对性和武断性往往会加剧人们对外界的抗拒和抵触，对外部世界的理解和认知更加狭隘和扭曲，进而演变为偏激，最终形成"意识陷阱"。"意识陷阱"并非是对少数人有效，而是对很多人都有影响。人由于其自身寻求安全的本能，时常会"选边站队"，以寻求群体

保护，获得群体情感。大学生在家国情怀培育的过程中，难免会面对"意识陷阱"，一些别有用心的人在网络传播的内容中乐于用空洞的价值口号和低端的偏激情绪来包装并煽动种族情绪的民粹主义、历史虚无主义、极端个人主义等，这对大学生家国情怀的培育是极其不利的，容易诱发大学生价值观偏差，使大学生被错误思想左右，容易被别有用心的个人或团体煽动甚至利用，进而做出危害社会、危害国家的极端错误行为。

第五节　大学生自我涵育能力的牵制

现代思想政治教育学指出，思想政治教育的本真状态是自教自律，其本真意义是促成自教自律。[1] 大学生家国情怀培育是高校思想政治教育实践活动，在具体的大学生家国情怀培育过程中，培育者与被培育者即大学生就构成了矛盾的两个方面，他们之间相互影响、相互作用且相互依存，缺失任何一方，就构不成矛盾，而矛盾作为推进事物发展的根本动力，两个对立面缺一不可，缺少任何一方矛盾就不能成立和存在。大学生这个主体在家国情怀培育中拥有不可或缺的重要地位，如果不从大学生的身心发展特点实际出发，就是忽视了矛盾，大学生家国情怀培育就沦为空谈。当前大学生个性发展不完善，对家国情怀认知水平有限，缺乏有效自我管理，限制了大学生家国情怀自我涵育的能力。

一、大学生心智发展不够成熟

部分大学生的价值观存在偏差。大学生处于人生发展的青年阶段，

1　张耀灿，郑永廷等. 现代思想政治教育学［M］. 北京：人民出版社，2006：278.

是世界观、人生观、价值观形成的黄金时期。生理和心理发展的不同步性，使大学生的身心发展、人格塑造、自我意识等方面呈现出不稳定、不成熟的特征。他们在生理发展方面趋于成熟和稳定，成人意识增强，渴求脱离家庭的束缚，使自己在思想、学习和生活中都实现独立。但大学生的心理发展速度滞后于生理成熟，政治素养、思想意识、品德修养、道德素质和价值观念表现出不成熟的特征，还处在动态形成中，尚未定型。同时，由于大学生学习视野的局限性、理论学习的不足和社会经验的缺乏，他们在一定程度上缺乏理性思辨和分析选择能力，在看待分析问题时，往往不能透过现象看清事物的本质和发展规律，从而影响自己的认知、判断和行为。当前大学生以"00后"为主，他们从小就接触手机、电脑等移动互联网终端，视野开拓、思维活跃、行为开放、观念超前，手游、动漫、玄幻文学等几乎成为他们专属的行为符号，享受着与以往每一代人都不同的文化体验和娱乐方式。在此过程中，他们接触的也都是多元、多样的文化形式，兼并、包容是其主要特点。虽然"网络无国界"，但"网络中的人都有自己的祖国"，有的大学生在接受外来文化的熏陶过程中，却忽视了这一重要原则。他们紧跟所谓"键盘侠"的思路和脚步，接受错误思想的洗礼，尊崇西式消费理念和价值取向，形成错误、扭曲的价值观念，认为自己的思想原则、行为方式才是正确的，其余一切与之相悖的都应该提出意见和批评，往往不自觉地将自己归纳为"世界中心"。这部分大学生往往只看到"小我"，而忽视社会和历史"大我"，只关注和看重个人利益，把他人、社会与国家抛之脑后，未能把个人理想与中国梦结合起来，甚至为了个人的一己私利，损害国家利益。这种情况的存在致使大学生家国情怀自我培育，必然缺乏稳定持久的动力和耐力。

大学生角色定位更迭。进入高校后，大学生开始重新审视自己，急切需要挖掘自我潜力，从不断地自我剖析中获得自我的认同。当理想和现实发生冲突时，加剧了自我确认的难度，会产生自我意识的混乱，陷入自我同一性危机。美国心理学家埃里克森提出，"我们可以把同一性危机说成青春期的心理社会方面。如果同一性对后期生命还没有形成一种具有决定性意义的方式，这一阶段也是无法通过的。"[1] 埃里克森将人的一生划分为八个阶段，每个阶段由于人格发展程度不同面临着不同的危机。在大学阶段，有些大学生对个人定位、个人成长目标缺乏正确认知，自我同一性难以实现，会在信念、目标、价值观上出现迷茫，导致价值观念的失范，精神失衡、无序。有的学生迷茫和彷徨期较长，缺乏个人和社会理想，学习动力不足，不愿意参加集体活动，人际关系疏远，缺乏生活激情，处于一种游离状态。这些导致大学生不能清楚认识到自我与社会、国家、民族之间的关系，缺乏明晰的目标和强有力信念，无法关注集体、社会和国家的发展，家国情怀意识淡薄，培育主体的自觉性难以得到有效发挥。

二、大学生对家国情怀的认知不够深刻

一是部分大学生对家国情怀缺乏主动认知。从心理学角度讲，认知指人们获得知识和运用知识的过程，这是人的最基本的心理活动之一。人脑通过接收外界传来的信息，经过人脑的加工处理，转化为在内的心理活动，继而支配人的行为方式。基于此，大学生对家国情怀的认知即表示大学生对家庭、社会、民族、国家的情感深厚程度以及这些事物在他们心中的地位和重要性，从而产生是否主动接受家国情怀培育的意愿。一旦大学生对家庭、社会、民族和国家产生深厚的情感，那大学生家国情怀培育则会取得相当的实效性和时效性；反之，大学生对他们缺乏情感甚至没有情感，大学生家国情怀培育就会陷入停滞的局面。研究发现，部分大学生对家国情怀的认知存在一定问题，缺乏主动认知。如图 4-5 所示，当问及"您平常会自主阅读学习家国情怀相关理论知识

1　[美] 埃里克·H·埃里克森. 孙名之译. 同一性：青少年与危机 [M]. 杭州：浙江教育出版社，1998：79.

吗"之时，只有62.8％的同学表示会"经常认真学习"，30.92％的同学表示"多少看一点"，还有6.28％的同学选择了"不确定""不会"。对家国情怀认知不足会影响大学生家国情怀的自我培育。有些大学生认为家国情怀只是一味对家庭、社会和国家奉献、付出，对自己本身没有任何益处，这其实是对家国情怀的曲解，没有认识到家和国之间的内在逻辑关系，不理解践行家国情怀能够提高自身认知和综合素质能力。同时，在全球化浪潮冲击下，社会转型所带来的一系列国家问题和社会问题正侵蚀着大学生对家庭、社会、民族和国家的情感。在全球化进程中，各国之间的距离正逐渐被"拉近"，不同文化之间的交流、碰撞、融合正如火如荼，多元化的社会价值观充斥着整个社会，正能量、负能量融为一体，极难分辨。部分大学生对多元化的社会价值缺乏相应的领悟力和判断力，只会盲目接收自己感兴趣的信息成为自己的认知并指导自己的实践。在这个过程中，有许多错误信息和价值观被吸纳进大学生的头脑，从而消解大学生对家国情怀的正面认知，继而排斥大学生家国情怀培育的融入和践行。

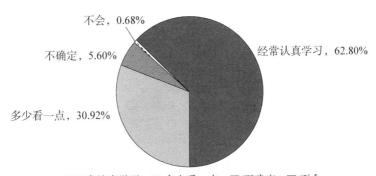

图4-5　您平常会自主阅读学习家国情怀相关理论知识吗

二是部分大学生缺乏对家国情怀的兴趣。新时代的大学生是改革开放的受益者，"00"后基本都是在家庭和社会的呵护下长大，在物质和精神方面得到极大满足，他们很难切身感受到老一辈为了吃饱穿暖所付出的艰辛努力，无法体会到无产阶级革命家为了民族独立、国家复兴抛头颅、洒热血，无私奉献和牺牲的爱国情怀，没有深入理解家国情怀对一个国家发展和民族团结的重要性。部分大学生功利性强，目标定位偏于务实，读书不是为了学习知识，不是依据个人兴趣和社会需要，而是为了有好的收入和较高的社会地位。如图 4-6 所示，当问及"您愿意利用业余时间参加家国情怀实践活动吗"时，有 76.24％的大学生明确表示"愿意"，12.86％的大学生表示"不太愿意"，10.90％的大学生明确表示了"不愿意"。表明部分大学生安于现状，"两耳不闻窗外事"，只做能给自己带来实际价值的事情，在政治上态度冷漠，对家国情怀缺乏兴趣，不愿意去了解、学习家情怀相关内容。在高校选修和大学生家国情怀相关的课程内容时，部分同学也是带着功利性心态，是基于学习任务和成绩考核，并不是真正对家国情怀有兴趣，没有将家国情怀内化于心。此外，在新媒体时代，网上信息繁杂，大学生对很多新兴事物抱有很大好奇心和探索欲，有的同学沉迷于网络直播、各种游戏、购物、"花边"娱乐新闻，认为个人价值重于社会价值，家国情怀遥不可及，不能给自己带来实际利益，没有心思去关注家国情怀的培育相关内容。

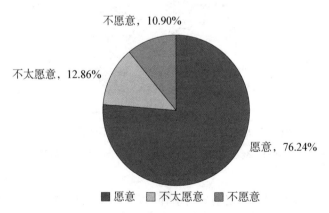

图 4-6   您愿意利用业余时间参加家国情怀实践活动吗

三、大学生有效自我管理不够充分

自我管理属于心理学范畴，有效的自我管理，是社会发展对个人的素质要求，需要大学生能按照社会目标，充分调动主观性，对自己的思想和行为进行转化控制，有效整合自我资源，从而进行自我教育和自我学习。有效的自我约束能力和自我管理能力需要大学生具备以下几种品质：一是有较强的意志力。意志力强的人才不会人云亦云，能抵抗外界不良诱惑，有自己的判断力和决策，在困难面前勇往直前，坚持不懈做好一件事情。二是有较强的自我学习能力。整个世界是不断运动变化发展的，人的知识储备体系也要与时俱进。大学生尚未进入社会，需要学习的专业知识、沟通交际知识和为人处世知识还很多，要时刻抱有学习的态度，向榜样学习，与优秀的人为伍，不断提高自己的思想水准、道德境界。三是要有自我反省能力。人非圣贤孰能无过，但有了过错后，贵在有自知之明，能及时反省。所以，君子应当严于律己，宽以待人，对于自己的失范行为，要及时反思，不断提升自我、完善自我。四是要有良好的自我克制能力。不管是在高校还是进入社会，各种诱惑时常闪现。人如果不能有效控制自己的欲望，就会成为感情和金钱的奴隶，失去理智和自我。大学生有克制能力，才能自觉抵制各种不良诱惑和歪风恶习，使诱惑失去威力，从而遵纪守法，不做有悖伦理和违法乱纪之事。

但是，目前有些大学生的自我管理没能达到社会、学校的预期。他们在大学阶段依然有叛逆心理，自我认识偏差，有的过分拔高自己，盲目自信，有的过度贬低自己，缺乏自信心。他们在应对危机和挫折心态上存在偏差，容易冲动、情绪化，往往紧迫感不强，学习懈怠。经过高考的洗礼进入大学后，部分大学生放下了紧张的学习状态，逐渐懈怠甚至厌学，片面追求物质享受，对迟到、早退、旷课等行为习以为常，甚至出现考试作弊等违背诚信的不良行为。使命感欠缺，使得部分大学生逐渐功利化和世俗化，对与自己利益不相关的事务不闻不问，理想信念也比较缺失。有部分大学生家国意识淡薄、社会责任缺失，呈现道德水平滑坡状态，发生行为举止失衡现象。例如：在家不敬重长辈、在校不尊敬师长、在社会上不讲诚信以及公开发表不当言语等，这些道德观念和行为举止不仅损害了大学生形象，也对大学生自身发展造成阻碍，甚至对国家、民族、社会、家庭造成损害。究其原因，主要是因为自身发展过程中没有接受良好道德素质的培育，缺乏有效自我管理，形成了以自我为中心的待人准则和处事态度，过度地把个人利益放在首位。此外，部分大学生还存在法治观念丧失的现象，在校欺凌同学，辱骂师长，在社会打架斗殴，缺乏对社会的责任心。不将自己命运与国家、集体命运联系在一起的思想意识和行为表现，成为了大学生家国情怀培育的重大阻碍。

综合而言，当前大学生家国情怀培育任务重大、征途长远，作为教育者和培育者，必须深入调研，分析最新事实和数据，对当前大学生家国情怀培育过程中出现的问题进行深入、务实的原因分析。只有这样，才能从源头上找寻到大学生家国情怀培育过程中真正的重点和难点，为大学生家国情怀培育的实施路径提供可行性数据参考和有效性建设方案。

第五章　新时代大学生家国情怀培育策略

新时代大学生家国情怀培育具有明显的价值导向作用，承载着特定的政治功能，是与国家和阶级相伴而生的，始终存在于人们的意识形态之中，指导着个体重视家庭、认同维护国家利益，引导个体自觉践行爱家爱国实践，承担历史责任和使命。新时代大学生家国情怀培育是一项系统工程，对培育过程有比较高的要求。以大学生家国情怀培育理论为依据开展大学生家国情怀培育实践，有利于确保培育的科学性和有效性。本章基于前文的理论分析和体系建构，结合第三章和第四章对当前大学生家国情怀培育中存在的问题及成因剖析，对改进和加强当代大学生家国情怀培育提出培育目标、构建机制和现实路径。

第一节　新时代大学生家国情怀培育的目标

目标是一个活动的起点和终点，可以为培育活动提供良好的方向和指导。"情怀"是以人的某种情感为纽带而产生的崇高心境。家国情怀是人们基于对作为"组织"的家、国、世界的热爱而产生的一种强烈归属感，以此自愿承担起作为"组织成员"的使命与责任，其本质是个体对这些组织的情感归属、文化认同、价值观认同。中华民族漫长的历史进程中，家国情怀不仅仅是中华民族传统社会生活方式的沉淀，更是对传统优秀文化内化而展现出的人格魅力，是民族凝聚力和向心力的集中体现。正是基于这种家国情怀，才使得中华优秀传统文化历经千年不中断，中华民族历经万千磨难仍奋勇前行。大学生家国情怀培育旨在塑造大学生具有家国一体的社会共识和情怀素养，使大学生能够成为担当民族复兴大任的时代新人。

一、引导大学生形成正确的家国认知

"知识观念是思想结构中的基础系统。"[1] 在一个人的心理活动中，认知具有先导作用，影响着个体的情感意志和行为取向。在古代汉语里，知和"智"是相通的，意思是将你所知道的具体知识转化为智慧。正如列宁指出的："思想一旦掌握了群众，就变成力量。"[2] 认知的过程是人们通过对外界的知识进行获取、加工处理，形成自身内在的心理活动，进而支配人的行为。对新时代大学生进行家国情怀培育，首先要使大学生对家国情怀有一个正确的理论认知。当前，部分大学生对家国情怀有所认知，但是部分大学生的认知是模糊不清的，不清楚家国情怀的具体内涵和外延，对自身、社会、国家到底有何现实价值，如何弘扬和践行家国情怀等缺乏系统认知。因此，开展大学生家国情怀培育，要使大学生系统掌握家国情怀理论体系。

一是要使大学生深入把握家国情怀生成逻辑、具体内容和表现形式。经济基础决定上层建筑，源自于商周时代的家国情怀，与中国传统社会生产结构、生活方式和国家治理模式有莫大关联。传统社会中，国依靠血缘和地缘联结为家的延伸。个体依附于无数个体共同组成的"家"才能实现自身价值。国家以王朝形式表达，在现实伦理秩序的基础上建构，个体离开家国秩序，无所依傍，王朝国家对个体具有权威性

1　赵言舟. 思想学 [M]. 北京：海潮出版社，1998：77.
2　列宁选集（第3卷）[M]. 北京：人民出版社，1995：335.

和神圣性。"具备'家族取向'的'家族-政治文化'使得传统中国社会价值系统在'育化'与'社化'上的功能是紧密相连的。"[1] 于是人们就将对家庭的情感及伦理精神推展至国家，将对家人的爱推及为疆土之爱、家园之情、家国之情。家国情怀源自于家国同构的社会伦理认同，以血缘、地缘为基础，曾是个体对王朝国家的价值归属。家国情怀是古代到近代再到现代的演变发展，是我国社会历史发展状况的现实需要。近代以来，在实现民族独立、国家富强的伟大革命中，正是具有中华优秀传统文化基因的家国情怀，激励着一代又一代的革命斗士鞠躬尽瘁、流血牺牲。在新时代的中国特色社会主义事业建设中，我们依旧需要家国情怀这一强大动力，激发人们爱家爱国、建设祖国的激情和斗志。

"家国情怀内含并超越一般意义上的爱国情感，体现着中华民族成员对家园、故土、国家、民族的眷恋爱戴、情感归属、包容胸怀、价值认同和忠诚捍卫，以及对家国使命、家国一体、家国共在的深刻认知、体悟和践行。"[2] 家国情怀体现了爱家情怀、爱乡情怀、爱国情怀及其统一。从毛泽东"埋骨何须桑梓地，人生无处不青山"的雄心壮志，到谭嗣同"我自横刀向天笑，去留肝胆两昆仑"的慷慨赴义，到习近平"不忘初心"的为民情怀、"民族复兴"的圆梦情怀、"实干兴邦"的奋斗情怀、"以身许国"的无我情怀、"崇尚英雄"的革命情怀、"天下大同"的世界情怀，[3] 都是家国情怀的真实写照。十八大以来，习近平总书记多次强调家庭、家教、家风建设的重要性，形成了一系列关于家国情怀的重要论述，"千千万万的家庭是国家发展、民族进步、社会和谐的基点。"[4] 家庭是社会发展的最小单元，只有将家庭建设好，才能实现社会的整体发展。习近平总书记关于家国情怀的重要论述在传承中华优秀传

1　金耀基. 从传统到现代 [M]. 广州：广州文化出版社，1989：29.

2　田旭明. 习近平关于家国情怀重要论述的精髓要义 [J]. 马克思主义研究，2020（12）：51—61.

3　周显信，袁丽. 习近平家国情怀的时代意蕴与实践逻辑 [J]. 理论探讨，2020（05）：55—61.

4　习近平在会见第一届全国文明家庭代表时的讲话 [N]. 人民日报，2016-12-16（02）.

统文化的基础上，融入现代社会的国家意识理念，诠释了家国情怀培养对个人、社会以及国家发展的重要意义。

二是要使大学生正确理解家国情怀对个体、社会和国家的时代价值。家国情怀作为一种深层次的文化心理密码，对青年个体、社会和国家具有广博和深刻的时代价值。对于青年个体来说，有助于促进青年群体德才兼备、全面发展。家国情怀是青年的立德之源，育人为本，德育为先。通过家国情怀的培育和弘扬，有助于青年大学生正确理解家和国之间的辩证关系，把爱家和爱国相统一，树立正确的世界观、人生观、价值观，成为个人成长成才的压舱石；有助于大学生正身立德，塑造新时代完整人格，建立乐于奉献、勇于担当的人生态度，提升自身修养，提高思想政治素质和心理品格素质；提升历史使命感与责任担当意识，坚定共产主义的理想信念，树立科学的历史观、大局观、国家观、安全观，以爱国、奉献、担当、作为的姿态，更加积极地投入到国家、社会和民族的伟业中，为全面建设社会主义现代化国家凝聚磅礴力量。

家国情怀对于社会而言，有利于提高社会文明程度。随着改革开放的深入发展，我国的社会文明程度进一步提高，不断发展。但是伴随着经济社会的发展，在家庭伦理、社会公德、国家安全意识等方面出现了一些影响社会文明程度的现象。例如少部分人价值观扭曲，缺乏正确的义利观，质疑和指责英雄人物，将流量网红视为偶像；对家庭和国家的责任感缺失，辱骂诽谤国家，甚至成为敌人的工具，危害国家利益。家国情怀堪称一种精神坐标，在全社会弘扬家国情怀，有助于传承社会美德，将仁爱之情、遵纪守法、爱岗敬业、奉献牺牲等正能量情感在全社会传递，涵养公民德性，使人们深入了解自己所属的群体，增强自我认同、民族认同和国家认同，提升在社会事务中的参与意识和责任意识，提高全社会的道德水准和文明素养。家国情怀历经千年，其蕴含的家国一体、保家卫国、修己慎独、忠信笃敬等精神和社会主义核心价值观的基本要义具有内在一致性和共通性。家国情怀和社会主义核心价值观都以个人、家庭、社会、国家为逻辑进路。培育家国情怀，可以通过家国情怀中的经典故事、家训家教典故、文艺作品等彰显社会主义核心价值观的价值取向，使其落地生根，增强民众的理解度和认同感，有助于人们在全社会推崇理性爱国、以国为荣、实干兴国、廉洁奉公、倡导和平、热爱故土等崇德尚美之事，摒弃卖国求荣、自私自利、贪赃枉法等不公不义之行，从而使人们心系家庭、故乡和国家，眼里有他人，心里有世界，弘扬向上向善的中国力量。

对于国家而言，家国情怀有助于为实现中华民族的伟大复兴积聚养分。中华民族有 5000 多年的灿烂文明，但是近代以来，中华民族却经历了历史上的最黑暗时期，从 1840 年到 1949 年，中华民族在黑暗的深渊中摸索了 100 多年。新中国诞生以来，在中国共产党的领导下，波澜壮阔，气吞山河，中华民族迎来了持续走向繁荣富强的伟大飞跃，从根本上扭转了中华民族不断衰落的历史颓势。在新时代，我们更加接近、更有信心实现中华民族伟大复兴的宏伟目标。当前，面临复杂的国内外局势，我们在追梦、圆梦的征程中充满了风险和挑战，而中华民族伟大复兴目标的实现，需要一代代中华儿女的不懈努力和奋斗拼搏。新时代青年恰逢其时，是实现中华民族伟大复兴的主力军，我们需要家国情怀提供强大的思想力量。中国的发展历程表明家国情怀已经成为中国人民的精神标识。家国情怀可以激励国人在危难和关键时刻凝聚在一起，用坚定必胜的信念克服各种艰难险阻。因此，新时代青年要不断从家国情怀中汲取精神养分，肩负实现中华民族伟大复兴的重任，志存高远，脚踏实地，大力弘扬中华民族精神，以家国天下为重，自强不息、百折不挠，勤奋学习、踏实工作，矢志建功立业，成为实现中华民族伟大复兴历史使命的铁骨脊梁，为实现中华民族伟大复兴贡献智慧与力量。家国情怀是激励新时代青年奉献智慧、保家卫国，具有亲和力、吸引力和向心力的精神动力。

三是要使大学生准确认知弘扬和践行家国情怀的方式。家国情怀不是抽象玄乎的概念，也不是振臂一呼的一句空洞口号，而是具体的、实践的，需要一代代国人勇于担当、甘于奉献，用热血铸就，用奋斗书写。当前部分大学生对如何践行家国情怀存在模糊或者错误认知，认为家国情怀离自己很遥远，只有优秀的杰出人物和英雄人物才能践行家国情怀。这种思想认知将家国情怀神秘化、虚幻化，拉大了家国情怀和大学生之间的距离，淡化了大学生的家国情怀。因此，通过大学生家国情怀培育，要使新时代大学生深刻了解到家国情怀兼具时代性和现实性，深切领悟家国情怀是铭记、行动与担当，将家国情怀往心里走、深里走、实里走。不论你是什么职业，不论你身在何方，都要时刻铭记"有国才有家"。当我们的祖国受到侵犯时，我们要义不容辞地用生命捍卫祖国的利益；当别有用心之人随意抹黑伟大祖国时，我们要义正词严地与其斗争。我们要时刻牢记中华民族是如何凤凰涅槃、浴火重生，经历血与火的洗礼走向新征程的，那段屈辱的、沉重的历史，值得我们一生铭记。新时代大学生要坚信社会主义是干出来的，在学习生活和以后的工作岗位中，不仅要做好本职工作，更要敢担当、敢作为、敢拼搏、敢创新。要学习钱学森、黄大年等人深厚的家国情怀，胸怀大志、刻苦学习，在力所能及的范围内，在躬身实践中展现自身的家国情怀。例如有的大学毕业生自愿支援西部、服务西部；积极投身于乡村支教、精准扶贫、乡村振兴等工作，把学到的本领奉献给祖国和人民，不断增强自身的社会责任感，为民族复兴、祖国建设铺路，留下许多报国的奋斗足迹。

二、激发大学生产生浓厚的家国情感

情感是人类精神生活的一种重要体现，也是人类个体精神大厦中的核心支柱。古人在《礼记·礼运》中就有谈到："何谓人情？喜怒哀惧爱恶欲，七者弗学而能。"[1] 古人总结出了人的情感的七种重要表现形式，这些表现形式，是人与生俱来的本能反应。情感既是人生欲求的系统，也是千般妩媚的内心体验。在心理学上，情感是心理系统的有机组

1　礼记·礼运.

成部分，更加倾向于反映人对客观事物和人的需要之间的关系，人的需要是产生情感的主观因素。情感产生于人们的认识和活动，反过来又影响着人们的认识和活动。黑格尔曾指出："假如没有热情，世界上一切伟大的事业都不会成功。"[1] 情感是一种最深刻的自我感受和内心体验，是人们工作和学习的动力，有浓厚的情感才会有强烈的意志、信念和具体的行为。大学生在家国情怀培育中，通过对家国情怀的认知，产生对家国的情感。根据人们的情感反应由弱到强，由浅到深，大学生的家国情感体现为大学生对家、对国的归属感、荣誉感和责任感。

大学生对家国的归属感。中国是传统的农业大国，绵延已久的农耕文化使国人对土地产生了深厚的依赖之情。费孝通先生的著作《乡土中国》中表明，人们对故土、家园的深厚情感源于生养自己的土地。民族主义思想家埃德蒙·伯克曾在英国议会的演讲中提到："人类所拥有的、仅次于父母对孩子的爱、仅次于这个最强烈的本能，就是对自己国土的热爱，它既是天生的，也是道德的。"[2] 大学生对家国的归属感体现了大学生对家庭、故乡和国家的一种依恋之情，个人、家庭是归属于国家的。对人而言，与自然的出生有关的除了生身父母外，便是生于斯、长于斯、死于斯的土地。"树高千尺，叶落归根"。故乡是给予我们生命的地方，尽管社会成员可能离开故土和家园，去向异地，但对于故土的依恋和热爱是自然的、根植于血脉之中的，因为故土有自己的祖先和亲人。在我们成长过程中，随着学习和实践范围的扩大，我们会把对家庭和故乡的爱，逐渐扩展到对祖国的爱。我国地质科学奠基人李四光，尽管在国外的学术地位很高，但为了祖国的需要，历尽千辛，辗转欧洲多国，返回故土。他坚持真理的科学品格，用坚韧不拔的创新精神摘掉了"中国贫油"的帽子，演绎了自己矢志不渝的家国情怀。所以，对家国的归属感，不仅仅指的是身在何处，更多指的是精神上对家国的强烈归

1　[德] 黑格尔. 王造时译. 历史哲学 [M]. 北京：三联书店，1956：62.

2　[美] 约瑟夫·拉彼德. 金烨译. 文化和认同：国际关系回归理论 [M]. 杭州：浙江人民出版社，2003：183.

属需求。尤其是在当今经济全球化和多元文化思潮的冲击之下，整个世界的政治、经济、文化生活相互交织，西方一些人倡导"世界主义""世界政府""全球治理"，有的人甚至宣扬"社会主义终结论"，这些思想在一定程度上会淡化人们的家国文化意识和家国身份意识。而大学生家国情怀培育，则要使大学生在文化多元化的全球背景下，坚守对家庭、故乡和国家的情感，保持清醒的"我是中国人"的身份意识和主体意识。

大学生对家国的荣誉感。在经历过新冠肺炎疫情的猛烈冲击后，我们听到无数国人发自肺腑的感言：我为自己是一名中国人而由衷骄傲和自豪。这既是中国人的自豪感，也是中国人家国荣誉感的一种体现。"荣誉感是包含欣慰、自豪、尊严等体验的一种道德意识和情感，它反映人对自身和自己置身于其中的阶级、阶层、集团的行为、功绩及地位，有着肯定的自我道德评价和感受。"[1] 大到整个国家，小到一个家庭都有自己的荣誉感，如果一个家庭和国家没有了自豪感和荣誉感，前途更是无从谈起。在看待荣誉问题上，要明确个人荣誉和集体荣誉的统一。个人荣誉的获得是群众和集体奋斗的结晶，并不仅仅是个人独自奋斗的结果。人民和集体的荣誉，离不开每个个体的建功立业。个人荣誉是集体荣誉的体现，集体荣誉是个人荣誉的归宿。大学生应以自己生活在伟大的中国为荣耀。"一寸山河一寸金"，在我们广袤的祖国大地上，有母亲河黄河和长江，有巍然耸立的壮丽"五岳"，有许多我们为之骄傲的名胜古迹：万里长城、西湖、布达拉宫等等，这些见证着中华民族的岁月年华。祖国有 5000 多年的悠久历史，和古埃及、古印度、古巴比伦一起被誉为世界四大文明古国，彰显了祖国强大的凝聚力和生命力。在历史岁月的长河中，也积淀了灿烂的优秀中华传统文化，形成了独步世界的人文精神。"大道之行、天下为公""言必信、行必果"等正

1　罗国杰. 中国伦理学百科全书·伦理学原理卷 [M]. 长春：吉林人民出版社，1993：444—445.

义思想和诚信观念世代相传。而且中国是世界公认的礼仪之邦，讲究民为邦本、礼节风貌、以诚待人。在新冠肺炎疫情肆虐全球之时，中国顶住巨大压力，向世界上 150 多个国家提供防疫援助。在全球面临新冠疫苗紧缺的情况下，中国又竭尽所能向 100 多个国家和国际组织，提供疫苗和原液超过 10 亿剂。中国的抗疫努力和大国风范得到了世界其他国家的尊重和赞誉，不仅令国人由衷自豪，也让我们回忆起孙中山先生在给友人的信中所提到的"生在中国，实为幸福"。在新时代，我们离实现中华民族伟大复兴的宏伟目标又近了一步，实现"两个一百年"奋斗目标，新时代青年将全过程参与。新时代大学生要具备强烈的家国荣誉感，将个人荣誉和国家荣辱紧紧相连，将国家的安全、荣誉和利益放在个人利益之上，在时代所给予的舞台上绽放光芒，以青春之我、奋斗之我建功立业、报效祖国，成为大有作为的一代新人。

大学生对家国的责任感。作为一定社会关系中的人，社会生活对现实的人提出现实要求，每个人在享受权利的同时，有必须要履行的义务。当人们认同责任的重要性，并内化为自觉的责任意识时，就形成了所谓的责任感。责任感作为一种道德情感，是个人为了维护和实现相应的社会属性，而自觉去履行义务的一种道德体现。"责任是社会有序运行的基石，责任是整个民族的精神。"[1] 责任感对个人、家庭、国家同样重要，凸显了一个人的品性和态度。大学生家国情怀培育，要使大学生重视自己在社会中的价值，强化生命责任感，学会用爱心经营生命，用积极乐观的态度对待生活；增强素质责任意识，提高自律、自省意识，完善自身，形成良好的个人品质，拥有丰富而全面的知识。大学生要树立和谐家庭、文明家庭责任意识和感恩责任意识。赡养照顾父母、尊重理解父母，尊敬兄长、关爱弟妹，自觉建设文明家庭，感恩父母、老师，成为有同情心、感激心和爱心的人。同时，大学生要意识到自己是国家的主人，理性分析自己和国家的关系，明确个人对祖国的依附关

1　金安. 责任 [M]. 成都：四川大学出版社，2005：67.

系，没有了国家的繁荣昌盛，个人的发展无从谈起。大学生在享受国家带来的美好生活的同时，要承担起对国家和民族的责任，树立国家主人翁的责任感和忧患意识，关心国家大事，深入实际，了解国情，将祖国命运和个人发展相结合，真正担负起时代赋予的历史重任。

三、培育大学生坚定积极的家国意志

马克思曾在《资本论》法文版序中写道："在科学上没有平坦的大道，只有不畏劳苦沿着陡峭山路攀登的人，才有希望到达光辉的顶点。"[1] 意志是人的意识能动性的一种体现，是社会个体为达到某种目的而产生的心理状态。意志具有明确的目的性，当社会个体的目的越远大和高尚，意志水平就越高。意志通常和克服困难相联系，在困难面前，为了克服困难，人的意志往往更加坚强。所以意志是人们在面临各种环境时，按照既定目的自觉支配自己行动的思想品质，具有自觉性，不轻易受外界影响；具有果断性，有深刻认识和清醒估计，能当机立断、随机应变；具有自制性，能抵御与目标不一致的欲望的诱惑，能忍受各种痛苦和灾难；具有坚持性，能有始有终，克服行动困难，坚持不懈完成既定活动。顽强的意志是支撑人们完成任务的精神力量，人的实践活动受到意志的推动与指向。众所周知的伟大科学家、发明家爱迪生，在幼儿时期被学校视为不可教的弱智儿童，但他凭借自己的爱好和坚忍不拔的毅力，醉心于科学试验和发明，才有了留声机、发电机、电车等伟大的成就。这位发明大王成功的秘诀在于除了百分之一的灵感，更为重要的是百分之九十九的汗水。因此，我们经常所说的百折不挠、坚韧、坚持等都是坚强意志的体现。正如英国塞缪尔·斯迈尔斯指出的："要想实现理想和目标的人，不能没有坚强的意志力。要想成功，就必须付出

1　　马克思恩格斯文集（第5卷）[M]．北京：人民出版社，2009：24.

自己的努力，不能只仰仗别人的帮助和扶持。"[1]

自古以来，家国情怀始终是维系中华民族经久不衰、发展壮大的情感支柱。在中国人的精神谱系当中，无不显示出家国一体、家国同构的思想理念。现如今，随着经济全球化、信息网络化，世界各国交往日益密切，信息传递日益频繁，西方利用其在科技、网络等方面的优势，不断向中国传输例如"新自由主义"等不良思潮，以弱化中国人的家国情怀，滋生中国人的功利主义、利己主义思想。一些革命意志不坚定的人，经不住糖衣炮弹的诱惑，由人民功臣堕落为罪人；有的年轻人好高骛远，缺乏自力更生、艰苦奋斗的精神，抱着"今朝有酒今朝醉"的错误观念而不思进取；有的青年自由懒散、金钱至上，甚至走上了违法犯罪的不归之路。这些问题的出现，归根结底是缺乏不屈不挠的坚强意志。大学生是祖国的未来，社会主义的接班人，世界观、人生观、价值观尚未完全成熟定型，很容易受到西方不良思潮的侵蚀。因此，大学生要加强家国情怀培育，使自身坚定积极的家国意志，在理论、情感、价值上认同中华民族共同体。

大学生坚定积极的家国意志，一方面体现在大学生个人要有相对完整、坚强的意志品质，具有持续奋斗的精神和不屈不挠的动力。通过大学生家国情怀培育，引导大学生正确认识和了解社会，懂得社会的纷繁复杂，充分理解矛盾无处不在、无时不在，理想和现实之间必然会存在矛盾和冲突。大学生要用宽阔的胸怀、乐观的态度，正确对待人生的坎坷与挫折，增强忍受挫折的能力，保持进取向上的个性，养成忍受磨难、积极进取的良好品质，在持之以恒、坚持不懈中持续奋斗。习近平总书记曾勉励和激励青年"在奋斗中释放青春激情、追逐青春理想，以青春之我、奋斗之我，为民族复兴铺路架桥，为祖国建设添砖加瓦"。[2]在百年未有之大变局的环境下，大学生将面临更多前所未有的挑战和风

1　[英]塞缪尔·斯迈尔斯. 品德的力量 [M]. 福州：海峡文艺出版社，2004：22.
2　习近平在北京大学师生座谈会上的讲话 [N]. 人民日报，2018－05－03（02）.

险，大学生只有塑造坚强的意志品质，才能在追求和实现理想的道路上
矢志不渝、不屈不挠、砥砺前行；另一方面体现在大学生个人意志与集
体意志和国家意志高度统一。古往今来，无数革命英雄人物将个体意志
与国家意志紧密统一。毛泽东同志从少年时期就注重意志的作用，曾提
出："意志也者，固人生事业之先驱也。"[1] 在与天斗、与地斗、与人斗的
过程中，形成了钢铁般的意志。凭借着这种超人的意志力，毛泽东同志
带领中国共产党人开天辟地、筚路蓝缕、披荆斩棘，改变了中国的命运，
建立了新中国。邓小平同志"三落三起"的经历展现出了他非凡的毅力，
他将这种坚强的意志品质内化为无穷的革命乐观主义精神力量，推动和
领导了改革开放伟大事业。大学生作为建设社会主义现代化强国的主力
军，要通过家国情怀培育，铸就毫不退缩的勇气、持之以恒的毅力、勇
往直前的干劲，培养宠辱不惊的稳健心态，树立正确的理想信念和人生
价值目标，秉承党和人民的信任和嘱托，将个人发展与国家民族的复兴
联系在一起，脚踏实地、百折不挠，走好新一代人的长征路，形成强大
的向心力和凝聚力，在为祖国、为人民、为民族的奉献中彰显个人价值。

四、帮助大学生树立牢固的家国信念

习近平总书记指出："理想因其远大而为理想，信念因其执着而为
信念。"[2] 在人的精神世界中，信念占据着核心地位。信念作为一种社会
意识形态，是认知、情感和意志的融合与统一。信念是社会个体付诸行
动实现自身理想时所形成的稳定的精神状态和意识行为。信念是人们在
生活实践中从日积月累的经验中逐步总结形成的。坚定信念的过程是与
现实相结合的过程。人们通常将理想信念作为一个复合词来讲，理想和
信念虽具体含义不同，但紧密联系，他们共同作用于人们的生活实践

1　毛泽东. 毛泽东早期文稿 [M]. 长沙：湖南出版社，2008：61.
2　习近平在庆祝中国共产党成立 95 周年大会上的讲话 [N]. 人民日报，2016 - 07 - 01
　　(01).

中。信念是更深层次的理想，理想是信念所指的对象，当人们对理想深信不疑并身体力行时，就产生了信念。信念是在理想指引下形成的，并为理想的实现提供支撑。理想指引方向，信念决定成败。理想和信念难以分割，因此我们通常将理想和信念合称为理想信念。信仰是信念的最高层次，是信念的整合和升华，一个完整的信仰包含着一系列信念。信念是信仰形成的基础和落实信仰的途径。信仰和信念内含着理想的共同追求。习近平总书记在多次重要讲话中，强调理想信念是精神之"钙"，人没有了理想信念，便会得软骨病。大学生在家国认知、家国情感、家国意志的基础上，会形成坚定的家国信念，这种信念是对家国情怀的一种坚信不疑的精神姿态。

大学生牢固的家国信念体现在：一是坚定马克思主义信仰。习近平总书记在庆祝中国共产党成立 100 周年大会上的讲话中强调："中国共产党为什么能，中国特色社会主义为什么好，归根到底是因为马克思主义行！"[1] 马克思主义是立党立国之本。自中国共产党成立以来，一直毫不动摇地将马克思主义奉为行动指南。马克思主义是新时代的真理力量，是人类文明的结晶与升华，占据了人类文明的制高点，是人类最伟大的思想体系。马克思主义是科学的世界观和方法论，是一套系统完整、逻辑严密的理论体系。作为"关于自然界、人类社会、人类思维发展一般规律的科学"，辩证唯物主义和历史唯物主义集中体现了马克思主义理论是科学的世界观和方法论的统一。关于哲学的基本问题：思维和存在的关系问题，在哲学史上一直存在争论。根据对此问题的回答，将哲学划分为唯物主义和唯心主义两大阵营。唯物主义主张存在决定思维，唯心主义主张思维决定存在。唯物主义经历了古代朴素唯物主义、近代形而上学唯物主义时期后，马克思、恩格斯在理论研究和实践检验的基础上，批判吸收了黑格尔辩证法的合理内核和费尔巴哈唯物主义的

1　习近平在庆祝中国共产党成立 100 周年大会上的讲话 ［N］. 人民日报，2021 - 07 - 01 (01).

基本内核，创造性地提出了辩证唯物主义和历史唯物主义思想，为人们更好认识世界和改造世界提供了科学工具。马克思主义具有鲜明的科学性、人民性、实践性和发展性，具有彻底的批判精神和鲜明的无产阶级立场。家国情怀作为一种道德文化，体现了人们对于家和国的深情大爱和对"中国梦"的坚定信念，必须也要保证其科学性。不反映人类社会及其发展规律的家国情怀不会长久存在和持续发展。马克思主义中国化历程就是家国情怀不断创新性发展的过程，家国情怀和马克思主义中国化密不可分。尤其是当前随着我国综合国际地位的提升，各种文化和思潮蜂拥而至，一些西方人诋毁马克思主义，宣称马克思主义"过时论""无用论"，这些言论和思想在一定程度上动摇了人们对马克思主义的信仰。通过家国情怀培育，要使大学生明白今天中国得来不易的发展成就，得益于马克思主义的科学指引。正是因为坚持了马克思主义的理想信念，中国共产党才能带领全国人民绝处逢生，实现了民族独立和人民解放。生在"信马""姓马"的社会主义国家，我们要坚持马克思主义在意识形态领域的指导地位，坚信马克思主义的真理性，在思想上铸造铜墙铁壁。

　　二是坚定中国特色社会主义的共同理想。俄国的十月革命，瓦解了资本主义阵营，成功开辟出社会主义道路。十月革命的胜利也让中国意识到科学社会主义能够拯救水深火热的中国。中国共产党在马克思主义理论的指导下，进行了艰难探索，1949 年建立新中国，1956 年在完成三大改造后，建立了社会主义基本制度，从此，社会主义制度在中国大地上焕发出亘古未有的生机活力。在中国共产党人的领导下，在全国各族人民的努力团结奋斗下，在家国情怀的动力支撑下，中国特色社会主义开启了新时代，国家发生了史无前例的巨变。习近平总书记指出："只有社会主义才能救中国，只有中国特色社会主义才能发展中国。这是历史的结论、人民的选择。"[1] 家国情怀与中国特色社会主义紧密相

1　中共中央宣传部. 习近平总书记系列重要讲话读本（2016 年版）[M]. 北京：学习出版社、人民出版社，2016：24.

连，家国情怀指的是对社会主义的国、社会主义的家的情感。在抗击洪水的战斗中，在抗击疫情的战斗中，在脱贫攻坚的战斗中，英勇的逆行者们成为耀眼群星，他们用行动书写舍"小我"为"大我"的家国情怀，也用战绩证明了中国特色社会主义好、中国特色社会主义的强大优越性。因此，通过大学生家国情怀培育，大学生要涵养家国情怀，坚定中国特色社会主义道路自信、理论自信、制度自信和文化自信，坚持习近平新时代中国特色社会主义思想的指导，正视新情况、新问题、新挑战，发展新时代中国特色社会主义。

三是坚定共产主义崇高理想。实现共产主义是党的最高理想，是国人保持政治定力的精神支柱，也是中华民族砥砺前行的指路明灯。从1921年到2021年，中国共产党从无到有，从弱到强，走出了具有中国特色的光辉之路。在这条艰辛道路上所取得的成绩，并非一蹴即至，而是无数革命先烈坚守家国情怀，在共产主义信念的支撑下取得的。他们为了共产主义的理想信念，义无反顾为祖国和人民奉献自我。马克思主义创始人提出共产主义并非主观臆想或道德义愤，而是运用历史唯物主义的原理，深入研究资本主义社会运行规律，对资本主义社会经济进行"病理解剖"，揭示了资本主义的内在矛盾是生产社会化和生产资料私人占有之间的矛盾，这一矛盾在资本主义制度下无法内部调和，从而在《共产党宣言》中提出"资本主义必然灭亡，社会主义必然胜利"的"两个必然"思想，共产主义是人类社会走向的必然趋势。但是实现共产主义并非一朝一夕就能完成，是一个漫长曲折的过程。马克思恩格斯在《政治经济学批判序言》中提出的"两个决不会"论断，"无论哪一个社会形态，在它所能容纳的全部生产力发挥出来以前，是决不会灭亡的；而新的更高的生产关系，在它的物质存在条件在旧社会的胎胞里成熟以前，是决不会出现的。"[1] 这说明了生产力是人类社会发展的最终决定因素，强调了共产主义的胜利需要时间和条件。大学生家国情怀培

1　马克思恩格斯选集（第3卷）[M]. 北京：人民出版社，2012：3.

育，要使大学生认识到作为一项史无前例的伟大事业，共产主义远大理想和中国特色社会主义共同理想辩证统一于中国特色社会主义伟大实践，共产主义不是虚无缥缈的，而是一个复杂的、艰巨的、长期的过程。共产主义的实现，需要一代代人的共同努力和孜孜奋斗。大学生要从当前实际出发，争做德才兼备、有家国情怀的新时代大学生，爱国担当奉献，将个人理想融入到共产主义崇高理想之中，脚踏实地，一步一个脚印，从上好每一节课、做好每一个实验、参加好每一个志愿服务活动开始，认真完成一个个小目标，在灿烂的芳华里书写赤诚，为实现远大宏伟目标做好积淀。

五、促进大学生生成自觉的家国行为

行为是一个综合反应体系，《现代汉语词典》将行为定义为受思想支配而表现在外面的活动。个体行为的发生是受到内在需求驱动和外在环境刺激双重影响下所发生的。人的行为具有生理性和社会性的二重性。家国情怀是一个复杂系统，包含了行为系统，家国情怀遵循"知、情、意、信、行"的发展规律，从认知、情感、意志、信念再到行为的逻辑，家国情怀完成了从价值到经验层面的过渡。家国行为是行为主体在考虑自身生存和发展同时做出的选择活动，更多体现为社会性的升华。毛泽东在《实践论》中指出："一个正确的认识，往往需要经过由物质到精神，由精神到物质，即由实践到认识、由认识到实践这样多次的反复，才能够完成。"[1] 只有通过个体具体的实践活动，才能有效检验其精神品质。家国行为是家国情怀的最终体现和落脚点，是培育大学生家国情怀的最终目标，也是检验高校家国情怀培育实效性的衡量指标。

中华民族的文明发展史，是抵御外敌入侵、争取民族独立和发展的斗争史。在这个过程中，无数歌功颂德、气壮山河的故事，展现了中华

1　毛泽东文集（第8卷）[M]．北京：人民出版社，1999：321.

民族的家风国魂。无论是屈原的为国捐躯志节、岳飞的报国立功之心、文天祥的永不磨灭意志、陆游的豪情担当、徐锡麟的为国效力壮志、朱德的百折不挠精神、毛泽东的革命豪情壮志，还是习近平的为国为民赤诚之心，都展现了一脉相承的爱国气概、乐观精神、忧民之心、为国情怀。而这些价值共识都离不开家国情怀这一文化源泉。家国情怀勾画了主体对家风国魂传扬的历史轨迹。古往今来，无数国人把对家庭的爱，推及扩大到对国之爱、对民之情，在实践活动中形成了独特的家国行为方式。因此，通过大学生家国情怀培育，要使大学生明白家国情怀并非遥不可及，并不是一个记忆符号，也不单是一种精神气质，而是要将家国情怀落地落细，融入到意识自觉里，践行在个人行为中。新时代大学生要树立主人翁的意识，坚信幸福都是奋斗出来的，在躬身实践中展现自身的家国情怀。面对自然灾难无情入侵时，要敢与天斗。例如在抗击新冠肺炎疫情斗争中，全国上下拧成一股绳，大学生也能够尽己所能，参与到各项志愿服务活动，为抗疫贡献力量。很多大学生还积极参加国家的大学生志愿服务西部计划、青年志愿者扶贫接力计划等志愿服务，将自己所学知识融入具体实践中，倡导时代的新风正气。大学生的家国行为还体现在，面对价值多元的冲突，要提高自身的信息甄别能力，规避非理性因素的影响，抵御不良思潮的冲击和利益的诱惑，做出理性的家国行为。大学生要坚持爱国情、强国志、报国行，将青春汗水、时代使命、家国情怀融入到个人奋斗之路，恪尽兴国之责，从小事做起，从身边事做起，兢兢业业、敢于担当、勇于奉献，去书写平凡岗位上的精彩历程，在爱国奉献中实现个人价值。

第二节　新时代大学生家国情怀培育的机制

新时代大学生家国情怀的培育是一个动态循环的过程，是在遵循高等教育规律和大学生自身成长规律的基础上，以培育大学生深厚的家国情怀为目标，以家国情怀培育要素及相应机制为支撑而建构起来的系统性教育方式。大学生家国情怀的培育既离不开大学生自身的学习、内化和外化，也离不开科学培育机制的构建。

一、提升认知的教育引导机制

高校的首要属性是教育机构，它的主责主业便是教育好大学生。所以，在大学生家国情怀的培育过程中，首先要构建好行之有效的教育引导机制。一是要充分发挥好课堂教学主渠道的作用。课堂教学可以有效地将家国情怀的知识内容传授给学生，增强大学生的家国认知，这是高校教书育人的主渠道。尤其是要充分利用好思想政治理论课，通过提升授课质量、丰富教学手段、运用多样化的教学方式，引导学生带着问题去学，激发学生学习的热情，让大学生在课堂学习中提升家国认知，增强家国情感。二是要发挥好课程思政的作用。做好大学生的家国情怀教育和思想教育，不仅是思想政治理论课教师的责任，专业课教师同样负有重要的育人使命，这就要求专业课教师具有课程思政意识，掌握课程思政的技巧和方法，将家国情怀培育渗透在专业课教学过程中，将专业精神、学科精神同家国情怀培育融合在一起。三是要发挥好高校辅导员的教育引导作用。高校辅导员是大学生思想政治教育的骨干力量，其本职是做好大学生的思想教育工作，而家国情怀培育属于思想政治教育的主要内容，所以高校辅导员要将对大学生的家国情怀培育融入到日常的教育、管理和服务工作中。四是要充分把握好学生的需求。需求是大学生家国情怀培育的原动力，离开学生需求的教育是苍白无力的。因此，在大学生家国情怀培育的教育引导过程中，一定要考虑到大学生的现实需求和关注短板。大学生在大学阶段的主要需求是谋求自身的发展，家国情怀培育的教育引导就需要和大学生的自身发展紧密结合在一起，唯有这样，才能真正达到家国情怀培育的效果，从而真正把大学生培养成社会主义事业的合格建设者和接班人，成为符合新时代要求的时代新人。

二、知行合一的实践养成机制

马克思曾指出，社会生活在本质上是实践的。家国情怀培育的实效最终也要通过实践来展现。所以，在大学生家国情怀的培育过程中要彰显其实践性。习近平总书记曾强调，广大青年要注重道德实践，善于明辨是非、善于决断选择。这就要求新时代大学生要将家国情怀的培育从理论转化为实践，进而在实践中实现从认同到内化的关键质变。构建好实践养成机制，就要处理好实践和养成的关系。一方面，要充分发挥好实践在大学生家国情怀养成中的原动力作用，要将家国情怀的培育融入到大学生的暑期社会实践、志愿服务实践、社会调查实践、生产劳动实践、公益活动实践、勤工助学实践、科技发明实践等活动之中。另一方面，仅有实践还远远不够，家国情怀的培育还需要在实践的过程中进行养成教育，这就要求大学生在实践的过程中体现其自觉能动性。实践理应是一种自觉自为的主体参与式活动，是自愿、主动、积极参与他人、群体、社会活动的一个过程。在这个过程中，大学生扮演着主体角色，在实践活动一线，通过与他人的交往、合作，与自身的感受、体悟、反思与总结，体验着家国情怀的真实内涵；通过多重角色的扮演，在各种对比和耳濡目染中将家国情怀内化为自身的日常行为准则。

三、强化约束的制度保障机制

制度的重要作用在于规范和制约，它既可以为大学生家国情怀的培育提供保障，也可以督促其他机制的良性运行。构建大学生家国情怀培育的保障机制，从宏观层面来讲需要法律和政策的保障，从微观层面来讲需要学校管理制度的保障。首先，在法律和政策保障方面，需要从国家层面在立法、司法、执法等环节中融入家国情怀培育，从而为大学生的家国情怀培育提供合法的、硬性约束的支撑保障。深厚家国情怀的培育不仅需要教育引导等教化软约束，同时还需要法律和政策等硬约束，它是软约束和硬约束共同作用的结果，二者有效配合，才能协同发挥合力作用。法律和政策具有刚性的约束力，它们的确立是其他制度保障的基础，是其他制度发挥保障作用的根基，可以为其他制度保障提供依据和精神指引。类似于中国严密的失信惩戒网，在失信联合惩戒的合作备忘录中，对于失信人员限制乘坐飞机和火车，不能买房，限制旅游，惩戒的效力正在显现。对于家国情怀培育，国家层面也要出台相关法律法规，制约家国情怀缺失的人。其次，在学校管理制度方面，主要体现为学生手册中的日常管理规定。高校应当将家国情怀培育纳入学校的日常管理之中，并通过管理制度的形式予以公布，其具体条目可以体现在《普通高等学校学生管理规定》《高等学校学生行为准则》《高等学校校园秩序管理若干规定》《学生违纪处分条例》等规章制度中，这些管理制度为高校进行大学生家国情怀培育提供了保障和指引，树立了规范和行为准则，当学生出现有损家国的事情时便应受到相应的纪律处分。

四、风清气正的环境优化机制

马克思主义认为，人是现实的存在，人是一切社会关系的总和。人总是生活在一定的社会关系中，而社会环境则是社会关系的有力展现。人在改变着环境，同样，环境也在改变着人。所以，要对大学生进行家国情怀培育，一定要对其周围的环境进行优化，确保这些环境是风清气正的，是可以发挥正向作用的，是为家国情怀培育提供能量支撑的。培育大学生家国情怀的环境是多样且复杂的，总的来说可以分为国际环境、社会环境、高校环境、家庭环境和网络环境。在国际环境方面，国外反华势力对于中国的围追堵截从未停歇，他们将以大学生为主体的青年人作为意识形态渗透的重点，不断地宣扬极端民族主义、历史虚无主义等负面思想，以期达到控制意识形态主导权和话语权的目的，这就需要我国在意识形态领域同一切敌对势力进行不懈地斗争，进而牢牢地把握意识形态主导权。在社会环境方面，要在全社会营造出爱国爱家爱社会的良好空间，为大学生家国情怀的培育提供良好的舆论氛围，使大学生在潜移默化中接受积极的教育和熏陶。在高校环境方面，主要包含物质环境和文化环境，一方面要将家国情怀的理念融入到校史馆、博物馆、教学楼、宿舍、食堂、体育馆等硬性的基础建设中，另一方面要融入到日常的校园文化活动之中，为大学生家国情怀的培育提供良好的潜移默化氛围。在家庭环境方面，特别是家长要做好大学生家国情怀的培育导师，要培育良好的家教、家风和家训，家长要成为大学生爱国爱家爱社会的典范，用自身的模范行动去影响大学生在家国情怀培育中的思想和行为。在网络环境方面，一方面国家要对网络进行大力整治，规范网络建设，为大学生家国情怀的培育营造风清气正的网络空间，另一方面大学生要树立正确、健康的网络观，从自身做起自觉抵制各种负面信息。

五、全员参与的协同联动机制

家国情怀的培育绝不是高校某一部门的职责，而是高校内所有部门、所有教师和管理人员共同的职责。因此，这就需要构建协同联动机制，发挥好合力育人的功效。首先，高校党委要做好统筹，要意识到培育大学生家国情怀的重要历史使命，承担起应有的责任与担当，将家国情怀培育纳入教育教学的全过程。高校主要党政领导要做好相应的方案和计划，总体谋划、全盘考虑，以高度的政治责任感监督各部门将方案和计划有效地落实到位。其次，要发挥好思想政治理论课教师、高校辅导员、专任课教师的育人作用，将家国情怀培育融入到日常的教学、管理和服务中。思想政治理论课教师要真正发挥好思想政治教育主力军的作用，高校辅导员要以高度的责任感将家国情怀培育融入到日常的教育管理和服务之中，专任课教师需有师者的担当，既要传授好专业知识又要做好思想育人工作。再次，要发挥好其他部门、组织的协调推动作用。组织部要指导协调各基层党组织充分发挥好党员在家国情怀培育上的先锋模范作用，真正做到一名党员就是一面旗帜，唤起大学生主动效仿的内在力量；宣传部要做好家国情怀培育过程中典型模范的选树工作，有效挖掘各种鲜活案例，多渠道多方式地做好宣传工作，营造出积极的宣传和舆论氛围；学生工作部、团委要在班级建设、社团建设、文化活动、资助工作、心理咨询工作、新媒体建设等方面有效融入家国情怀培育，在潜移默化中激发大学生的家国信念。各部门、各组织要树立起协同育人理念，将大学生家国情怀的培育当作分内事、分内责，主动担当，有效配合，构建出上下一盘棋、全员参与的协同育人环境。

六、契合实际的评价反馈机制

大学生家国情怀的培育不是一蹴而就的，而是一个循环渐进的过程，是一个不断修正与完善的过程，这就需要构建一套行之有效的评价反馈机制。评价反馈是确保大学生家国情怀培育效果的重要抓手，只有进行及时有效的评价和反馈，才能准确把握培育的实际状况、存在的问题，并进行有针对性的改进。在评价方面，要采取360度全方位评价，既包含大学生的自我评价，还要包含领导的评价、教师的评价、其他相关人员的评价。评价要注重整体性、体现系统性、尊重规律性，在构建科学合理评价体系的基础上，进行有效而契合实际的评价，进而为反馈提供参考依据。在反馈方面，需建立在对评价结果精准把握的基础上，全面地发现问题，有针对性地分析诱发因素，进而提出合理有效的解决方案，及时地进行纠偏，确保大学生家国情怀的培育过程不偏不倚，确保培育的实际效果达到预期目的。

第三节　新时代大学生家国情怀培育的现实路径

本书通过实证研究，分析了新时代大学生家国情怀培育的现状、存在的问题及影响因素。同时，要与时俱进，从社会、高校、家庭、新媒体载体、大学生自身等多个角度提出路径，引导大学生形成正确的家国认知，产生浓厚的家国情感，坚定积极的家国意志，树立牢固的家国信念，生成自觉的家国行为，从而涵养提升大学生的家国情怀。

一、全面推进，增强社会在大学生家国情怀培育中的保障性作用

人具有社会属性，脱离不了社会环境的影响。大学生是国家的未来和希望，这个群体厚植家国情怀，对于国家的繁荣发展至关重要。面临全球化、多元化和快速变化的社会环境，要不断优化政治经济政策，净化社会育人环境，发挥社会环境的宣传教育功能，加强社会监督制约，从而有效发挥社会在大学生家国情怀培育中的保障性作用。

（一）优化政治经济政策

优化政治经济政策，需要抓好以下两方面的基础工作。

一是营造良好政治生态环境。"政治环境包括社会政治制度和现实的政治状况。"[1] 政治生态和自然环境一样，如果不注重维护和建设，就会受到污染。政治生态在一定程度上反映党风和社会风气。良好的政治生态环境有助于塑造风清气正的社会环境，为大学生家国情怀培育提供环境保障。首先，要始终坚持党对一切工作的领导，在马克思主义指导和党的坚强领导下，凝聚全国全社会的力量，坚定不移地走中国特色社会主义道路。党员领导干部要带头严格遵守党的政治纪律，牢固树立"四个意识"，加强理想信念教育，推动理想信念教育常态化、制度化，学好创新理论、强化党性修养。要严肃党内政治生活，提高党内政治生活质量，建设党内政治文化，党员干部经常接受政治体检，净化政治灵

1　陈万柏，张耀灿. 思想政治教育学原理［M］. 北京：高等教育出版社，2007：100.

魂，增强党内政治生活的时代性、原则性和战斗性，保持党内政治生活的纯洁。要严明党的政治纪律和政治规矩，坚决做到"两个维护"，落实全面从严治党主体责任，使全党统一意志、统一行动，在大是大非问题上同党中央保持高度一致。"基础不牢、地动山摇"。要增强基层党组织政治功能和组织力，夯实基层党组织，严惩腐败，聚焦政治生态整改，对检视出来的问题，列出清单，靶向治疗，旗帜鲜明地同各种不正之风作斗争。要通过"严"的思想和"实"的工作相结合，让政治生态保持"青山绿水"状态，使领导干部明大德、守公德、严私德，增强政府工作人员廉洁从政意识，提高党的威信和政府的公信力，使政府展现在公众面前的形象是公正清廉、担当负责的，从而引领整个社会风气健康良性发展。其次，发挥党员的先锋模范带头作用。通过党内教育和学习，使党员干部加强党性修养、严以修身、严于律己，严格履行党员义务，履行全心全意为人民服务的宗旨，权为民所用，利为民所谋，主动承担社会责任，在全社会树立光辉且正能量的形象，成为人民信任的榜样，增强党的社会号召力。同时，要坚持和完善人民代表大会制度，鼓励社会大众积极参与政治生活和社会事务，增强人民的主人翁意识，在参与政治生活的过程中感受到公平和正义，增强对中国特色社会主义制度的认同和自信，强化家国认知，升华家国情感，增强家国意志和信念，催生家国情怀，进而促进大学生对家和国的责任感和使命感，为创造良好的家国情怀培育环境提供坚实的基础保障。

二是协调社会经济矛盾。改革开放后，我国确立了社会主义市场经济体制，发挥了市场在资源配置中的决定性作用，我国经济发展取得巨大成就。但是，市场经济本身有其所固有的缺陷，如在市场经济中财产私有的观念，极易演化为拜金主义、极端个人主义等错误思潮。因此，在推进社会主义建设事业中，要大力完善社会主义市场经济体制，完善市场经济法律法规，加强市场监管，全面完善产权制度，规范市场准入，完善竞争政策，优化要素市场化配置，加强信用建设和统一市场建设，推进要素价格市场化改革，创新要素市场化配置方式，推进商品和服务市场提质增效，建立健全统一开放的要素市场，从而保障市场公平竞争，保护市场主体和消费者合法权益。同时，坚持供给侧结构性改革，坚持"巩固、增强、提升、畅通"八字方针，加快实施创新驱动发展战略，深化要素市场化配置改革，加大人力资源培育力度，激发各类市场主体活力，优化市场供给结构，实现经济高质量发展。着力完善社会分配制度，多劳多得，少劳少得，缩短贫富差距，使人民共享改革发展成果，减轻社会大众的不平衡感，激发大多数人参与市场分工，为发展经济承担社会责任，从而为大学生家国情怀培育提供充实的物质基础。

（二）净化社会育人环境

当前我国仍然面临着西方价值观念的冲击及各种利益主体不同的价值诉求，这些因素使得社会难以达成有效的共识，这就需要净化社会育人环境，通过政府、社会的协同努力，为构建家国情怀育人氛围提供社会保障。同时，社会环境以一种无形的力量规范人的行为，也必然影响到家国情怀培育。近代以来，重大的社会危机导致儒家传统价值被消解，影响了家国情怀培育。因此，培养大学生的家国情怀不能仅仅依靠家庭和学校的教育，还需要重视社会力量对大学生家国情怀的多元培育，首先就是要净化社会育人环境，匡正社会风气，努力营造积极健康的育人社会环境和育人氛围。因此：

一要大力弘扬社会主义核心价值观。党的十八大提出，要倡导富强、民主、文明、和谐，倡导自由、平等、公正、法治，倡导爱国、敬业、诚信、友善，积极培育社会主义核心价值观。[1] 社会主义核心价值观承载着新时代中国的价值理念和精神追求，体现出中国共产党和中华民族高度自觉和自信。社会主义核心价值观在国家、社会和个人层面的三个倡导，其所体现出的价值思想和理念，早在传统儒家思想中就有所

1　《思想道德与法治》编写组. 思想道德与法治［M］. 北京：高等教育出版社，2023：109.

体现，在新时代，则明晰回答了建设什么样的国家、建设什么样的社会、培养什么样的公民。社会主义核心价值观凸显了个人、家庭、社会的有机统一，是家国情怀中个人价值、社会价值和国家价值一致性的集中体现。社会主义核心价值观集中体现着新时代中国的核心价值观念和精神，新时代大学生培育家国情怀，要积极从社会主义核心价值观中汲取营养，不断提升自己的人生境界。作为全国各族人民价值观的"最大公约数"，社会主义核心价值观涉及社会生活的各个领域，是中华民族优秀文化的结晶，是对家国情怀及爱国主义思想的继承。因此，在净化社会育人环境中，要在习近平新时代中国特色社会主义思想指导下，以社会主义核心价值观为引领，立足中华优秀传统文化，引导新时代大学生从中汲取丰富营养，传播主流价值，突出道德价值的作用，讲道德、尊道德、守道德，树立正确的道德判断，承担道德责任，形成"以为人民服务为核心，以集体主义为原则，以爱祖国、爱人民、爱劳动、爱科学、爱社会主义为基本要求"的家国情怀培育氛围，[1] 在这种氛围中，对传统教育理念进行深入挖掘和提炼，加强对大学生家国情怀的培育。

二要牢固树立爱国主义精神。爱国主义是中华民族精神的核心。回顾几千年中华文明史，无数有志之士誓与民族共荣辱、共存亡，个人与国家命运同向同行几乎是世代中国人的共识。国家和个体之间密不可分，每个人的发展同国家的发展进步密切关联，个体脱离国家，就会迷失发展方向，失去坚强后盾。国家离开个人，就失去发展根基。爱国是每个人都应当履行的责任和义务，是对祖国的报答。因此，新时代大学生家国情怀培育，"要在厚植爱国主义情怀上下功夫，让爱国主义精神在学生心中牢牢扎根。"[2] 爱国并不是单纯地喊口号，需要落实到大学生具体实践行动中。新时代的大学生要自觉树立爱国主义精神，坚持爱国

1　毛冰潇. 论新时期中国特色社会主义道德体系建设 [J]. 江西社会科学，2011 (04)：222—226.

2　习近平. 坚持中国特色社会主义教育发展道路　培养德智体美劳全面发展的社会主义建设者和接班人 [N]. 人民日报，2018 - 09 - 11 (01).

和爱党、爱社会主义高度统一，读经典著作，学原文、悟原理，掌握科学的方法，在实际行动中听党话、跟党走。在全球化的浪潮中，坚定理想信念，增强对家庭、国家和人民的热爱，树立国家意识，强化国人的公民身份，胸怀爱国爱民之情，升华家国情感，自觉做新时代的忠诚爱国者。

三要发挥中华优秀传统文化的塑德养志作用。"优秀传统文化是一个国家、一个民族传承和发展的根本，如果丢掉了，就割断了精神命脉"。[1] 中华优秀传统文化为民族的蓬勃永续发展注入源源不断的动力，在全社会发挥中华优秀传统文化的教化育人功能，可以充分汲取传统优秀文化中的养分，厚植大学生的家国情怀。家国意识是传统优秀文化中对家国情怀的集中表达，强调个人的责任担当，也就是每个人不仅要对家庭负责，还必须承担起国家大任。夏朝以后，中国古代"家天下"格局基本形成，后来封建王朝统治者都将"天下"视为一己之物，以此将个人、家庭、家族、国家的命运结成一个整体，这是"家国意识"形成的社会基础。儒家"天人合一"的意识为"家国意识"的形成提供了思想基础，要求每个人必须遵从天命，恪守君臣、父子、兄弟等伦理道德。后来，封建统治者运用"家国意识"形成了治理国家上的两个重要思想理念，即"家国同构"和"修齐治平"。"修齐治平"不仅是儒家强调的人生哲学，更是古代文人志士的"家国意识"行动指南。他们注重自身道德修养、保持高度自觉，关心国家发展，牵挂天下百姓，形成优良的家风、家范、家训，谱写出他们对于国家稳定、家庭幸福的渴望。千百年来，家国意识给予人们心灵的滋养，促进了家庭和睦、社会和谐、国家安定和天下太平。

文化是一个国家的精神家园，体现着一个国家的价值取向、道德规范以及行为特征。中华优秀传统文化是中华民族的精神命脉，也是大学生家国情怀培育中不可或缺的一部分。在大学生家国情怀培育中，要将

1　习近平谈治国理政（第 2 卷）［M］. 北京：外文出版社，2017：313.

中华优秀传统文化融入其中，让大学生增加家国认知，了解伦理本位的家国模式，这种家国治理模式下的农耕文明、伦理政治、伦理文化为家国情怀奠定了重要基础。要了解与伦理本位家国模式相适应的家国天下道德格局，这种道德格局将个人、社会和国家统一起来，约束个人、社会和国家的同时，成就了个体、家族和民族的发展，为家国情怀的发展提供了场域和空间。中华优秀传统文化倡导知行合一，强调了家国情怀的自觉性和实践性，即理论和实践相结合，为家国情怀的实现提供了最切实的可能。家国情怀从思想走向现实，需要主观和客观，言与行的统一，也就是既要有仰望星空的追求，也要有脚踏实地的努力。要通过各种传统的和现代的、线上和线下的理论教育、体验式和参与式活动，开展传统艺术展演、文化论坛等主题活动，引导大学生用批判和辩证的态度，古为今用、推陈出新，感知中华文化的独特魅力，增强对优秀传统文化的认同感，成为中华优秀传统文化的传播者和弘扬者。政府也要发挥作用，构建优秀传统文化传承体系，注重对非物质文化遗产、少数民族文化、古籍图书的保护，并从中挖掘教育资源，激发优秀传统文化的活力。同时，要通过发挥优秀传统文化的作用，挖掘和发扬民族精神文化精品，宣扬和传播我国先进的文化，提高文化质量，坚决批判和抵制极端个人主义、历史虚无主义等西方不良文化思潮对国人的侵袭和异化，阻止西方敌对势力的文化渗透，使国人厚植文化自信，强化家国意志和家国信念，增强国际竞争力。

（三）发挥社会环境的宣传教育功能

社会之所以能成为大学生家国情怀培育的现实场域，就在于其能够为大学生提供最为广阔的空间和最为丰富的实践。大学生在参与社会生活实践的过程中，可以向社会中的优秀先进人物学习，明确自身存在的不足和差距，努力将社会中的良好风尚和思想观念发扬光大。美国的阿伦特曾指出，"只有在公共领域，一个人才能够胜过其他人，让自己脱颖而出，因为只有公共领域是他人能够同时在场的，而每一个公开展示的活动都能获得它在私人场合下无法企及的一种卓越。"[1] 社会环境的宣传教育功能就在于，让大学生在社会这个大环境中培养家国认知，提高家国实践能力，不断提升在家国情怀培育中的主体意识，或通过在公共场合中向品德高尚、家国情怀浓郁的人学习，或学习历史先进人物的优秀品质，或在文学、艺术作品中领悟家国情怀。

要发挥社会环境的宣传教育功能，首先，要做好家国情怀的宣传普及工作。家国情怀蕴含在博大精深的中华文化中，渗透在人们生活的方方面面，是国家方针政策的生动体现。宣传好家国情怀，要善于将家国情怀转换为大众的生活话语体系，讲好国家大政方针政策和中国发展所取得的辉煌成就，使社会大众感知中国故事的精彩，从多方面理解家国情怀的重要性。我们可以在图书馆、商场、车展等社会公共场所宣传家国情怀。这些社会公共场所可以张贴关于爱家、爱国思想的标语、宣传画，或者关于家国情怀的诗句、优秀人物的典型事迹等等，营造积极健康的家国情怀氛围，加强舆论的正面引导，帮助大学生深化自身对于家庭、社会和国家的社会责任感，促进大学生将家国情怀践行在实际行动中，养成良好的家国情怀行为习惯。我们要把握好家国情怀宣传普及的节点，在中国的传统节日、国家公祭日、烈士纪念日等重大节日中开展中国传统文化教育，宣扬家国重要性，增强社会大众爱家、爱国意识，自觉维护国家统一和安全，涵养社会大众的家国情怀。

其次，要优化博物馆、纪念馆等有纪念和教育意义的社会环境，借助这类社会场所实现对大学生家国情怀的培育。应该鼓励大学生多参观博物馆、纪念馆，从国家领导、英雄模范等先进人物身上学习爱家、爱乡、爱国、爱社会的优秀品质。榜样是人们模仿的对象，通过对社会先进人物的学习，可以提升自身意识，并转化为自觉、自愿的自我行为，促使自身从学习先进到成为先进，从学习榜样到成为榜样。如学习抗美

1　[美] 汉娜·阿伦特. 王寅丽译. 人的境况（第 2 版）[M]. 上海：上海人民出版社，2021：32.

援朝战争中，中国人民志愿军以"钢少气多"力克"钢多气少"、以弱胜强的英勇顽强拼搏精神、为祖国和人民奋不顾身、舍生忘死的爱国主义精神。又如学习抗击新冠肺炎疫情中，医生、护士、志愿者、警察等各行各业的人员闻令而动、向疫而行，识大体、顾大局，特别能吃苦、特别能战斗，勇于担当负责，积极主动作为的抗疫精神，深刻体悟"有了强的国，才有富的家"的道理。

再次，要充分挖掘文学和艺术作品的社会教育价值。文学和艺术作品是人民群众智慧的结晶，也体现了在一定社会发展时期的主流思想。因此，好的文学和艺术作品不仅可以供人们欣赏，而且蕴含着丰富的时代内涵和价值意蕴，可以熏陶人们的思想，影响人们的观念。诸子百家中的《论语》《孟子》等是中国传统文化的代表作品，可以引导大学生追求仁义礼智信、责任、大爱等传统道德品质和社会理想。《士兵突击》《觉醒年代》《亮剑》《绝境铸剑》《团结就是力量》《映山红》等优秀影视、音乐作品，有较强的社会教育效果，可以引导大学生对优秀文艺作品的认知从感性上升到理性，激发社会大众的爱国主义和民族主义情感，体会革命先辈刚毅顽强、不畏强敌的血性品质，心中腾起爱国强军的热血豪情。

（四）加强社会监督制约

大学生家国情怀的培育，离不开社会大众的外部监督。整个社会共同参与其中，才能引导好正确的家国情怀行为，为大学生家国情怀培育提供良好社会环境和空间。为此：

一是要建立奖惩分明的制度。营造良好的大学生家国情怀培育环境，离不开相关制度的建立和健全。没有奖罚就没有激励和促进，奖惩明确才能激发人们的积极性。在社会大环境中，要对弘扬和践行家国情怀的先进个人进行表扬、事迹宣传和奖励，从而发挥社会榜样的示范带动作用，激励更多人厚植家国情怀。2020 年 9 月 8 日，全国抗击新冠肺炎疫情表彰大会在北京举行，钟南山获得"共和国勋章"，张伯礼、张定宇、陈薇获得"人民英雄"国家荣誉称号，大会还表彰了 1499 名"全国抗击新冠肺炎疫情先进个人"，500 个"全国抗击新冠肺炎疫情先进集体"。这些先进个人和先进集体在看不见硝烟的战争中，真诚奉献、不辞辛劳、不畏艰险、冲锋在前，同时间赛跑、与病魔较量，充分发挥了模范带头作用，他们的奉献、坚持和努力，可歌可泣、催人奋进。对他们的表彰可以激励更多的国人不忘初心、牢记使命，顽强拼搏、勇担重任。同时，将家国情怀融入相关法律法规和政策制度中，则将确保家国情怀培育有法可依。对于危害国家安全和发展、不尊重国旗国歌国徽、破坏社会和谐稳定、诬蔑英雄烈士等行为失范的个人，要进行严厉的批评和谴责，必要时采取法律措施加大处罚力度，达到惩戒教育目的，让社会大众引以为戒，从制度层面引导和规范大学生深化民族情感和国家认同，在全社会营造家国情怀培育的良好氛围。如湖北大学退休教授梁某多次在网络上发布"涉日""涉港"等错误言论，违反党的政治纪律和规矩，违反师德师风，在社会上造成不良影响，被学校开除党籍，取消研究生导师资格，停止教学工作；上海震旦职业学院女老师宋某，在课堂上发表谬论，影响恶劣，被学校开除。

二是要强化社会评价监督机制。要建立科学有效、操作性强的社会评价机制。在学校，要对大学生的在校表现和家国情怀行为的相关情况进行评价和完整登记，并放入个人档案中。在大学生进入社会后，相关就业单位要继续对大学生的家国行为进行评价，形成连续的评价监督体系。在监督的过程中，要有一定的追责机制，对家国情怀薄弱，做出有悖家国情怀行为的单位和个人，进行问责，使监督机制和舆论力量相结合，真正形成有力的社会大众监督。

二、多措并举，强化高校在大学生家国情怀培育中的主阵地作用

高校肩负着立德树人的崇高使命和培养时代新人的重大责任，是新

时代大学生家国情怀培育的主阵地。高校要提升大学生家国情怀培育的系统性，凝聚教育合力；深化课堂教学内容，激发大学生自觉担当的能动性；搭建实践锻炼平台，鼓励大学生投身民族复兴伟业；强化教师的示范引领作用，引导学生在知行合一中达到认知正确、情怀深厚、勇于担当、甘于奉献的总要求。

（一）提升大学生家国情怀培育的系统性

要提升大学生家国情怀培育的系统性，一要加强培育工作的顶层设计。立德树人是高校的根本任务，高校是传授知识与形塑社会价值观的场所，也是大学生家国情怀培育的主阵地。2014 年，教育部制定并颁发《完善中华优秀传统文化教育指导纲要》从"爱国、处世、修身"三个层面凝聚了中国传统文化教育。[1]《纲要》的内容为高校大学生家国情怀培育提供了重要的宏观指导。高校要从学校管理层面高度重视大学生家国情怀培育工作，由学校党委统一领导和指挥，各个管理职能部门和二级学院联合行动，整体规划、分层设计，制定行之有效、操作性强的大学生家国情怀培育方案，对大学生家国情怀培育的目标、原则、任务、内容、方法和途径进行详细设计，系统推进，为确保教育实效提供各方面硬件和软件的保障。

二要形成家国情怀培育共同体意识。党的十八大以来，习近平总书记多次提出要在全社会大力弘扬家国情怀。塑造和培育大学生家国情怀是当前高校教育者的重要职责。高校思想政治教育工作者和其他教育工作者，要认识到大学生家国情怀培育不是单方面某支队伍的任务，是所有教育者共同的使命。要深刻认识到大学生家国情怀培育的价值，认识到家国情怀对大学生心理健康发展、坚定理想信念、提升综合素质的重要作用，从意识层面认识到家国情怀是中国特色社会主义意识形态的重要内容，树立共同培育大学生家国情怀的思想意识，自觉将大学生家国

1　　完善中华优秀传统文化教育指导纲要 ［N］. 中国教育报，2014 - 04 - 02 (03).

情怀培育纳入到各个环节的工作和教学中，夯实大学生家国情怀培育的思想基础。家国情怀培育是一个多维、综合、系统的过程，需要教育者各司其职、各尽所能、通力配合、有机协调。教育者要加强以人为本和教书育人理念，摒弃功利主义、实用主义思想，"坚持教书和育人相统一，坚持言传和身教相统一，坚持潜心问道和关注社会相统一，坚持学术自由和学术规范相统一"。[1] 尊重学生、爱护学生、服务学生，以大学生的实际需求为本，把握学生心理发展规律，与学生积极交流互动，尊重学生的主体地位，根据不同专业、不同年级的学生的具体情况开展分层次、有区别、有针对性的培育活动，引导学生进行自我教育。要关注学生个性发展，尊重学生价值选择，因材施教，促进学生创新能力的提升，引导学生做好价值选择，面对繁杂的社会思潮时，能坚定中国特色社会主义理想信念，做出正确的判断和抉择。

三要提升高校与家庭、社会的协同教育合力。在大学生家国情怀培育中，仅靠高校一己之力，远远达不到培育效果。需要基于利益目标导向机制，引导高校、社会、家庭和学生多元主体协同自觉，在全社会共同利益目标下实现高校利益、社会利益、自我利益、家庭利益的"最大公约数"，形成全方位育人合力。20世纪苏联教育家苏霍姆林斯基就强调学校教育和社会教育之间联系的重要性，他将学校与村镇、学校与工厂、师生与居民的关系搞得亲密无间，使学校成为社会精神文明的建设者，社会成为学校全部教育活动的参与者、大环境、支持者。[2] 高校和社会之间形成教育合力，需要彼此之间建立沟通交流平台，相互深入。高校不能闭门造车，脱离社会，而要与社会接轨，从社会的实际需求出发调整人才培养方案，服务社会，使大学生毕业后能符合社会发展要求，尽快融入社会。社会要发挥优势，为高校提供各种资源和平台，探索企事业单位、政府机关和高校合作模式，为大学生家国情怀培育提供

1　习近平. 把思想政治工作贯穿教育教学全过程开创我国高等教育事业发展新局面［N］. 人民日报，2016 - 12 - 09（01）.

2　［苏］苏霍姆林斯基. 毕淑芝等译. 育人三部曲［M］. 北京：人民教育出版社，2015：4.

机会和平台，提升大学生综合性素质，为社会输送更多合格建设人才。高校也要积极建立家校联系制度，主动和大学生家庭成员沟通反馈学生在校的思想、工作和学习情况，畅通师生家长的利益诉求表达渠道。全员育人合力的形成，将使高校教师、社会和家庭都以提升大学生家国情怀素养为己任，协同并进，形成人人爱家、人人护国的家国思想，为共同培育大学生家国情怀提供有力支撑。

（二）深化课堂教学内容

深化家国情怀课堂教学内容，一方面要发挥思想政治理论课的主渠道作用。高校思想政治理论课是开展大学生家国情怀教育的"主阵地"，是落实立德树人的"主战场"。针对当前大学生家国情怀培育存在的问题，高校思想政治理论课要守正创新，保持马克思主义的鲜亮底色，通过思想政治理论课教学使学生掌握马克思主义理论和马克思主义中国化的最新理论成果，使理论落地生根、开花结果，从而引导学生将所学理论成果转化为爱家、爱国、报家、报国的实际行动，同时创新教学内容、方法和途径。首先，要将家国情怀内容融入思想政治理论课教学中，推进家国情怀内容进课堂、进教材。可以将这些内容融入到"思想道德与法治""形势与政策"等思想政治理论课中，丰富和完善教育内容。在现有教材内容的基础上，挖掘中华优秀传统文化、最新时事热点中的家国情怀教育资源，强化历史教育，引入革命传统教育、国防教育等，用小故事阐述大道理，讲好中国故事，普及家国情怀的内容知识，唤醒大学生爱国意识，拓宽学生视野，激发大学生情感共鸣，坚定家国情怀。其次，创新思想政治理论课教学技法。教师在教学的过程中既要注重内容的严谨性和正确性，又要注重形式的多样性和趣味性。在形式方面，采取案例分析式、探讨交流式等方式，让课程教育与家国情怀教育紧密结合起来。注重教育方法的实践性、学生的主体性，采取多种方式对大学生进行家国情怀教育。例如教师可以就一个爱国人士的事迹进行举例分析，也可以让学生针对爱国事例或爱国现象进行小组讨论。在教学中，用专题讲座形式作为课堂教学延伸。如在"中国近现代史纲要"课程中可以向学生展示家国情怀在推动中国近代历史进程中的作用，运用多媒体等教学设备，展示相关的影视片段，让学生感受家国情怀的重要价值，感受革命先烈浓烈的家国情怀。要深入学生实际进行调研，用大学生所喜闻乐见的方式教学家国情怀相关内容，增强其国家认同。再次，思想政治理论课教师要提高自身家国情怀素养。思想政治理论课教师家国情怀要深，要按照习近平总书记在学校思想政治理论课教师座谈会上提出的"八个统一"作为指导要求，自觉加强对家国情怀相关内容的学习。教师要具备爱心、耐心和责任心，履行思想政治理论课教师的职责和使命，像父母对待子女那样爱学生，避免说教，用自己的爱心和耐心引导学生爱家爱国，敢于尽责、勇于担当、懂得奉献，提高家国情怀意识。教师要加强对马克思主义经典著作的研读，及时掌握最新的理论观点和时政热点，心里装着国家和民族，自身做到政治强、思维新、视野广、人格正，并在课堂中投入自己的真情实感，用良好的语言表达能力和技巧，讲好思想政治理论课，调动学生参与课堂的积极性，引发学生共鸣。

深化家国情怀课堂教学内容，另一方面要协同高校思想政治理论课以外的其他课程，同向同行。大学生家国情怀的培育，不仅要发挥好思想政治理论课这个主渠道作用，提升思想政治教育亲和力和针对性，也需要其他的专业课、通识课程守好一段渠、种好责任田，发挥协同育人作用。首先，要合理安排设置专业课和通识教育课课程内容。专业课在课程内容设计和课程安排方面，要充分挖掘思政元素、价值元素和家国情怀要素，将历史和现实人物、事件所蕴含的家国精神显性化，不仅要传授知识，更要注重对学生的价值塑造和能力培养，激发其奋斗精神，凝聚思政价值。要培养大学生具有高尚情操，既有奉献精神的"小德"，又有坚定的理想信念、家国情怀的"大德"。其次，要把握好"思政课程"与"课程思政"之间的关系。"思政课程"作为显性课堂，要旗帜鲜明、立场坚定、理直气壮。"课程思政"是隐性育人，要润物无声、潜移默化。"思政课程"与"课程思政"协同育人，就是在理想信念传播中传授丰富知识，既要坚持"思政课程"的主导地位，又要根据学生的现实发展需求，实现跨课堂的联动，增强知识结构的丰富性，将思想政治教育和家国情怀培育贯穿到教育教学全过程。再次，推动教学模式创新。要运用现代技术，灵活采用教学方法，协同课上课下及校内校外教学实践，通过专题辩论、情景剧、讲座、调研、学习沙龙、主题分享等形式，将课上知识学习和课下体验相结合，契合青年的心灵需要，提高学生的参与性和积极性，让家国精神在学生心中扎根，把知识和认识转化为行为，达到知行统一。

（三）搭建实践锻炼平台

一种价值观要发挥作用，必须在实践中感知它、领悟它。家国情怀不是一种空洞的口号，而是一种行为、一种力量，既要内化于心，又要外化于行。课堂教学是大学生家国情怀培育教育的基础，要加强对大学生家国情怀的培育就需要立足于学生的个性发展，创新教育形式，将其融入到实践教学之中。

要丰富实践活动形式。首先，让大学生走上思想政治理论课讲台。家国情怀培育要用生活中具体和鲜活的实例来影响大学生形成良好的习惯和自觉的行动。思想政治理论课教师要鼓励大学生站上讲台，以身边的小故事或者是自己的亲身经历，向班级其他同学展示和抒发自己的爱国之情。其次，组织学生进行与家国情怀有关的阅读、演讲、配音等活动。大学生家国情怀的培育仅仅靠课堂上的知识传授是难以使大学生得到真正的情感体验，内化为自身的价值，进而达到对国家民族认同的高度。中国传统文化兼容并蓄，经典著作寓意深远，教师可以组织学生阅读马克思主义相关经典著作、党史资料、观看党史和爱国电影，开展情景剧表演等，让学生感受历代英雄人物为了国家民族发展而付出的事迹，从民族脊梁的身上汲取人性的光辉，对传统的家国情怀内容实现时代的创新性转化。再次，开展观察体验型实践活动。组织大学生参观博物馆、纪念馆等爱国主义教育基地，开展现场教学，让大学生在现场感受革命先辈对国家争取民族独立、繁荣发展所作出的艰辛努力和无私奉献，感知他们的家国情怀。引导大学生面向社会、深入基层，深入新农村、企业、社区等，走出课堂进行实践活动，参加政策宣讲、文化宣讲、社会调查、志愿服务、公益活动等，鼓励学生"人人都做志愿者"，让学生学以致用，在实践活动中找寻大量的相关文件、资料，理解国家的方针政策，提升对家国情怀的培育。同时，通过实践感知，让学生了解国情民情，当前国家发生的巨大变化，社会的真实面貌和状况，真切感受社会主义制度的优越，提升主人翁意识，从而增强民族自信心和自豪感。要使大学生了解我国的发展历史，珍惜当下幸福生活，把自己的专业知识和社会需求紧密结合，要引导大学生热爱祖国、热爱人民，勇于承担起新时代的责任和使命，树立为国家、社会发展贡献的意识，将个人梦与中国梦结合起来，在实践中增强家国意识，激发爱国情、强国志、报国行，形成浓郁的家国情怀。

要构建社会实践活动动态调控机制。培育大学生家国情怀的实践过程，是一个动态化的、需要多方参与管理、全方位互动反馈、共同作用的过程。高校要从政策制定层面，明确各职能部门和二级学院之间的分工任务，对大学生实践活动的宗旨、任务、活动形式、学时比例、实践内容等问题进行明文规定，使社会实践活动系统、正规，有章可循。要加强实践过程的监督和服务，确保实践活动在充足的人力、物力和外界支援下，顺利保质保量完成。鉴于社会实践活动对指导教师的要求很高，需要教师付出充足的时间和精力，要进行合理安排和规划。高校可以加强对实践活动指导教师的培训，对在实践活动中需要注意的问题、希望达到的目标等进行明确说明，提高社会实践活动对大学生家国情怀培育的作用。还要自始至终重视实践活动结果的反馈。在掌握大学生个人能力发展的基础上，要制定科学有效的实践活动成果评估系统，全面评估师生在活动中的表现和收获，及时总结实践活动的经验，从而进一步改善和提升大学生实践教学的方式、内容，把握实践育人效果。

（四）强化教师的示范引领作用

《论语》有云：其身正，不令而行，其身不正，虽令不从。[1] 在高校，教师的一言一行、教学风格和内容都对大学生有很大影响。在大学生家国情怀培育中，高校教师要做好自身的引导示范作用，助推大学生家国情怀培育工作，使大学生心怀感恩、报效祖国。

第一，要提升教师队伍的家国情怀培育能力。马克思曾指出："教育者本人一定是受教育的。"[2] 在新时代要提升教师队伍在家国情怀培育方面的能力，激发广大教育工作者自身的使命感、责任感，不断应对新时代大学生家国情怀培育方面面临的各种变化和挑战，所有教师都要自觉承担育人职责，任何专业的学生都要对国家的历史发展有基本了解，尤其是关于国家荣辱的重大事件。高校教师要有榜样意识，自身要涵养家国情怀，要主动关心时事，有高度的社会责任感，爱岗敬业，认真履行岗位职责，以极大的热情投入教学活动。教师要在生活中严于律己，严格约束自身言行，恪守职业道德，经得住社会各方面的诱惑，坚守教师底线。尤其是思想政治理论课教师，情怀要深，务必保持家国情怀，心里装着国家和民族，以身作则，率先垂范，用自身的责任意识、关怀意识和集体意识，引导学生将家庭情感和民族情感相融合，建立对家、对国强烈的责任感和使命感。

第二，要提升教师队伍的思想文化素养。高校教师的自身品格和价值观念会外化为行动直接或间接地影响新时代大学生，因此，高校教师要不断加强政治理论学习，用习近平新时代中国特色社会主义思想武装自己，坚定政治立场和政治信仰，完善自身素养，提升前瞻意识，要坚定不移跟党走，坚决执行党在新时期的教育路线、方针、政策，始终保持昂扬向上的战斗力、凝聚力和创造力。同时，教师在授课过程中，要

1　论语·子路.
2　马克思恩格斯选集（第1卷）[M]. 北京：人民出版社，2012：134.

有较强的政治敏锐意识，将国际国内最新热点话题及时融入自己的课程教学内容中，在讲授专业知识的同时，挖掘思想政治教育元素、爱国主义教育素材，大力开展国情、党史、国史教育，从感恩国家、热爱国家、认同国家为出发点厚植大学生的爱国情怀。

第三，要打造新时代大学生家国情怀培育的教育团队。如在高校遴选组建大学生家国情怀教育团队，采用集体备课、分工合作的方式对大学生开展不同专题的家国情怀教育。通过打造大学生家国情怀培育的教育团队，使其引导学生有针对性地积极学习家国情怀方面的相关知识，运用所学知识对当前社会存在的热点话题进行分析与探讨，帮助大学生解决他们所关注的一些现实性问题。同时，也要不断探索适合大学生家国情怀培育的方式方法，形成适合本校学生的家国情怀教育项目，不断提升家国情怀的感染力。

三、抓好起点，夯实家庭在大学生家国情怀培育中的基础性作用

家庭是社会最小的单位，对大学生成长成才的重要性不言而喻。新时代大学生的家国情怀培育，需要充分发挥家校合作的作用，树立德育为先的家庭教育理念，构建和睦有爱的家庭情感氛围，传承忠孝仁爱的优良家风美德，凝聚家校合作共识，形成家校共育合力，夯实家庭在大学生家国情怀培育中的基础性作用。

（一）树立德育为先的家庭教育理念

"家庭是政治生态的本源与根据。"[1] 自古以来，家庭教育对于个人发展的影响都尤为重要。在新时代，家国一体社会共识深入人心，家庭

---

[1]　安乐哲. 孟巍隆译. 儒家角色伦理学：一套特色伦理学词汇［M］. 济南：山东人民出版社，2017：186.

教育对大学生完整人格和优良品德的影响是极其深远的，家庭教育的恰当与否将决定能否培养出具有深厚家国情怀的子女。

一方面，家长应充分认识到家庭教育在学生成长和发展中的作用。"天下之本在家"。重视家庭是中华民族的传统美德。家庭是大学生从小生活、学习的地方。一个家庭是否重视家庭教育、家庭教育理念的树立、家庭教育方式的选择，可以影响大学生的一生。对于大学生家国情怀的培育，家庭教育极其重要。新时代的家庭教育要建立在明晰家和国关系的基础上，树立德智并举、德育为先的教育观念，从小培育子女的集体责任意识，从中华优秀传统文化中汲取家国情怀培育的丰富营养，帮助子女建立起积极正向的价值观，明确自身对家和国所要担负的责任和使命，树立起新时代所应具备的公民责任担当，能够正确认识人生中所遇到的困难和挫折，正确认识个人利益与国家利益的关系，严格要求自己，不虚度光阴，树立终身学习理念，提高自身理论知识和道德水平，成为对家、社会和国家真正有用的时代新人。

另一方面，要充分发挥父母长辈的教育作用。在家庭教育中，既要有相应规则，也要给予一定的弹性张度，培养大学生实现从个人到家庭再到国家的价值追求。恩格斯曾谈到，父亲、子女、兄弟、姊妹这些并不是简单的称谓，包含着相互彼此间的义务。家庭是一个人生长成长的起点，无论是古代还是在今天，家庭都是中国人民生活和成长的基地，是家国情怀孕育与滋养的根脉所在，是家国情怀培育的基石。家庭教育是中国传统文化的基础与核心，我国古代有"养不教，父之过""有其父必有其子"的说法，凸显了家庭教育对子女影响的重要性。新时代的大学生生活在新世纪和平年代，没有历经过战争、流血、牺牲、动荡带来的苦难，难以体会国家强大、人民富裕、社会和谐、经济繁荣的可贵，这就需要每一个家庭中的父母长辈发挥好教育引导作用，以自己的亲身经历向大学生讲述我国快速健康发展的峥嵘岁月，让大学生在家庭氛围中感受祖国发展历程中的艰辛，增强对国家的情感和认同。

（二）构建和睦有爱的家庭情感氛围

中国自古以来就强调社群和谐，正是基于家庭的血缘关系，形成了浓厚的家庭观念，这些观念也使得中国人具有注重个人职责和义务的价值取向。因此，国与家之间是密不可分的，家庭教育只有将"爱家"与"爱国"两者共同渗透到子女的日常生活中，才能起到持之以恒的教育效果。

一方面，家长要关注大学生的情感需求和思想变化。家庭是大学生家国情怀教育的第一个课堂，家庭对个人的教育作用永远都不会发生改变，每个大学生的世界观、人生观、价值观的基质都是由家庭塑造的。家庭在给予大学生物质帮助的同时，更要积极关注大学生的情感需求和思想变化。大学生正处于人生观和价值观形塑的关键时期，此时的家庭关怀对于大学生家国情怀的培育至关重要。作为家长要时常与大学生进行情感沟通，多方位了解大学生在学校的表现和作为，要善于从大学生的言行举止中把握他们的情感变化，及时对大学生的情感需求和思想困惑进行动之以情晓之以理的引导。有效教育的前提是情感的接纳，家长首先要做到的就是让大学生接纳自己，很多家长正是由于对大学生的关怀不够，疏远了彼此间的情感，才导致大学生对家庭教育的反感和抵触。所以，作为家长只有让大学生诚心地接纳自己，拉近彼此感情的距离，才能让自己对大学生的家国情怀教育更加有效。

另一方面，家长要积极主动营造和睦的家庭氛围。家庭是大学生日常生活最坚实的基地，也是大学生个体成长最稳定的组织调控场域，每个人在家庭中的价值理念和行为方式必将随着个体进入到社会风气中，因此，要主动占领家庭教育的阵地，营造尊重、温暖、有爱、和睦的家庭氛围，畅通从个人理想到"家国情怀"培育的渠道。家庭氛围对于大学生的情感波动、思想变化和行为举止产生着重要影响，这就表明营造和睦的家庭氛围对于大学生家国情怀的培育是极为重要的。一是父母要用责任担当维护好彼此情感。父母感情浓郁会让大学生很容易感受到家

的温暖，对于培育大学生爱家、爱社会、爱国家大有裨益。如果父母感
情破裂，会让大学生夹在父母中间异常痛苦，极易导致大学生的情感扭
曲，这对大学生积极情感的培育是沉重的打击。所以，为了大学生的健
康成长，塑造健全的人格，培育积极的家国情怀，父母双方都要以强烈
的责任担当首先维护好彼此情感。二是要积极构建有爱的家庭氛围。家
国情怀培育的核心点在于爱，最基本的就是爱家，让家庭充满爱，在有
爱的家庭氛围营造中，家长要积极主动，相互关心关怀、帮助支持、平
等尊重。爱的魅力在于可以扩散，可以将大学生爱家的情感扩散至爱社
会、扩散至爱国家，家庭有爱对于大学生家国情怀的培育可以起到有力
的助推作用。

（三）传承忠孝仁爱的优良家风美德

习近平总书记曾指出："家风是社会风气的重要组成部分。"[1] 家风
作为家庭的文化标识，是一个家庭整体道德风貌的展现。在党的百年奋
斗历程中，形成了一系列优良的家教家风，这些优良的家教家风凝聚着
无数革命先辈、英雄儿女为实现民族独立前赴后继的精神力量，因此，
家教家风建设不是一件小事，而是关系到国家强大、社会稳定和家庭发
展的大事。优秀家风美德是中国人民的宝贵财富，值得我们去弘扬，为
大学生家国情怀培育提供强大动力。

一方面，我们要营造规范的家教环境和讲述好家风故事。在家庭
中，宣传家国情怀相关的理论知识、榜样人物、家国大事，能帮助大学
生树立重家爱国、热爱民族、敢于担当、勇于承担社会责任等的良好品
质，从而为大学生家国情怀培育打下良好基础。首先要规范家教环境，
长辈做好表率。家庭中的长辈要注重规范自身的言行举止，重视对大学
生的言传身教，驱使子女能够在家庭示范和引领下，弘扬忠孝仁爱的家

1　习近平在第十二届全国人民代表大会第一次会议上的讲话［N］. 人民日报，2013 - 03 - 18
　　（01）.

教家风传统，厚植家国情怀。其次要讲述好家风故事。家庭的长辈可以通过家训、族谱、家族名人名事等方式帮助大学生收集家族信息，了解家族的生活与奋斗历史，让大学生亲身感受家族发展的历程及老一辈人对家族的奉献与热爱，弘扬家族中关于道德、忠孝、仁爱等优秀家风，增强他们对家族的认同感与自豪感。在这种家庭环境下成长的大学生，集体荣誉感、家庭依附感、民族归属感、国家认同感均有一定的基础，有利于不断提升大学生家国情怀培育的效果。

另一方面，要创新弘扬家教家风方式。新时代家风建设是建立在我国社会经济发展基础之上的，反映的是新时代的经济关系和价值追求，这就需要在对传统家风进行深入挖掘和提炼的基础上，找到与社会主义核心价值观相契合的元素，同时也要吸收符合新时代发展的家风教育方式。比如积极搭建家教家风宣讲网络平台，利用网络技术的数字化、智能化等特点，多样式展现优秀的家教家风传统，让优秀家风传播更广，影响更深。

四、拓展阵地，施展新媒体在大学生家国情怀培育中的支撑性作用

新媒体时代下，媒体形式发生转变，由传统报刊、广播等转向网络、微信、微博、各种个人账号等，信息传播呈现出即时性、海量性等特征，也出现了"人人都有麦克风"的新局面。在这种信息化时代背景下，要强化网络媒体的主流价值引领，增强网络平台的有效监管治理，丰富网络平台的优质教育资源，施展新媒体在大学生家国情怀培育中的支撑性作用。

（一）强化网络媒体的主流价值引领

互联网是一个社会信息大平台，亿万网民通过这个平台获取信息，因此，要充分运用新媒体优势，传播家国情怀的正能量。针对大学生群

体应整合各类网络平台，充分发挥网络平台优势和新媒体优势，结合实际构建新媒体矩阵，丰富家国情怀培育的内容和载体。强化网络媒体的主流价值引领对大学生家国情怀的培育具有重要作用，它可以通过多渠道多途径的方式对大学生家国情怀培育产生影响。因此，要积极发挥网络媒体的主流价值引领作用，壮大其优势，弱化其弊端，大力弘扬家国情怀时代内涵，调动各方力量共同参与到大学生家国情怀培育过程中去。因此：

一方面，要扩大网络媒体对家国情怀的宣传范围。可以采取多种宣传方式来宣传家国情怀思想，如：倡导大学生关注并阅读主流媒体微信公众号，理性对待抖音、快手等自媒体平台所发布的个人观点，避开部分片面追求效益时效媒体的误导，向大学生传递出勇于担当、勇于奉献的生活态度；通过网络新媒体平台开辟家国情怀知识竞赛、演说演讲等专题栏目，扩大家国情怀在整个社会的宣传力度、覆盖广度，向社会大众宣传家国情怀的内涵、内容及其重要性，在全社会形成崇尚家国情怀的良好氛围；通过网络媒体推出与家国情怀相关的节目和公益广告，不断提升家国情怀的宣传效果，在全社会范围内形成良好的舆论氛围，如在中秋节、国庆节可以推出爱家、爱国的专题宣传节目。

另一方面，要营造良好的家国情怀网络宣传环境。家国情怀宣传环境对于新时代大学生家国情怀培育具有重要的影响和作用，积极向上的宣传环境有利于推进家国情怀培育工作，消极不良的宣传环境则会对家国情怀培育产生负面阻碍作用。要通过媒体教育广大群众提升家国情怀意识和素养，树立正确的价值理念，从而引导人们积极参加与家国情怀相关的实践活动，同时，网络新媒体要聚焦现实，针对大学生在生活中所关注的焦点和热点话题，通过组织专项座谈会等形式，在全社会范围内寻求建议，增加大学生的参与感、互动性，也可以通过举办线上的一些宣传活动，推动家国情怀的宣传工作，使国情怀意识内化于心，外化于行。

（二）增强网络平台的有效监管治理

党的十八大以来，以习近平同志为核心的党中央高度重视网络安全和信息化工作，习近平总书记也曾多次召开关于网络安全的相关会议，并作出重要指示。网络平台对家国情怀的新表达、新诠释，很好地呈现了家国情怀中蕴含的时代内涵，营造风清气正的网络空间已经成为培育大学生家国情怀的重要任务。随着互联网的飞速发展，信息传递已经突破了时间、空间的限制，繁杂而未经有效过滤的信息充斥在网络空间中。因此，需要加强对不良网络平台的监管，剔除垃圾信息，营造风清气正的网络空间。为此，有必要：

一是加强对网络平台的有效监管。当前，以大学生为代表的青年群体是互联网的主要群体。伴随着网络技术的发展，以抖音、微信为主的新媒体不断涌现，深刻改变着大学生的学习、生活及思维方式。但是，大学生的社会经验较为缺乏，独立思考能力和辨别能力较为薄弱，容易受到不良信息的影响，同时大量负面信息严重阻碍了社会主义核心价值观的弘扬，使大学生在构建家国情怀的过程中容易受到干扰。因此，针对网络上恶意传播的内容，要加强网络平台管理，有效管控不良信息的传播，筛选网络上的虚假、恶意信息，对一些虚假、负面、消极的网络消息进行屏蔽，净化网络环境。因此，要加强对网络环境的治理，谨防网络上的不良信息、错误信息对大学生产生不良诱导，努力营造风清气正的网络空间。

二是把握网络阵地的意识形态斗争主动权。网络阵地是意识形态斗争的主阵地，一些反华势力善于利用网络平台散布歪曲事实、攻击抹黑中国共产党、中国政府和国家领导人的信息，如果对这些错误的负面信息不加以严格管控的话，则很容易导致一些大学生被错误信息所误导，进而扭曲价值观，以至严重阻碍大学生家国情怀的培育进程。所以，要牢牢把握住网络宣传阵地的意识形态主导权，加强信息监控力度，对于那些在网络平台恶意散布虚假信息、反动信息、煽动性信息的人员，要予以严查，并且要追究其相应的法律责任，对其违法行为及时曝光。同时，要加大新媒体平台中正能量信息的传播比重，优化网络媒体的宣传环境，开设与家国情怀教育相关的网络宣传平台，有针对性地开展相关的网络宣传活动，培育大学生的爱国素养，强化大学生的家国信念，增强大学生维护家庭与国家的责任担当，为新时代大学生家国情怀培育创建良好的网络舆论环境。

三是规范微信公众号、微博、抖音等自媒体平台建设。大学生是使用自媒体平台的主体，电脑、手机等已经成为大学生日常必备工具，他们通过抖音、微信、微博等自媒体平台来获取和发送信息。因此，可以运用这些自媒体使教师与学生之间建立平等交流学习的平台，在时空上实现即时性和零距离性的沟通交流，通过不断完善微信公众号、微博、抖音等网络平台，持续性地开展舆论斗争，严密防范和预防对大学生家国情怀培育的互联网攻击行为，构建科学的应急预案体系，对错误言论、观点和思想进行批判。

（三）丰富网络平台的优质教育资源

习近平总书记曾指出："要运用新媒体新技术使工作活起来，推动思想政治工作传统优势同信息技术高度融合，增强时代感和吸引力。"[1] 大学生家国情怀培育需要在尊重教育教学规律和大学生健康成长成才规律的基础上，完善教育方式，构建网络综合平台，形成家国情怀教育的优质教育资源共享。一是要完善以培育家国情怀为主题的媒体平台。新时代大学生家国情怀培育要结合大学生便于接受和喜爱的网络资源开展家国情怀培育，充分利用易班、微信公众号、微博、抖音等媒体力量，通过网络平台宣传家国情怀，将互联网与新媒体的作用发挥出来，传播先进思想和文化，打造具有公信力、传播力的信息平台。充分运用网络技术，开发以家国情怀为主题的网络教育资源平台，将文字、图片、视

1　习近平谈治国理政（第 2 卷）[M]．北京：外文出版社，2017：378．

频结合起来，将晦涩难懂的内容加工成易被学生接受、理解的形式。同时，通过搜集学校所在地区先进人物的先进事迹和历史上本地区的重大事件，并且结合学校的文化底蕴和理论成果，整合体现爱国主义、优秀传统文化等相关资源，并通过提供资源下载、在线视频等形式供广大师生自由阅览。二是要建立家国情怀相关的在线学习课程。在线学习课程脱离了时间和地点的限制，使学生获取知识的方式更加灵活和自由，是教育高质量发展的趋势，在一定程度上可以增强学生的学习效果。因此，要坚持以学生为中心开设与家国情怀相关的在线学习课程，把优秀的高品质的教育资源融入在线课程中，以实现高质量教学的资源共享，提高对大学生家国情怀教育的实效性。

五、激发动力，提高大学生家国情怀的自我涵育能力

大学生个人的主观意识和行动是学习和践行家国情怀的决定性因素。大学生家国情怀培育，需要发挥社会、高校、家庭、新媒体等外部因素作用，同时更需要大学生自身的自觉学习和内在动力。大学生要在完善心智中涵养家国情怀自觉，在深化学习中完善家国情怀认知，在提升自我中践行家国情怀实践，在知行合一中自觉地将家国情怀内化于心外化于行。

（一）在完善心智中涵养家国情怀自觉

部分大学生的心智不成熟，使其在家国情怀培育过程中容易丧失理性思辨和分析选择的能力。因此，在大学生心智完善的过程中有效融入涵养家国情怀的自觉意识就极为必要。家国情怀彰显着中华民族的优秀文化基因，我们的日常生活、节日庆典、文学影视作品和思想理念，都体现了家国情怀，家国情怀已然成为中华民族精神的重要内容之一。因此，要在完善大学生心智的过程中重点培养大学生对家国情怀文化的兴趣，通过文化兴趣涵养大学生的家国情怀自觉，使家国情怀在大学生思

想中生根发芽，进而影响大学生的人生观、价值观。

第一，从优秀传统文化中汲取家国情怀的优秀品质。要追寻历史足迹，充分挖掘历史文化资源，整合优秀传统文化，从优秀传统文化中学习家国情怀，学习爱国主义、责任担当、社会责任感和家国大义，在学习的过程中汲取家国精华，进而推动大学生自觉养成家国意识。教师在进行理论知识讲解时可以结合历史人物的贡献与成就进行分析，比如在"中国近现代史纲要"授课中，援引提出"经世致用""师夷之长技以制夷"的魏源；立志救国、心怀天下的孙中山先生；以及将个人命运与民族命运结合在一起的革命先驱们，通过对历史人物的研究与学习，不断从历史中汲取知识的养分，将"家国情怀"注入大学生心灵深处，唤起大学生的家国情怀，并外化为自觉行动。

第二，从典型事件中激发大学生的家国情感。自新冠肺炎疫情暴发以来，我国对外物资援助标语就采用善意的、易接受的方式宣传了中国文化。如"千里同好，坚于金石""青山一道同云雨，明月何曾是两乡"等古典诗词名句，既向外展示了中国的大国风范和格局，也体现了中国文化的博大精深、源远流长，激发起大学生对中华优秀传统文化的认同感和自豪感。借鉴这些有益经验，有意识地将中华优秀文化宣扬出去，有利于提升新时代大学生对家国情怀文化的兴趣和信仰。

第三，在传统节日中体悟家国大义。传统节日中蕴含着深厚的家国文化，是民族情感的集中表达和民族文化的特殊表现形式。大至整个社会，小至一个家庭，都要传承并弘扬好中国的传统节日习俗。大学生通过参与传统节日活动，在特定的节日氛围中感知浓浓的家国情怀，增强对传统节日内涵的体悟，一方面可以增强大学生对传统节日中家国要义的理解，帮助大学生明晰奋斗目标，脱离迷茫和彷徨；另一方面可以帮助大学生厘清"小我"和"大我"的关系，明确自身的历史责任担当。

（二）在深化学习中完善家国情怀认知

家国情怀中的家是起点，家国情怀是基于从家开始而推及到对国的情感。因此，要提升大学生的家国情怀素养，首先就要提高大学生对家庭的责任担当，意识到自己对于家庭的责任和义务，进而意识到对国家的历史担当，而这都是建立在对家国情怀的正确认知基础之上的，需要通过多方位的学习来深化家国情怀认知。

第一，要学习和弘扬孝道传统文化。自古以来，中华民族就是重视孝道文化的民族，历来主张父母应从小教育孩子学习礼义廉耻、仁爱等优秀传统文化，并将爱国与爱家结合起来，同时，大学生在家庭建设中要起到至关重要的作用，大学生拥有正确的家庭责任认知、积极的家庭责任情感有利于促进个人成长、家庭和谐和社会稳定。因此，大学生要学会尊敬自己的父母，当与父母意见不一致时，应耐心与父母商量，并且要多关心、照顾父母的生活，尊敬和孝敬自己的父母及长辈，这也是提升大学生对家庭责任担当意识的重要举措。除此之外，谈孝道，首先要孝，要明白孝道的真正含义。大学生要注重培养阅读讲述孝道的相关书籍与观看宣扬古今孝道文化视频的良好习惯，深耕孝道理论、品读孝道文化、感悟孝道力量，在学思践悟中传承我国的孝道文化，在弄通做实中弘扬孝道思想，感悟"大孝尊亲，其次弗辱，其下能养"的深刻内涵。最重要的是大学生需要不忘孝心，体会拥有孝顺"寸草心"的温暖并且努力探寻"报得三春晖"的实现途径，将孝道无时无刻、无处不在地体现在与父母及长辈相处的全过程中，孝敬父母长辈、陪伴父母长辈、关爱父母长辈，这是一件常学常青的学问。家是最小国，国是千万家。大学生要把小家呵护好、维护好、建设好，谨记孝道，为家庭和睦作出贡献，只有这样才可以强化自己对于家庭的归属感与认同感，促进自身对于家族的热爱与崇敬之情，从而有效地将自身对于家的依恋情感与国家的热爱之情联系起来，将自身的情感与家国荣辱融为一体，在不断地学习与实践中提升自己的道德情操、文化素养与理想信念。涵养家国情怀是一件久久为功、绵绵用力的课题，大学生需要铭记孝道，懂得仁爱之心，满怀家国情怀为建设和谐的家庭与繁荣的国家不懈奋斗，将自己的绵薄之力注入民族复兴伟大征程的巨轮中来。

第二，强化对国家民族热爱的学习。家国情怀在情感上是一种个体、家庭、国家和世界紧密联系的共同体意识，蕴含着个体与整体之间的有机统一性。大学生对国家民族的热爱之情就是家国情怀的重要体现，对学生家国情怀培育的前提就是要增强大学生对国家民族的热爱之情。目前就读于高校的大学生大都是"00"后群体，他们作为新千年前后出生的一代人，是在蜜罐中长大的。他们个性张扬，追求自由。在国内外复杂形势的冲击下，部分大学生中出现集体主义意识淡化、拜金主义严重、理想信念不坚定等现象，这些现象会影响到大学生对国家民族的热爱之情。因此，要通过组织学生学习党的百年奋斗历史、习近平新时代中国特色社会主义思想等理论知识，加强大学生对国家民族的热爱，进而提升大学生的家国情怀素养。大学生要自觉用习近平新时代中国特色社会主义思想武装自己。通过理论学习，掌握最新马克思主义中国化理论成果的内涵和时代价值，深刻认识我国社会发生的巨大变革，社会主要矛盾的转变，找准新时代的历史方位。大学生要认清历史机遇，对自身责任有正确定位，勇挑时代重任，解决实践问题，牢固树立对党和国家的忠诚，增强对中国共产党的衷心拥护，不断学习党的历史、性质和宗旨，保持政治定力，坚定永远跟党走的信念。要提升大学生家国情怀培育实效，还需要对大学生进行党史学习教育，增强对中国国情的认识，增强对国家民族的热爱；大学生要树立共产主义远大理想，树立国家利益高于一切的责任感，勇于维护国家主权、领土完整，勇于为祖国和人民奉献的精神。"实现中华民族伟大复兴，是近代以来中华民族最伟大的梦想，是激励中华儿女团结奋进、开辟未来的精神旗帜。"[1] 大学生要处理好远大理想和现实理想的关系，把握好中国梦和个人梦的关系，在实现中华民族伟大复兴中国梦中实现自己的价值和理想，勇于将自己的个人价值与中国梦的实现紧密结合在一起，并要向模范先进、英雄人物学习，加强自律性，时刻以一个优秀大学生的标准严

1　习近平新时代中国特色社会主义思想三十讲［M］. 北京：学习出版社，2018：32.

格要求自己；大学生要热爱同胞、热爱祖国壮丽山河和灿烂文化，树立民族自信心。要教育大学生勤奋学习，学好专业知识，理性表达自己的爱国诉求，同时，对于大学生的家国情怀要予以尊重、鼓励，要帮助他们将家国情怀转化为修养品格、提升境界的具体行动，转化为担当民族复兴大任的信念使命。

（三）在提升自我中投身家国情怀实践

大学生要将学习到的理论知识运用于实践，通过实践落实爱家爱国情感，用自己的实际行动报答父母的养育之恩和祖国的培养之情，为家庭的和谐美满和祖国的繁荣昌盛作出自己的贡献。

第一，勇担家庭责任。家庭责任主要是指人们从内心产生的一种对于家庭的义务和担当的理性认知，体现了人们对于家庭的认同感、归属感。新时代大学生身处幸福的年代，家庭给予的无限包容和呵护在一些情况下被部分大学生当成了理所当然，以至于一些大学生养成了以自我为中心的不良习惯。因此，要培育好大学生的家国情怀，首先就要从大学生懂得关爱家庭成员、勇于承担家庭责任开始。首先，要做好和父母的情感沟通。一些大学生自从上了大学之后和父母的沟通逐渐减少，时常是要生活费时才想起父母，这是对父母感情的伤害。所以，作为新时代的大学生要做好和父母情感沟通的工作，要时常通过电话、微信、网络视频等方式和父母沟通联络，主动向父母反馈近期的学习、生活、思想等情况，与家庭成员保持密切的联系。在遇到困难时或者需要作出重要决定时，要及时听取父母的意见，在共同的商量中作出最终决定。对于父母的嘱托和叮嘱要牢记在心，并积极落实在实际行动中。其次，要体恤父母的辛苦。新时代的父母为了子女是掏心掏肺、无私奉献，但是一些大学生并不能体会父母的辛苦。体会父母辛苦的最好办法就是亲身体验父母的辛苦工作，例如父母是农民，自己放假回家后就和父母一起从事农业劳动；如果父母在工厂打工，自己在假期时也可以到父母所在的工厂做兼职，通过亲身经历来体验父母工作的艰辛。同时，作为大学生，也可以在日常及假期从事社会实践活动，在观察和体验中产生对家庭的情感共鸣。再者，要积极参与家庭活动。大学生作为家庭成员一分子，有责任和义务为家庭作贡献。大学生回到家后要主动承担家务，比如主动打扫家里的卫生、为父母洗衣做饭等，这些看似举手之劳的帮助，却能在积极参与活动的过程中让父母感受到子女的成长，感受到子女的爱和关心。

第二，身践强国之行。青年大学生是实现中华民族伟大复兴"生力军"中的重要组成部分，是社会主义事业建设者和接班人的重要构成，他们肩负着历史赋予的使命。那么，作为青年大学生就要把自身的成长、个人前途和国家的发展有机联系在一起，要将国家之强大、国家之繁荣作为自己奋斗的目标。大学生要积极关注国家时事政治。国家的命运和每一个人中国人息息相关，作为新时代的大学生，不能"两耳不闻窗外事，一心只读圣贤书"，要积极主动通过电视、网络等平台关心、关注国家大事，了解国家的发展现状，明确国家的发展需求，结合自身实际探寻为国效力之道。大学生要及时学习党和国家的最新理论政策。作为新时代大学生要坚决拥护中国共产党的领导，做政治上的明白人，这就要求新时代大学生及时主动地学习党和国家的大政方针和政策要求，紧跟时代步伐，及时更新自身的理论知识储备，在知识的更新学习中强化自身的爱党爱国之情。大学生要不断提升自身的综合素质能力。新时代大学生要做好为国效力的知识储备和能力储备。国家为大学生提供了优质的教育环境，作为新时代大学生应当怀着感恩之心将所学的知识回报给社会和人民。首先，要提升自身的政治素质能力，要坚定"四个自信"，做到"两个维护"，永远跟党走。要提升自身的是非明辨能力，在大是大非面前要坚决拥护党中央的决定，不信谣不传谣，坚定政治立场，加强自律管理，做到理性爱国。其次，要提升自身的专业素质能力。作为大学生要认真学好专业知识，主动钻研，将专业学习和国家需求紧密联系，以扎实的专业素质能力在将来的工作岗位上发光发热，用自身的专业知识和技能回报国家和社会，做真正对社会有用的人。

第三，树立世界眼光。习近平总书记曾指出，"当今时代，世界各国人民的命运更加紧密地联系在一起，各国青年应该通过教育树立世界眼光、增强合作意识，共同开创人类社会美好未来。"家国情怀的内在范围并非仅仅局限于家庭和国家，而是延伸至"天下"，即整个世界。当今的世界是全球化的世界，国与国之间密切交往，国家利益息息相关。中国共产党人历来都是胸怀天下，以宽广的胸襟和实际的行动提出了构建人类命运共同体思想，这是标准的兼济天下，它表明了中国作为世界大国的责任担当。中国不仅自身要发展强大，让中国人民过上幸福生活，同时也要帮助和支持其他国家发展壮大，中国将和世界各国共同创造人类美好的未来。作为新时代的大学生，要树立世界眼光，胸怀天下，要用开放、全局的眼光来对待国际形势。要尊重他国的文化和传统，本着和平友好、互助共赢的原则，积极投身到人类命运共同体的建设进程中去，为建设美好世界贡献自己的力量，肩负起应有的责任和担当。

结　语

　　家国情怀是中华民族的精神标识，是中华优秀传统文化的主要内容之一，自西周宗法制以来，家国情怀的影响延续至今。在中国人的精神族谱中，家是国的缩影，国是家的延续，个人、家庭、社会、国家乃至天下，都是密不可分的整体。家国天下，一脉相承，家国情怀成为中华民族生生不息、薪火相传的文化基因。家国情怀是每个中华儿女应具备的优良品质，是个体对家庭、国家的一种希望、热爱、认同和寄托，彰显了个体的爱家爱国责任和担当。十八大以来，以习近平同志为核心的党中央高度重视家国情怀培育、家庭家风家教培养和青年成长成才工作。2018 年，习近平总书记在全国教育大会上旗帜鲜明地提出并回答了培养什么人、怎样培养人、为谁培养人的问题，强调要在坚定理想信念、厚植爱国情怀等六个方面下功夫。习近平总书记寄予青年人"有理想、有本领、有担当"的厚望，体现了新时代大学生家国情怀培育的重要目标。习近平总书记在 2019 年春节团拜会上的讲话中明确指出并号召要在全社会大力弘扬家国情怀。2023 年 6 月，习近平总书记在文化传承发展座谈会上的讲话中强调，深厚的家国情怀与深沉的历史意识，为中华民族打下了维护大一统的人心根基，成为中华民族历经千难万险而不断复兴的精神支撑。这凸显了党中央对家国情怀培育问题的重视，也体现了新时代大学生家国情怀培育的本质内涵。

　　在新时代，在百年未有之大变局的形势下，对大学生进行家国情怀培育研究，激发大学生涵养家国情怀的动力，引导大学生形成正确的家国认知，激发大学生产生浓厚的家国情感，培育大学生坚定积极的家国意志，帮助大学生树立牢固的家国信念，促进大学生生成自觉的家国行为，在一定程度上有利于促进大学生全面成长成才，推动高校实现立德树人的任务，传承优良家风，培育和弘扬社会主义核心价值观，为实现中华民族伟大复兴的中国梦提供助力。

本书以"家国情怀"为切入点，基于以习近平同志为核心的党中央对家庭家风家教培养和青年成长成才工作提出的新要求和新任务，探究新时代大学生家国情怀培育的理论和实践问题。如：通过明确相关基本概念的内涵，阐释家和国之间的关系，对家国情怀的构成要素提出理论设想。对新时代大学生家国情怀的时代背景进行分析，厘清大学生家国情怀培育面临的新形势、新问题和新要求。对新时代大学生家国情怀培育的思想理论资源进行梳理，从马克思主义的意识形态的相对独立性原理、社会主义意识形态灌输理论、整体和部分的辩证关系原理、人的自由全面发展理论；马克思、恩格斯、列宁有关家国情怀思想的论述，毛泽东、邓小平、江泽民、胡锦涛、习近平等伟大中国共产党人的家国情怀思想；中华优秀传统文化的家国同构理念、忠贞爱国思想、责任伦理精神中，归纳和概括新时代大学生家国情怀培育的思想资源和理论基础。通过实证研究，采用信效度检验、探索性因子分析、验证性因子分析方法，验证家国情怀五要素模型，对新时代大学生家国情怀培育现状进行了调研，分析新时代大学生家国情怀总体状况，并对新时代大学生家国情怀浓郁和淡薄的典型案例进行分析，为提出培育措施提供现实依据。从纷繁复杂社会环境的影响、高校培育存在的瓶颈制约、家庭教育局部偏差的阻碍、网络媒体传播弊端的冲击、大学生自我涵育能力的牵制等五个方面分析新时代大学生家国情怀培育存在问题的成因。在培育策略方面，结合家国情怀的构成要素，提出了新时代大学生家国情怀培育的目标，形成新时代大学生家国情怀培育的机制，即提升认知的教育引导机制、知行合一的实践养成机制、强化约束的制度保障机制、风清气正的环境优化机制、全员参与的协同联动机制、契合实际的评价反馈机制。从全面推进，增强社会在大学生家国情怀培育中的保障性作用；多措并举，强化高校在大学生家国情怀培育中的主阵地作用；抓好起点，夯实家庭在大学生家国情怀培育中的基础性作用；拓展阵地，施展新媒体在大学生家国情怀培育中的支撑性作用；激发动力，提高大学生家国情怀的自我涵育能力等五个方面提出培育优化路径。

　　本书的研究旨在推动新时代大学生家国情怀培育研究进一步走向深入。但由于作者本人理论基础不够扎实，研究时间和精力有限，本书的研究仍存在一定的局限和尚待完善的地方。例如，对大学生家国情怀的学理研究深度不够；在实证研究方面，对培育效果的测量和分析有待深入；对大学生家国情怀培育的机制和路径研究还不够全面，等等。本书撰写暂时告一段落，但作者对大学生家国情怀的培育研究远远不能止步，需要进一步提高理论研究的深度和高度，以期取得更为理想的研究效果。

参考文献

一、经典著作与文献类

[1] 马克思恩格斯选集（第1、2、3、4卷）［M］. 北京：人民出版社，2012.

[2] 马克思恩格斯文集（第1、2、4、5、10卷）［M］. 北京：人民出版社，2009.

[3] 马克思恩格斯全集（第2卷）［M］. 北京：人民出版社，2007.

[4] 马克思恩格斯全集（第45卷）［M］. 北京：人民出版社，2003.

[5] 马克思家书集［M］. 北京：人民出版社，1985.

[6] 列宁选集（第1、3卷）［M］. 北京：人民出版社，2012.

[7] 列宁全集（第3、6、16、35、36卷）［M］. 北京：人民出版社，2017.

[8] 毛泽东文集（第1、2、3卷）［M］. 北京：人民出版社，1993.

[9] 毛泽东文集（第8卷）［M］. 北京：人民出版社，1999.

[10] 毛泽东选集（第3卷）［M］. 北京：人民出版社，1991.

[11] 毛泽东著作选读（下册）［M］. 北京：人民出版社，1986.

[12] 毛泽东传（1893—1949）［M］. 北京：中央文献出版社，2004.

[13] 邓小平文选（第1、2卷）［M］. 北京：人民出版社，1994.

[14] 邓小平文选（第3卷）［M］. 北京：人民出版社，1993.

[15] 江泽民文选（第1、2、3卷）［M］. 北京：人民出版社，2006.

[16] 胡锦涛文选（第1、2、3卷）［M］. 北京：人民出版社，2016.

[17] 胡锦涛. 在邓小平同志诞辰100周年纪念大会上的讲话［M］. 北京：人民出版社，2004.

[18] 习近平谈治国理政（第1卷）［M］. 北京：外文出版社，2014.

[19] 习近平谈治国理政（第2卷）［M］. 北京：外文出版社，2017.

[20] 习近平谈治国理政（第3卷）［M］. 北京：外文出版社，2020.

[21] 习近平谈治国理政（第4卷）［M］. 北京：外文出版社，2022.

[22] 习近平新时代中国特色社会主义思想三十讲［M］. 北京：学习出版社 2018.

［23］　中共中央文献研究室. 十六大以来重要文献选编（中）［M］. 北京：中央文献出版社，2006.

［24］　十八大以来重要文献选编（上）［M］. 北京：中央文献出版社，2014.

［25］　十八大以来重要文献选编（中）［M］. 北京：中央文献出版社，2016.

［26］　十八大以来重要文献选编（下）［M］. 北京：中央文献出版社，2018.

［27］　十九大以来重要文献选编（上）［M］. 北京：中央文献出版社，2019.

［28］　论文化建设：重要论述摘编［M］. 北京：学习出版社、中央文献出版社，2012.

［29］　中共中央宣传部. 习近平总书记系列重要讲话读本［M］. 北京：学习出版社，人民出版社，2016.

［30］　中共中央文献研究室. 习近平关于社会主义文化建设论述摘编［M］. 北京：中央文献出版社，2017.

二、著作类

［1］　新时代爱国主义教育实施纲要［M］. 北京：人民出版社，2009.

［2］　《思想道德与法治》编写组. 思想道德与法治［M］. 北京：高等教育出版社，2023.

［3］　孔祥涛. 毛泽东家风［M］. 北京：中国书籍出版社，2019.

［4］　毛泽东早期文稿［M］. 长沙：湖南出版社，1990.

［5］　海鲁德等. 生活中的毛泽东［M］. 北京：华龄出版社，1989.

［6］　郑晓国，南东风. 我是中国人民的儿子［M］. 北京：中国国际广播出版社，1993.

［7］　杨国亭. 刘邓麾下十三年［M］. 重庆：重庆大学出版社，1991.

［8］　中国大百科全书·教育卷［M］. 北京：中国百科全书出版社，1985.

［9］　郑永廷. 思想政治教育方法论［M］. 北京：高等教育出版社，1999.

［10］　陈万柏，张耀灿. 思想政治教育学原理［M］. 北京：高等教育出版社，2007.

［11］　张耀灿，郑永廷等. 现代思想政治教育学［M］. 北京：人民出版社，2006.

［12］　骆郁廷. 思想政治教育原理与方法［M］. 北京：北京师范大学出版社，2019.

［13］　费孝通. 乡土中国生育制度［M］. 北京：北京大学出版社，1998.

［14］　费孝通. 乡土中国［M］. 北京：人民出版社，2008.

［15］　费孝通. 中华民族多元一体格局［M］. 北京：中央民族大学出版社，2018.

［16］　费孝通. 文化与文化自觉［M］. 北京：群言出版社，2016.

［17］　梁漱溟. 东西文化及其哲学［M］. 北京：商务印书馆，2017.

［18］　骆郁廷. 精神动力论［M］. 武汉：武汉大学出版社，2003.

[19]　陈力丹. 精神交往论［M］. 北京：中国人民大学出版社，2008.

[20]　刘同舫. 马克思人类解放思想史［M］. 北京：人民出版社，2019.

[21]　沈壮海. 思想政治教育有效性研究［M］. 武汉：武汉大学出版社，2008.

[22]　沈壮海. 先进文化论［M］. 北京：高等教育出版社，2003.

[23]　石云霞. 马克思主义理论教育思想发展史研究（上下）［M］. 北京：中国社会科学出版社，2012.

[24]　钟瑞添，韦健玲. 使命与担当［M］. 桂林：广西师范大学出版社，2018.

[25]　许纪霖. 家国天下——现代中国的个人、国家与世界认同［M］. 上海：上海人民出版社，2017.

[26]　石书臣. 现代思想政治教育主导性研究［M］. 上海：学林出版社，2004.

[27]　孙杰远. 个体、文化、教育与国家认同——少数民族学生国家认同和文化融合研究［M］. 北京：商务印书馆，2019.

[28]　孙向晨. 论家：个体与亲亲［M］. 上海：华东师范大学出版社，2019.

[29]　杨建义. 家国情怀：与大学生面对面［M］. 福州：福建人民出版社，2019.

[30]　白凤国. 弘扬爱国奋斗精神　建功立业新时代［M］. 北京：红旗出版社，2018.

[31]　陈延斌，杨威. 家国情怀：中华优秀传统家风文化［M］. 北京：中国方正出版社，2018.

[32]　夏德元. 家国情怀［M］. 上海：复旦大学出版社，2016.

[33]　陈先达. 马克思主义信仰十讲［M］. 北京：人民出版社，2018.

[34]　纪德君，刘庆华，温小军. 转化与创新：中华优秀传统文化研究［M］. 北京：社会科学文献出版社，2020.

[35]　崔耀中. 不忘初心　走向复兴：新时代　新思想　新征程［M］. 北京：人民出版社，2018.

[36]　杨雪冬. 全球化：西方理论前沿［M］. 北京：社会科学文献出版社，2002.

[37]　衣俊卿，胡长栓. 马克思主义文化理论研究［M］. 北京：北京师范大学出版社，2012.

[38]　沈湘平. 全球化与现代性［M］. 长沙：湖南人民出版社，2003.

[39]　李晓东. 全球化与文化整合［M］. 长沙：湖南人民出版社，2003.

[40]　吴忠民. 中国现代化论［M］. 北京：商务印书馆，2019.

[41]　孔子著. 万亭注译. 论语［M］. 长春：时代文艺出版社，2011.

[42]　邓艾民. 传习录注疏［M］. 上海：上海古籍出版社，2015.

[43]　陈戍国点校. 四书五经［M］. 长沙：岳麓书社，1991.

[44]　左丘明. 左氏春秋［M］. 长春：吉林大学出版社，2011.

[45]　朱熹. 四书集注［M］. 长沙：岳麓书社，1987.

[46]　曾参. 子思. 大学·中庸［M］. 西安：三秦出版社，2008.

[47] （晋）皇甫谧撰；（清）宋翔凤，（清）钱宝塘辑；刘晓东校点. 逸周书 [M]. 沈阳：辽宁教育出版社，1997.

[48] 徐少锦，陈延斌. 中国家训史 [M]. 西安：陕西人民出版社，2003.

[49] （汉）许慎撰，（清）段玉裁注. 说文解字 [M]. 郑州：中州古籍出版 社，2006.

[50] 颜之推. 颜氏家训译注. 精编本 [M]. 北京：商务印书馆，2016.

[51] 诗经·小雅·节南山 [M]. 北京：中华书局，2016.

[52] 中国文化书院学术委员会. 梁漱溟全集（第 3 卷）[M]. 济南：山东人民 出版社，1990.

[53] 熊武一，周家法. 军事大辞海：下 [M]. 北京：长城出版社，2000.

[54] 安德义. 逆序类聚古汉语词典 [M]. 武汉：湖北人民出版社，1994.

[55] 辞海编辑委员会. 辞海 [M]. 上海：上海辞书出版社，2009.

[56] 童庆炳. 现代心理学 [M]. 北京：中国社会科学出版社，1993.

[57] 张福俭. 爱国奋斗　建功立业　深入开展"弘扬爱国奋斗精神、建功立 业新时代"活动 [M]. 北京：华文出版社，2018.

[58] 芳园. 论语全鉴（耀世典藏版）[M]. 天津：天津人民出版社，2015.

[59] 顾炎武. 日知录 [M]. 兰州：甘肃出版社，1997.

[60] 梁启超. 饮冰室文集 [M]. 上海：中华书局，1989.

[61] 韩寿山，徐文艳. 修身齐家治国平天下诗文绝唱镜鉴 [M]. 北京：东方 出版社，2017.

[62] 韩维志译评. 大学中庸 [M]. 长春：吉林文史出版社，2001.

[63] 戴钢书. 思想政治教育统计研究方法论 [M]. 北京：人民出版社，2005.

[64] 王敏. 思想政治教育接受论 [M]. 武汉：湖北人民出版社，2002.

[65] 罗素. 人类的知识 [M]. 北京：商务印书馆，1983.

[66] 李清先. 社会主义核心价值体系认同机制与路径研究——兼论当代大学 生社会主义核心价值体系认同的教育策略 [M]. 北京：教育科学出版 社，2012.

[67] 单刚等. 使命与引领：以社会主义核心价值体系引领社会思潮研究 [M]. 北京：中国社会科学出版社，2016.

[68] 韩震. 社会主义核心价值体系研究 [M]. 北京：人民出版社，2007.

[69] 韩震. 社会主义核心价值观与中国文化国际传播 [M]. 北京：中国人民 大学出版社，2017.

[70] 韩震. 社会主义核心价值观与国家认同建构 [M]. 成都：四川人民出版 社；北京：学习出版社，2019.

[71] 张齐武. 社会主义核心价值观大众化认同的理论与实践 [M]. 武汉：武 汉大学出版社，2018.

[72] 张景荣. 社会主义核心价值观研究综述 [M]. 北京：社会科学文献出版 社，2017.

［73］ 张涛华. 社会主义核心价值观与中国软实力构建［M］. 北京：九州出版社，2018.

［74］ 邱仁富. 社会主义核心价值观的传统文化根基研究［M］. 上海：上海大学出版社，2018.

［75］ 徐伟新等. 社会主义核心价值观研究［M］. 北京：中共中央党校出版社，2016.

［76］ 孟轲. 社会主义核心价值观的大众认同问题研究［M］. 北京：人民出版社，2018.

［77］ 易鹏. 社会主义核心价值观网络传播研究［M］. 北京：中国社会科学出版社，2019.

［78］ 季羡林. 季羡林散文集：贤行润身［M］. 西安：陕西师范大学出版社，2008.

［79］ 安乐哲. 孟巍隆译. 儒家角色伦理学：一套特色伦理学词汇［M］. 济南：山东人民出版社，2017.

［80］ 杨荣春. 中国封建社会教育史［M］. 广州：广东人民出版社，1985.

［81］ 白毅. 古代教育史概要［M］. 西安：西安交通大学出版社，2018.

［82］ 姚小玲，陈萌. 中国传统伦理思想——社会主义核心价值体系构建的文化底蕴［M］. 北京：人民出版社，2015.

［83］ 张岱年. 中国伦理思想研究［M］. 南京：江苏教育出版社，2005.

［84］ 马文琴. 全球化时代青少年国家认同教育研究［M］. 北京：中华书局，2017.

［85］ 姜金林. 新时期大学生思想道德教育研究概论［M］. 北京：中国水利水电出版社，2015.

［86］ 车华. 高校大学生思想政治教育的理路探析［M］. 北京：中国水利水电出版社，2015.

［87］ 蔡中华，潘静. 新时期爱国主义教育研究［M］. 北京：中国社会科学出版社，2016.

［88］ 陈封椿，符成彦等. 新时期大学生思想政治教育的探索与实践［M］. 北京：现代教育出版社，2015.

［89］ 常青. 全球化视野下公民爱国意识培育研究［M］. 北京：人民出版社，2016.

［90］ 金耀基. 从传统到现代［M］. 广州：广州文化出版社，1989.

［91］ 樊葵. 媒介崇拜论［M］. 北京：中国传媒大学出版社，2008.

［92］ 赵建国. 终极关怀——信仰及其传播［M］. 北京：中国传媒大学出版社，2008.

［93］ 任继愈，李申，周赟编，中国传统文化的光明前景［M］. 上海：上海教育出版社，2020.

［94］ 张庆海，黄牧航. 家国情怀的教学设计与学业评价［M］. 广州：广东高等教育出版社，2021.

［95］ 刘哲昕. 家国情怀——中国人的信仰［M］. 北京：学习出版社，2019.

［96］ 曹荣琪，汤年华. 家国情怀红色经典诵读［M］. 南京：江苏译林出版社，2021.

［97］ 李志雄. 家国情怀与责任担当：战"疫"期间的思想政治理论课教学实践［M］. 成都：西南财经大学出版社，2021.

［98］ 郭雨蓉，李凤亮. 现代科技与家国情怀［M］. 深圳：海天出版社，2020.

［99］ 李其荣. 华侨华人家国情怀与文化认同研究［M］. 北京：中国社会科学出版社，2021.

［100］ 杨国平. 马氏庄园的家国情怀［M］. 郑州：郑州大学出版社，2020.

［101］ 张志昌. 文化传统与家国情怀的审视［M］. 北京：中国社会科学出版社，2019.

［102］ 李红杰. 韩国国民素质考察报告［M］. 南宁：广西人民出版社，1999.

［103］ 玖苇林. 新加坡的成功［M］. 台北：金文图书有限公司，1982.

［104］ 张德伟. 日本教育特质的文化学研究［M］. 长春：东北师范大学出版社，1999.

［105］ 罗国杰. 中国伦理学百科全书·伦理学原理卷［M］. 长春：吉林人民出版社，1993.

［106］ 金安. 责任［M］. 成都：四川大学出版社，2005.

［107］ 单中惠，杨汉麟. 西方教育学名著提要［M］. 南昌：江西人民出版社，2000.

［108］ 罗国杰. 建设与社会主义市场经济相适应的思想道德体系［M］. 北京：人民出版社，2011.

［109］ 宫志刚，樊京玉，闫继忠. 社会转型与秩序重建——公安院校知名教授学术文库［M］. 北京：中国人民公安大学出版社，2018.

［110］ 路丙辉. 社会转型期我国家庭伦理变化及道德建设研究［M］. 北京：人民出版社，2016.

［111］ 程立涛. 陌生人社会伦理问题研究［M］. 北京：中国人民大学出版社，2019.

［112］ 李培林等. 当代中国阶级阶层变动（1978—2018）［M］. 北京：社会科学文献出版社，2018.

［113］ 钟启泉，黄志成. 西方德育原理［M］. 西安：陕西人民教育出版社，1998.

［114］ 张崇琛. 中华家教宝库［M］. 长春：吉林人民出版社，2009.

［115］ 王恒生. 家庭伦理道德［M］. 北京：中国财经经济出版社，2001.

［116］ 樊浩. 文化与安身立命［M］. 福州：福建教育出版社，2009.

［117］ ［德］康德著，苗力田译. 道德形而上学原理［M］. 上海：上海人民出版社，2005.

[118] ［德］康德著，蓝公武译. 纯粹理性批判［M］. 北京：商务印书馆，1960.

[119] ［德］黑格尔著，王造时译. 历史哲学［M］. 北京：三联书店，1956.

[120] ［德］黑格尔著，贺麟、王玖兴译. 精神现象学（上卷）［M］. 北京：商务印书馆，1962.

[121] ［法］爱弥尔·涂尔干著，渠敬东译. 职业伦理与公民道德［M］. 上海：上海人民出版社，2001.

[122] ［德］包尔生著，何怀宏，廖申白译. 伦理学体系［M］. 北京：中国社会科学出版社，1988.

[123] ［美］汉娜·阿伦特著，王寅丽译. 人的境况（第2版）［M］. 上海：上海人民出版社，2017.

[124] ［美］比格纳著，郑福明等译. 亲子关系家庭教育导论（第8版）［M］. 北京：高等教育出版社，2012.

[125] ［美］伊曼纽尔·沃勒斯坦著，罗荣渠等译，现代世界体系（第1卷）［M］. 北京：高等教育出版社，1998.

[126] ［美］埃里克·H. 埃里克森著，孙名之译. 同一性：青少年与危机［M］. 杭州：浙江教育出版社，1998.

[127] ［美］诺姆·乔姆斯基著，徐海铭，季海宏译. 新自由主义和全球秩序［M］. 南京：江苏人民出版社，2000.

[128] ［美］约瑟夫·拉彼德著，金烨译. 文化和认同：国际关系回归理论［M］. 杭州：浙江人民出版社，2003.

[129] ［美］莫特玛·阿德勒，查尔斯·范多伦著，周汉林等译. 西方思想宝库［M］. 北京：中国广播电视出版社，1991.

[130] ［美］迈克尔·H. 亨特著，诸律元译. 意识形态与美国外交政策［M］. 北京：世界知识出版社，1999.

[131] ［美］罗伯特. J. 林格著，章仁铨，林同奇译. 重建美国人的梦想［M］. 上海：上海译文出版社，1983.

[132] ［美］塞缪尔·亨廷顿著，程克雄译. 我们是谁——美国国家特性面临的挑战［M］. 北京：新华出版社，2005.

[133] ［美］肯尼思·N. 华尔兹著，倪世雄等译. 人、国家和战争——一种理论分析［M］. 上海：上海译文出版社，1991.

[134] ［法］卢梭著，李平沤译. 爱弥儿——论教育（上卷）［M］. 北京：人民教育出版社，1985.

[135] ［英］戴维·米勒、韦农·波格丹诺著，邓正来译. 布莱克维尔政治学百科全书［M］. 北京：中国政法大学出版社，2002.

[136] ［英］塞缪尔·斯迈尔斯著，夏芒译. 品德的力量［M］. 福州：海峡文艺出版社，2004.

[137] ［英］安德鲁·海伍德著，吴勇译. 政治学核心概念［M］. 天津：天津

人民出版社，2008.

[138] ［意］毛里齐奥·维罗里著，潘亚玲译. 关于爱国［M］. 上海：上海人民出版社，2016.

[139] ［埃及］侯赛因·卡米勒·巴哈丁著，朱威烈，王有勇译. 无身份世界中的爱国主义：全球化的挑战［M］. 上海：上海外语教育出版社，2001.

[140] ［法］托克维尔著，董果良译. 论美国的民主（上卷）［M］. 北京：商务印书馆，2017.

[141] ［日］守屋美都雄著，杨晓芬，钱杭译. 中国古代的家族与国家［M］. 上海：上海古籍出版社，2010.

[142] ［日］尾行勇著，张鹤泉译. 中国古代的"家"与国家［M］. 北京：中华书局，2010.

[143] 联合国教科文组织教育丛书. 教育——财富蕴藏其中［M］. 北京：教育科学出版社，1996.

[144] ［奥］阿尔弗雷德·阿德勒著，王晋华译. 自卑与超越［M］. 天津：百花文艺出版社，2018.

[145] Andrew Vincent. *Theories of the State* ［M］. New York USA: Blackwell, 1987.

[146] Bar-TalD. Kruglanski A. W. *The Social Psychology of Knowledge* ［M］. Cambridge: Cambridge University Press, 2008.

[147] Alasdair Maclntyre. *Is Patriotism a Virtue?* ［M］. Lindley lecture: University Press, 2000.

[148] White, Andrew Dickson. *Patriotism* ［M］. Hansebooks, 2017.

三、期刊类

[1] 王炳林，刘奎. 关于学习党史、新中国史、改革开放史、社会主义发展史的思考［J］. 思想理论教育导刊，2020（08）.

[2] 骆郁廷，任光辉. 时代新人与家国情怀［J］. 马克思主义与现实，2020（02）.

[3] 骆郁廷. 新时代爱国主义教育的"破"与"立"［J］. 思想理论教育导刊，2020（02）.

[4] 刘建军. 中国语境下爱国主义的信仰意蕴［J］. 思想理论教育，2020（04）.

[5] 刘建军. 厚植爱国主义情怀的理论阐释［J］. 思想理论教育，2019（09）.

[6] 刘建军，梁祯婕. 论爱国主义的"硬核力量"［J］. 理论与改革，2020（05）.

[7] 曲建武，张晓静. 新时代大学生爱国主义教育的三个维度［J］. 思想教育研究，2021（10）.

［8］ 张慧敏，曲建武. 列宁爱国主义思想及当代启示［J］. 思想政治教育研究，2019（04）.

［9］ 田旭明. 习近平关于家国情怀重要论述的精髓要义［J］. 马克思主义研究，2020（12）.

［10］ 国务院发展研究中心课题组. 未来 15 年国际经济格局变化和中国战略选择［J］. 管理世界，2018（12）.

［11］ 杨峻岭. 中国共产党百年爱国主义教育的回顾及启示［J］. 马克思主义研究，2021（07）.

［12］ 高景柱. 论爱国主义的忠诚之维［J］. 思想理论教育，2021（12）.

［13］ 邱仁富. 推动爱国主义教育融入贯穿国民教育全过程［J］. 中国高等教育，2021（11）.

［14］ 崔欣玉. 新时代高校爱国主义教育的实践路径研究［J］. 思想理论教育导刊，2021（10）.

［15］ 陈文娟，陈希. 高校爱国主义仪式教育的优化创新研究［J］. 思想理论教育导刊，2021（07）.

［16］ 高景柱. 全球化时代爱国主义的重塑［J］. 理论月刊，2022（02）.

［17］ 陈勇，李明珠. 新时代大学生爱国主义教育话语体系优化的意义、困境与路径［J］. 思想教育研究，2021（12）.

［18］ 任鹏，李毅. 新时代中国共产党的家国情怀观［J］. 东北大学学报（社会科学版），2022（04）.

［19］ 周刘波. 青少年家国情怀教育：时代蕴涵、教育机理与行动路向［J］. 西南大学学报（社会科学版），2023（04）.

［20］ 石宇，王明生. 新时代青年家国情怀涵育的价值、向度及着力点［J］. 思想教育研究，2023（11）.

［21］ 熊建生，魏傲男. 论家国情怀的滋养涵养培养［J］. 学校党建与思想教育，2024（01）.

［22］ 陈勇，李明珠. 习近平爱国主义教育重要论述的三重阐释、发展向度与时代价值［J］. 伦理学研究，2021（11）.

［23］ 孙宇博. 论日本爱国主义教育的特点及启示［J］. 思想政治教育研究，2011（01）.

［24］ 蓝汉林，仲帅. 论苏联爱国主义教育的历史反思及其当代启示［J］. 思想理论教育导刊，2018（02）.

［25］ 李毅弘，戴歆馨. 习近平新时代"好家风"论述：内涵、价值与建构［J］. 思想理论教育导刊，2019（06）.

［26］ 孙玉杰. 关于韩国民族精神培养体系的几点思考［J］. 科学社会主义，2003（05）.

［27］ 张军. 共同体意识下的家国情怀论［J］. 伦理学研究，2019（03）.

［28］ 张国启，汪丹丹. 担当民族复兴大任的时代新人的逻辑内涵与培养理路

［J］. 思想理论教育，2018（12）.

［29］ 喻学林. 近十年大学生思想道德素质现状研究述评［J］. 思想政治教育研究，2016（06）.

［30］ 杨葵，柳礼泉. 家国情怀：高校思想政治理论课教师的德性素养与职业［J］. 思想理论教育导刊，2019（06）.

［31］ 董祥宾. 当代大学生人生观基本状况调查分析［J］. 思想理论教育，2018（02）.

［32］ 柳礼泉，刘江. 习近平关于家国情怀论述的内涵要义与价值意蕴［J］. 湘潭大学学报（哲学社会科学版），2020（02）.

［33］ 陈纪，章烁晨. 家国情怀与铸牢中华民族共同体意识［J］. 西北民族研究，2021（08）.

［34］ 孟丹，冉苒. 大学生"责任担当"素养培养路径探析［J］. 理论月刊，2017（07）.

［35］ 赵爽. 提升大学生践行担当精神的教育高度［J］. 中国高等教育，2014（12）.

［36］ 马树锦. 当代大学生责任意识培养的若干思考［J］. 思想理论教育导刊，2015（12）.

［37］ 顾保国. 论青年人的担当与社会认知［J］. 中国青年社会科学，2016（03）.

［38］ 陈菲，焦垣生. 大学生责任意识教育应着力把握好的几个问题［J］. 思想理论教育导刊，2013（11）.

［39］ 方鸿志，刘广远. 新时代家风与社会主义核心价值观的培养［J］. 思想理论教育导刊，2018（11）.

［40］ 吴太宇. 网络空间红色文化资源传播的理论价值与实践路径［J］. 郑州大学学报（哲学社会科学版），2018（01）.

［41］ 赵华珺. 以互联网思维加强青年爱国主义教育［J］. 人民论坛，2018（24）.

［42］ 曾乾辉. 怎样培养公民的家国情怀［J］. 人民论坛，2018（05）.

［43］ 蔡诗敏，张胥. 中华民族精神独立性与中华民族伟大复兴［J］. 社会主义研究，2019（01）.

［44］ 饶武元，罗邹贤. 习近平家国情怀的逻辑理路、内涵意蕴与涵养路径［J］. 南昌大学学报（人文社会科学版），2021（06）.

［45］ 宋春华，史慧华. 新时代大学生家国情怀培育的逻辑分析和模式构建［J］. 广西社会科学，2020（11）.

［46］ 张茂芹，周刘波. 家国情怀的教育逻辑与实践进路［J］. 历史教学问题，2020（08）.

［47］ 张楠. 厚植新时代少数民族大学生的家国情怀［J］. 贵州民族研究，2020（03）.

［48］ 张金秋. 培育家国情怀要坚守学校教育的主阵地［J］. 中国教育学刊，2020（03）.

［49］ 钱念孙. 家国情怀的萌生与君子人格的确立［J］. 江淮论坛，2020（04）.

［50］ 金丽君. 依托研学实践活动，打造家国情怀底色［J］. 历史教学问题，2020（04）.

［50］ 杨玉强，杨伟荣. 谈"家国同构"概念的当代转换对培育践行社会主义核心价值观的启示［J］. 思想政治教育研究，2016（01）.

［51］ 杜黎明. "家国天下"是豪情更是担当［J］. 人民论坛，2017（04）.

［52］ 毛冰漪. 论新时期中国特色社会主义道德体系建设［J］. 江西社会科学，2011（04）.

［53］ 许纪霖. 现代中国的家国天下与自我认同［J］. 复旦学报，2015（05）.

［54］ 马润凡. 全球化与爱国主义认同［J］. 中州学刊，2019（08）.

［55］ 杜兰晓. 韩国、新加坡国家认同教育的特点及启示［J］. 学校党建与思想教育，2012（34）.

［56］ 季爱民. 大学生家国情怀培育探究［J］. 学校党建与思想教育，2020（01）.

［57］ 王玥. 培养家国情怀的现实逻辑［J］. 人民论坛，2018（27）.

［58］ 曾永平，吴海婷. 知行合一：大学生爱国价值观培育的逻辑进路［J］. 学校党建与思想教育，2020（03）.

［59］ 张倩. 从家国情怀解读国家认同的中国特色［J］. 江淮论坛，2017（03）.

［60］ 张倩. 家国情怀的传统构建与当代传承——基于血缘、地缘、业缘、趣缘的文化考察［J］. 学习与实践，2018（10）.

［61］ 张倩. "家国情怀"的逻辑基础与价值内涵［J］. 人文杂志，2017（06）.

［62］ 曾乾辉. 怎样培养公民的家国情怀［J］. 人民论坛，2018（05）.

［63］ 张波. 大学生家国情怀的培育策略［J］. 人民论坛，2019（11）.

［64］ 杨秀香. 中国文化传统中的家国情怀［J］. 中国德育，2019（17）.

［65］ 蔡杨波，徐承英. 新时代大学生家国情怀教育探析［J］. 思想教育研究，2020（01）.

［66］ 王冬云. 国家认同建构中的家国情怀［J］. 长白学刊，2019（02）.

［67］ 王菁. 呈现与建构：大学生微博政治参与和国家认同——基于全国部分高校和大学生微博的分析［J］. 中国青年研究，2019（07）.

［68］ 曹清. 培育大学生家国情怀的意义及路径探究［J］. 思想政治工作研究，2018（02）.

［69］ 蔡小菊，田旭明. 新时代弘扬家国情怀的理性自觉［J］. 学习论坛，2020（07）.

［70］ 周显信，袁丽. 毛泽东家国情怀的丰富内涵、当代形态与发展逻辑［J］. 湖南科技大学学报（社会科学版），2020（05）.

［71］ 周显信，袁丽. 习近平家国情怀的时代意蕴与实践逻辑［J］. 理论探讨，

2020 (09).

[72] 张世飞. 磨难挫折中涌现出的家国情怀 [J]. 人民论坛，2020 (03).

[73] 蔡扬波，徐承英. 新时代大学生家国情怀教育探析 [J]. 思想教育研究，2020 (01).

[74] 赵志毅. 家国情怀的结构及其教育路径 [J]. 课程. 教材. 教法，2019 (12).

[75] 杨威，张金秋. 中国传统社会的家国情怀刍议 [J]. 长白学刊，2019 (03).

[76] 刘丽. 大学生家国情怀教育的路径探析 [J]. 福建省社会主义学院学报，2017 (03).

[77] 刘湘顺，李梅. 大学生思想变化的新特点及教育对策 [J]. 学校党建与思想教育，2018 (11).

[78] 訾同超. 大学生对中国传统文化疏离问题研究 [J]. 学校党建与思想教育，2018 (03).

[79] 陈望衡，张文. 论中国传统文化中的家国情怀 [J]. 天津社会科学，2021 (11).

[80] 刘余莉，聂菲璘. 家国情怀的精神境界与历史文化内涵 [J]. 甘肃社会科学，2021 (09).

[81] 高昕，杨威. 新时代家国情怀的现实基础、价值内蕴与基本特征 [J]. 中国社会科学院研究生院学报，2021 (07).

[82] 刘紫春，汪红亮. 家国情怀的传承与重构 [J]. 江西社会科学，2015 (07).

[83] 马宁. 论家国同构伦理观念对高校爱国主义教育的启示 [J]. 长春工业大学学报（高教研究版），2006 (06).

[84] 刘应君. 家国情怀教育融入高校思政教学的价值与路径 [J]. 湖南广播电视大学学报，2015 (03).

[85] 张斌，段周燕. 家国情怀的当代培育 [J]. 江苏理工学院学报，2015 (06).

[86] 陈建魁. 部族战争与中国文明的起源——兼论大禹时期国家的形成 [J]. 河南理工大学学报（社会科学版），2017 (02).

[87] 叶舒宪. 从汉字"國"的原型看华夏国家起源——兼评"夏代中国文明展：玉器·玉文化" [J]. 百色学院学报，2014 (03).

[88] 胡晓明. 中国怀乡诗的人文精神 [J]. 文史哲，1990 (04).

[89] 董晓绒. 做有深厚家国情怀的思政课教师 [J]. 当代广西，2021 (01).

[90] 郭春华. 新时代大学生家国情怀培育面临的文化冲击及应对策略 [J]. 安阳师范学院学报，2021 (02).

[91] 张文彬. 培育大学生家国情怀的价值意蕴与路径选择 [J]. 中共乐山市委党校学报（新论），2021 (01).

［92］傅琼，熊平安. 新时代大学生家国情怀探略［J］. 北京青年研究，2021
（04）.

［93］高竞男. 新时代青年大学生家国情怀培育探究［J］. 吉林化工学院学报，
2020（10）.

［94］旷剑敏，刘立夫. 论孟子的担当精神［J］. 湖南科技大学学报（社会科
学版），2017（02）.

［95］翟思成，杨桂芳. 青少年实现中国梦担当精神的培育［J］. 中国青年政
治学院学报，2014（04）.

［96］张瑞. 大学生责任教育的创新［J］. 教育理论与实践，2015（03）.

［97］刘伟. 传承家国情怀　坚定文化自信——学习习近平总书记家国情怀论
述的思考［J］. 内蒙古财经大学学报，2020（06）.

［98］邵长威. 论习近平关于家国情怀重要论述的理论内涵及培育路径［J］.
辽宁工业大学学报（社会科学版），2020（01）.

［99］李学仁. 温暖的力量　感人的瞬间——习近平总书记会见全国道德模范
代表侧记［J］. 思想政治工作研究，2017（12）.

［100］王军旗，徐亮. 微空间主流意识形态实践认同探析［J］. 理论学刊，
2019（04）.

［101］王欢. 让家国情怀成为新时代育人起点［J］. 人民教育，2019（10）.

［102］龚维斌. 我国社会结构：变化、特点及风险［J］. 中国特色社会主义研
究，2019（08）.

［103］徐国亮，刘松. 三层四维：家国情怀的文化结构探析［J］. 四川大学学
报（哲学社会科学版），2018（06）.

［104］Krosnick J A, Alwin D F. Aging and susceptibility to attitude change［J］.
Journal of personality and social psychology, 1989(09).

［105］Wilson T D, Lindsey S, Schooler T Y. A model of dual attitudes［J］.
Psychological review, 2000(01).

［106］Rick A. Crelia, Abraham Tesser. Attitude heritability and attitude
reinforcement：A replication［J］. *Personality and Individual Differences*,
1996(06).

［107］Finell Eerika, Stevenson Clifford. Interpersonal bonds with fellow nationals,
blind patriotism and preference for Immigrants' acculturation ［J］.
Scandinavian journal of psychology, 2022(03).

［108］Yuanyuan Kuang. Interpretation Of Patriotism from The Perspective of Risk
Prevention in The New Era［J］. *International Journal of Education and
Economics*, 2021（12）.

［109］Noel Jan. Dry Patriotism：The Chiniquy Crusade［J］. *The Canadian
Historical Review*, 2021（09）.

四、学位论文类

［1］ 李贵彬. 当代大学生社会责任感培育研究［D］. 哈尔滨师范大学，2017.

［2］ 滕慧君. 当代大学生中华民族精神培育研究［D］. 大连海事大学，2017.

［3］ 侯莲梅. 新时代大学生中国精神培育研究［D］. 电子科技大学，2018.

［4］ 毛奎. 新时代大学生家国情怀培育研究［D］. 兰州理工大学，2019.

［5］ 颜娟娟. 习近平家国情怀研究［D］. 南昌大学，2019.

［6］ 燕倩. 大学生家国情怀培育研究［D］. 新疆师范大学，2020.

［7］ 吉娜娜. 新时代厚植青年家国情怀研究［D］. 北京交通大学，2023.

［8］ 王姣翔. 当代大学生家国情怀培育研究［D］. 河北科技大学，2024.

五、报刊类

［1］ 中共中央国务院印发《关于加强和改进新形势下高校思想政治工作的意见》［N］. 人民日报，2017 - 02 - 28（02）.

［2］ 中共中央关于制定国民经济和社会发展第十四个五年规划和二○三五年远景目标的建议［N］. 人民日报，2020 - 11 - 04（01）.

［3］ 胡锦涛. 高举中国特色社会主义伟大旗帜为夺取全面建设小康社会新胜利而奋斗——在中国共产党第十七次全国代表大会上的报告［N］. 人民日报，2007 - 10 - 24（01）.

［4］ 习近平在庆祝中国共产党成立 100 周年大会上的讲话［N］. 人民日报，2021 - 07 - 01（01）.

［5］ 习近平. 携手建设更加美好的世界——在中国共产党与世界政党高层对话会上的主旨讲话［N］. 人民日报，2017 - 12 - 02（02）.

［6］ 习近平. 共同构建人类命运共同体——在联合国日内瓦总部的演讲［N］. 人民日报，2017 - 01 - 20（02）.

［7］ 习近平在庆祝中国共产主义青年团成立 100 周年大会上的讲话［N］. 人民日报，2022 - 05 - 11（02）.

［8］ 习近平在庆祝中国共产党成立 95 周年大会上的讲话［N］. 人民日报，2016 - 07 - 01（01）.

［9］ 习近平在会见第一届全国文明家庭代表时的讲话［N］. 人民日报，2016 - 12 - 16（02）.

［10］ 习近平在 2018 年春节团拜会上的讲话［N］. 人民日报，2018 - 02 - 15（01）.

［11］ 习近平在 2015 年春节团拜会上的讲话［N］. 人民日报，2015 - 02 - 18（02）.

［12］ 习近平在全国脱贫攻坚总结表彰大会上的讲话［N］. 人民日报，2021 - 02 - 26（01）.

［13］ 习近平在"不忘初心、牢记使命"主题教育总结大会上的讲话［N］. 人民日报，2020 - 01 - 09（01）.

[14] 习近平. 用新时代中国特色社会主义思想铸魂育人　贯彻党的教育方针落实立德树人根本任务 ［N］. 人民日报，2019 - 03 - 19（01）.

[15] 习近平在中共中央政治局第二十九次集体学习时强调：大力弘扬爱国主义精神，为实现中国梦提供精神支柱 ［N］. 人民日报，2015 - 12 - 31（01）.

[16] 习近平在第十二届全国人民代表大会第一次会议上的讲话 ［N］. 人民日报，2013 - 03 - 18（01）.

[17] 习近平. 承前启后，继往开来，继续朝着中华民族伟大复兴目标奋勇前进 ［N］. 光明日报，2012 - 11 - 30（01）.

[18] 习近平会见联合国秘书长古特雷斯 ［N］. 人民日报，2018 - 04 - 09（01）.

[19] 习近平. 携手消除贫困，促进共同发展 ［N］. 光明日报，2015 - 10 - 17（01）.

[20] 习近平接受俄罗斯电视台专访 ［N］. 人民日报，2014 - 02 - 09（01）.

[21] 习近平. 把思想政治工作贯穿教育教学全过程开创我国高等教育事业发展新局面 ［N］. 人民日报，2016 - 12 - 09（01）.

[22] 习近平. 把思想政治工作贯穿教育教学全过程开创我国教育事业发展新局面 ［N］. 人民日报，2018 - 04 - 13（01）.

[23] 习近平在庆祝香港回归祖国 20 周年大会暨香港特别行政区第五届政府就职典礼上的讲话 ［N］. 人民日报，2017 - 07 - 01（02）.

[24] 习近平在中央民族工作会议上的讲话 ［N］. 人民日报，2014 - 09 - 30（01）.

[25] 习近平出席金砖国家工商论坛并发表重要讲话 ［N］. 人民日报，2018 - 07 - 26（01）.

[26] 习近平在第十二届全国人民代表大会第一次会议上的讲话 ［N］. 人民日报，2013 - 03 - 18（01）.

[27] 习近平在全国高校思想政治工作会议上的重要讲话 ［N］. 人民日报，2016 - 12 - 09（01）.

[28] 习近平在 2019 年春节团拜会上的讲话 ［N］. 人民日报，2019 - 02 - 04（01）.

[29] 教育部. 完善中华优秀传统文化教育指导纲要 ［N］. 中国教育报，2014 - 04 - 02（03）.

[30] 徐文秀. 多一些"家国情怀"［N］. 人民日报，2012 - 01 - 20.

[31] 高鑫. 从未忘却的家国情怀 ［N］. 社会民生，2017 - 07 - 14.

[32] 大力弘扬伟大爱国主义精神为实现中国梦提供精神支柱 ［N］. 人民日报，2015 - 12 - 31（01）.

[33] 梁启超. 新史学："中国之旧史篇"［N］. 原刊于新民丛报，1902.

[34] 肖欣. 毛泽东：让儿女们回到人民中去 ［N］. 湖南日报，2018 - 04 - 24.

[35] 扶贫路上　青春绽放 [N]. 人民日报，2021 - 07 - 30 (20).

[36] 万君宝. 中国人的"家国情怀"怎样异于西方 [N]. 解放日报，2017 - 09 - 08.

[37] 倾听大学生志愿者的战疫心声——"抗疫一线就是我们的课堂" [N]. 人民日报，2020 - 02 - 26 (10).

[38] 立一等功的义务兵，退伍了 [N]. 人民日报，2020 - 10 - 31.

[39] 高校新生发辱国言论被网友举报，校方：取消入学资格！ [N]. 人民日报，2018 - 09 - 23.

附　录

附录 1　马克思主义理论专家及学者咨询问卷

马克思主义理论专家及学者咨询问卷

尊敬的专家：

　　您好！我是广西师范大学马克思主义学院思想政治教育专业 2018 级博士研究生，拟以《新时代大学生家国情怀培育研究》为毕业论文研究方向。本研究在挖掘中华传统文化中所蕴含的家国情怀思想、马克思恩格斯和中国共产党关于家国情怀的论述、马克思主义关于人的全面发展理论、青年大学生成长成才的教育思想等基础上，对家国情怀的基本概念、构成要素，大学生家国情怀的培育现状、影响因素、培育路径等方面的内容进行研究。

　　家国情怀属性心理范畴和实践范畴，是一个由心理认知到参与实践的动态过程。为探讨家国情怀的主要构成要素，特编制家国情怀构成要素问卷。本研究提出家国情怀主要由家国认知、家国情感、家国意志、家国信念和家国行为五要素构成，其中认知、情感、意志三要素围绕着处于核心位置的家国信念运行，而认知、情感、意志、信念的外在表现是行为。家国情怀一般以认知为开端，情感为桥梁，持之以恒的意志为条件，崇高信念为支撑，行为习惯为归宿。

　　请您在百忙之中审核表中内容，根据您对家国情怀的理解，在相应选项上用"√"在表格中作出选择，并提出您的宝贵建议。您的建议将作为编制最终调研问卷的重要参考依据。

　　非常感谢您的悉心指导和帮助！

概念		内涵	是否同意				
			完全同意	大部分同意	基本同意	大部分不同意	完全不同意
家国情怀		家国情怀是个体对家国的认知、情感、意志、信念、行为的融合体，是个体对家庭、故乡、国家的认同感与归属感，以及对世界的人类情怀，是一种爱国爱家的情感体验，并自觉承担家国民族的责任，进而实现中华民族伟大复兴中国梦和人类命运共同体的意识信念和态度追求。					
构成要素	家国认知	家国认知是家国情怀的起点和开端，指个体对家庭、故乡、国家相关信息的学习、获取、加工、运用的心理活动过程，并形成的认知和观念。					
	家国情感	家国情感是人们对家庭、故乡、国家的内心感受和情感体验，主要是基于家国认知过程所产生的对家国归属认同、家国责任使命、家国危机荣耀的感念。					
	家国意志	家国意志是人们对家庭、故乡、国家未来发展的态度倾向，在家国实践过程中所表现出来的克服困难的坚强毅力和坚持不懈的精神意志。					
	家国信念	家国信念是人们在一定的家国认知基础上对家庭、故乡、国家坚定维护、坚信不疑的价值取向并身体力行的态度，是家国情感、家国认知和家国意志的有机统一体。					

续　表

概念		内涵	是否同意				
			完全同意	大部分同意	基本同意	大部分不同意	完全不同意
	家国行为	家国行为是个体基于对家庭、故乡、国家的高度认知和在强烈情感的支配下，在语言和行动上主动维护，并促使其稳定、和谐、积极发展的行为与表现。					

您的其他宝贵建议：

_____

附录 2　思想政治教育教师、管理者访谈提纲

思想政治教育教师、管理者访谈提纲

1. 请您描述一下当前您所在高校对大学生家国情怀的培育情况？

2. 您认为当前您所在高校大学生家国情怀培育存在的突出问题是什么？

3. 您认为哪些途径可以提高大学生的家国情怀？

附录 3　在校大学生访谈提纲

大学生访谈提纲

1. 请用您自己的语言来描述一下什么是大学生的家国情怀，它包含哪些基本构成要素？

2. 通过您的观察与了解，您觉得大学生在家国情怀培育方面面临的主要困境有哪些？

3. 您认为哪些途径可以提高大学生的家国情怀？

附录 4 《新时代大学生家国情怀培育》调查初始问卷

《新时代大学生家国情怀培育》调查初始问卷

亲爱的同学：

您好！感谢您参与问卷调查！

为探讨大学生家国情怀的主要构成要素，特编制大学生家国情怀构成要素问卷，以更好调研新时代大学生家国情怀培育状况。请您阅读以下问题，根据自己的真实情况在选项上用"√"或是在（　）中标注答案作出选择。此份调查问卷采用不记名方式，所采集的数据仅用于统计研究，不会泄露您的信息，更不会影响您的学习和工作，请放心作答。

衷心感谢您的合作和对本次调查研究的大力支持！

第一部分　基本信息

1. 您的性别是（　　）　A. 男　B. 女

2. 您的民族是（　　）　A. 非少数民族　B. 少数民族

3. 您来自于（　　）　A. 城市、县城　B. 乡镇、农村

4. 您的政治面貌是（　　）

A. 中共党员（含预备党员）　B. 共青团员　C. 民主党派人士

D. 群众

5. 您的学历是（　　）　A. 专科　B. 本科　C. 硕士及以上

6. 您的专业属于（　　）　A. 文史类　B. 理工类　C. 其他

7. 您的信仰最倾向于（　　）　A. 共产主义　B. 宗教　C. 没有明确信仰

第二部分　大学生家国情怀

请您根据下列题目的描述，选择最符合您的选项，在相应的数字上打"√"，其中"5"代表完全符合，"4"代表比较符合，"3"代表不确定，"2"代表比较不符合，"1"代表完全不符合。

题目描述	完全符合	比较符合	不确定	比较不符合	完全不符合
1. 我自己具有家国情怀。	5	4	3	2	1
2. 我认为家国情怀不仅在于爱家，还要爱自己的故乡、社会、国家和人民。	5	4	3	2	1
3. 我认为家是最小的国，国是千万家。	5	4	3	2	1
4. 我对所在家庭家风有较为清晰的认知。	5	4	3	2	1
5. 我对故乡的历史发展有一定认知。	5	4	3	2	1
6. 我对维护国家利益和荣誉的先进人物事迹有一定了解。	5	4	3	2	1
7. 我热爱自己的家庭。	5	4	3	2	1
8. 我对乡土文化具有无限热爱的情感，对本土先民心怀崇敬，乡里乡亲成员之间尊重友爱。	5	4	3	2	1
9. 我有强烈的国家认同感和归属感。	5	4	3	2	1
10. 我为自己是一名中国人而感到无比骄傲和自豪。	5	4	3	2	1
11. 中华文化源远流长，我热爱和欣赏祖国的文化。	5	4	3	2	1

题目描述	完全符合	比较符合	不确定	比较不符合	完全不符合
12. 我立志为家族兴旺而努力奋斗。	5	4	3	2	1
13. 我愿意与家乡荣辱与共。	5	4	3	2	1
14. 我愿意为中华民族伟大复兴贡献自己的力量。	5	4	3	2	1
15. 当生活中遇到困难挫折时，家国情怀激励我直面挫折、战胜困难。	5	4	3	2	1
16. 只要祖国需要，我会随时听候祖国召唤。	5	4	3	2	1
17. 我认为家国情怀对家庭和睦、国家和谐、世界和平具有重要意义。	5	4	3	2	1
18. 我坚信可以处理好个人与家庭成员之间的关系，爱护、关心、帮助自己的家人，从而达到家庭关系和谐和睦。	5	4	3	2	1
19. 我对故乡未来的发展充满美好向往和憧憬。	5	4	3	2	1
20. 我对中国特色社会主义道路、理论、制度、文化充满信心。	5	4	3	2	1
21. 我坚信一定会实现中华民族伟大复兴的中国梦。	5	4	3	2	1
22. 我会自觉承担对于家庭的责任和义务。	5	4	3	2	1
23. 毕业后，我会为家乡的发展奉献力量。	5	4	3	2	1
24. 我能做一个遵纪守法的好公民。	5	4	3	2	1
25. 我时刻关注中国国情政策的变化。	5	4	3	2	1
26. 当个人利益与国家利益相冲突时，我会以国家利益为主。	5	4	3	2	1

附录5 《新时代大学生家国情怀培育》调查问卷

问卷编码：

《新时代大学生家国情怀培育》调查问卷

亲爱的同学：

　　您好！感谢您参与问卷调查！本调查问卷旨在调查新时代大学生家国情怀培育状况，请您阅读以下问题，根据自己的真实情况在选项上用"√"或是在（　）中标注答案作出选择。此份调查问卷采用不记名方式，所采集的数据仅用于统计研究，不会泄露您的信息，更不会影响您的学习和工作，请放心作答。衷心感谢您的合作和对本次调查研究的大力支持！

　　注：本调查问卷为正反面印刷，共4面，无特别说明的题目均为单项选择题。

第一部分　基本信息

　　　　您的学校（　　　　　　　）　您的专业（　　　）

1. 您的性别是（　　）　A. 男　B. 女

2. 您的民族是（　　）　A. 非少数民族　B. 少数民族

3. 您来自于（　　）　A. 城市、县城　B. 乡镇、农村

4. 您的政治面貌是（　　）

A. 中共党员（含预备党员）　　B. 共青团员　　C. 民主党派人士

D. 群众

5. 您的学历是（　　）　　A. 专科　　B. 本科　　C. 硕士及以上

6. 您的专业属于（　　）　　A. 文史类　　B. 理工类　　C. 其他

7. 您的信仰最倾向于（　　）　　A. 共产主义　　B. 宗教　　C. 没有

明确信仰

第二部分　大学生家国情怀

请您根据下列题目的描述，选择最符合您的选项，在相应的数字上打"√"，其中"5"代表完全符合，"4"代表比较符合，"3"代表不确定，"2"代表比较不符合，"1"代表完全不符合。

题目描述	完全符合	比较符合	不确定	比较不符合	完全不符合
1. 我自己具有家国情怀。	5	4	3	2	1
2. 我认为家国情怀不仅在于爱家，还要爱自己的故乡、社会、国家和人民。	5	4	3	2	1
3. 我认为家是最小的国，国是千万家。	5	4	3	2	1
4. 我对所在家庭家风有较为清晰的认知。	5	4	3	2	1
5. 我对故乡的历史发展有一定认知。	5	4	3	2	1
6. 我对维护国家利益和荣誉的先进人物事迹有一定了解。	5	4	3	2	1
7. 我热爱自己的家庭。	5	4	3	2	1
8. 我对乡土文化具有无限热爱的情感，对本土先民心怀崇敬，乡里乡亲成员之间尊重友爱。	5	4	3	2	1
9. 我有强烈的国家认同感和归属感。	5	4	3	2	1
10. 我为自己是一名中国人而感到无比骄傲和自豪。	5	4	3	2	1

续 表

题目描述	完全符合	比较符合	不确定	比较不符合	完全不符合
11. 中华文化源远流长，我热爱和欣赏祖国的文化。	5	4	3	2	1
12. 我立志为家族兴旺而努力奋斗。	5	4	3	2	1
13. 我愿意与家乡荣辱与共。	5	4	3	2	1
14. 当生活中遇到困难挫折时，家国情怀激励我直面挫折、战胜困难。	5	4	3	2	1
15. 只要祖国需要，我会随时听候祖国召唤。	5	4	3	2	1
16. 我认为家国情怀对家庭和睦、国家和谐、世界和平具有重要意义。	5	4	3	2	1
17. 我坚信可以处理好个人与家庭成员之间的关系，爱护、关心、帮助自己的家人，从而达到家庭关系和谐和睦。	5	4	3	2	1
18. 我对故乡未来的发展充满美好向往和憧憬。	5	4	3	2	1
19. 我对中国特色社会主义道路、理论、制度、文化充满信心。	5	4	3	2	1
20. 我会自觉承担对于家庭的责任和义务。	5	4	3	2	1
21. 毕业后，我会为家乡的发展奉献力量。	5	4	3	2	1
22. 我能做一个遵纪守法的好公民。	5	4	3	2	1
23. 我时刻关注中国国情政策的变化。	5	4	3	2	1
24. 当个人利益与国家利益相冲突时，我会以国家利益为主。	5	4	3	2	1

第三部分 大学生家国情怀培育

1. 您认为在当今社会背景下，大学生需要家国情怀这种品质吗？
（　　）

A. 非常需要　　　　　　　B. 比较需要　　　　　　C. 一般

D. 不太需要　　　　　　　E. 完全不需要

2. 您认为新时代大学生家国情怀的内容有哪些?（多选）

A. 爱家庭爱故乡　　　　　B. 爱国家爱人民　　　　C. 爱文化

D. 信任党和政府的领导　E. 爱世界　　　　　　　　F. 其他

3. 您是否会主动参加以家国情怀为主题的活动（　　　）

A. 会　　　　　　　　　　B. 不会

4. 您会通过哪些方式接触学习到家国情怀有关内容（多选）

A. 父母家庭言传身教　　B. 学校开设相关课程

C. 自己参加学校或者社会组织的活动

D. 自己通过书籍互联网学习了解

E. 其他＿＿＿＿＿＿

5. 您如何评价当前高校在大学生家国情怀培育中发挥的作用?
（　　　）

A. 非常满意　　　　　　　B. 比较满意　　　　　　C. 一般

D. 不太满意　　　　　　　E. 非常不满意

6. 您认为您所在高校家国情怀培育氛围如何?（　　　）

A. 氛围浓厚　　　B. 氛围良好　　　C. 一般　　　D. 氛围淡薄

7. 您所在高校通过何种方式进行家国情怀培育?（多选）

A. 主题宣传展示，建设文化长廊，加强氛围营造

B. 讲座培训、读书交流会、竞赛等主题教育活动

C. 开设以家国情怀为主题的相关课程

D. 开展以家国情怀为主题的实践类活动

E. 新媒体平台宣传

F. 其他＿＿＿＿＿＿

8. 您认为高校开展大学生家国情怀培育工作中，哪些队伍发挥的
作用较大?（多选）

A. 辅导员、班主任　　　B. 思想政治理论课教师

C. 其他专业课教师　　　D. 党政干部和共青团干部

E. 其他教师

9. 您的父母是否会主动和老师联系，以了解您的在校表现（　　）

A. 经常联系　　B. 偶尔联系　　C. 没有联系　　D. 不清楚

10. 您如何评价您所在高校的家国情怀培育内容？（　　）

A. 已形成完整体系　B. 较为一般　C. 不够完善　D. 不知道

11. 您认为思想政治理论课教师对家国情怀的讲解情况如何
（　　）

A. 老师讲解清晰、系统、深刻

B. 老师讲解不够清晰、系统和深刻

C. 老师对家国情怀有关讲解很少

12. 您所在学校思想政治理论课的教学内容与家国情怀的相关性？
（　　）

A. 很相关，教学内容能让我直观地感受到家国情怀

B. 教学内容平铺直叙，深入分析后能感受到家国情怀

C. 教学内容融合太多政治元素，对家国情怀的体现有些牵强

D. 教学内容更重视理论知识，难以彰显家国情怀

E. 没有相关内容

13. 您所在学校是否形成了管理、服务、教育教学部门协同培育大
学生家国情怀的格局（　　）

A. 完全形成　　B. 基本形成　　C. 不清楚　　D. 尚未形成

14. 您在家庭教育过程中接受过家国情怀教育吗？（　　）

A. 经常接受　　B. 接受过，但次数很少　　C. 没有接受过

15. 您所在学校，教师更加注重您的哪些方面（　　）

A. 学习成绩的好坏　B. 道德品行　C. 个人综合素质　D. 其他

16. 您所在学校，思想政治理论课教师在授课过程中（　　）

A. 有趣生动，和学生进行良好互动　　B. 设置问题，偶尔互动

C. 理论灌输，极少互动

17. 您如何评价学校开展的思想政治理论课实践教学活动的效果？

（　　）

　　A. 效果很好　　 B. 效果一般　　 C. 效果不明显　　 D. 效果较差

18. 在您的家庭教育中，父母及亲友关注您哪方面的成长最多？

（　　）

　　A. 学业成绩　 B. 道德品质　 C. 日常行为习惯　 D. 情感需求

19. 您平常会自主阅读学习家国情怀相关理论知识吗？（　　）

　　A. 经常认真学习　　　　　　 B. 多少看一点　　　　　 C. 不确定

　　D. 不会　　　　　　　　　　 E. 完全不会

20. 您愿意利用业余时间参加家国情怀实践活动吗？（　　）

　　A. 愿意　　 B. 不太愿意　　 C. 不愿意

21. 您认为如何加强新时代大学生家国情怀培育？（多选）

A. 国家做好顶层设计、政策规定

B. 社会营造良好的家国情怀氛围

C. 高校设置相关课程，提高教师家国素养

D. 高校开展实践活动，引领大学生的文化生活

E. 家庭在对子女的教育过程中做好模范带头作用

F. 利用好网络新媒体平台

G. 大学生自身的兴趣爱好

H. 其他＿＿＿＿＿＿

后 记

拙作《新时代大学生家国情怀培育研究》是本人在博士论文撰写的基础上，修改和完善的成果，也是 2023 年度国家社科基金高校思想政治理论课研究专项《总体国家安全观视域下大学生国家安全素养提升研究》（项目编号：23VSZ106）的主要成果之一。

饮水思源。衷心感谢我的博士生导师孙杰远教授（广西师范大学党委副书记、校长）对本书稿写作的悉心指导。孙教授的远见卓识、责任担当、宽阔胸襟，为我树立了楷模，让我学会了去反思、质疑，深入地挖掘问题的本质，不仅从知识储备上改变了我，更在人生态度上改变了我。感谢桂林理工大学马克思主义学院和广西师范大学马克思主义学院各位专家的指导。感谢家人和朋友给予我的无私帮助和鼓励。本书的出版，受桂林理工大学马克思主义学院一流学科建设经费、桂林理工大学博士科研启动经费资助；得到上海三联书店的大力支持和帮助，感谢编辑的敬业精神和专业态度。

本书的写作，参考、借鉴了许多专家学者的研究成果，并以注释或者参考文献的方式予以注明，如仍有疏漏或不当之处，敬请专家、作者和读者谅解。

作者

2024 年 6 月于桂林

图书在版编目（CIP）数据

新时代大学生家国情怀培育研究/焦艳著. —上海：
上海三联书店，2024.12—ISBN 978 - 7 - 5426 - 8734 - 0

Ⅰ. G641.4

中国国家版本馆 CIP 数据核字第 2024L8H505 号

新时代大学生家国情怀培育研究

著　者 / 焦　艳

责任编辑 / 张大伟
装帧设计 / 徐　徐
监　制 / 姚　军
责任校对 / 项行初

出版发行 / 上海三联书店

　　　　　（200041）中国上海市静安区威海路 755 号 30 楼

邮　箱 / sdxsanlian@sina.com
联系电话 / 编辑部：021 - 22895517
　　　　　　发行部：021 - 22895559

印　刷 / 上海惠敦印务科技有限公司

版　次 / 2024 年 12 月第 1 版
印　次 / 2024 年 12 月第 1 次印刷
开　本 / 655mm×960mm　1/16
字　数 / 290 千字
印　张 / 20.5
书　号 / ISBN 978 - 7 - 5426 - 8734 - 0/G·1746
定　价 / 85.00 元

敬启读者，如发现本书有印装质量问题，请与印刷厂联系 13917066329